Georg Wilhelm Friedrich Hegel

現代の公共哲学とヘーゲル

福吉勝男
Masao Fukuyoshi

未來社

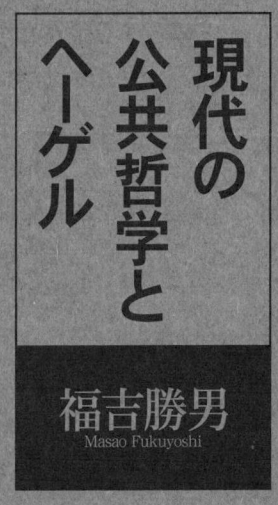

現代の公共哲学とヘーゲル◎目次

凡例

一、引用文の原書におけるイタリックにあたるところは、傍点で示した。
二、〔 〕は理解に資するために筆者が付け加えたものである。
三、「テキストについて」で記しているように、翻訳書のあるものについてはできるだけ参照したが、基本的に筆者が訳した。

テキストについて

本書で主な研究対象としたヘーゲルの『法・権利の哲学要綱』（一八二〇年）と、「法・権利の哲学」についてハイデルベルク大学およびベルリン大学でなされた講義に関する、聴講者による筆記録からの本文中での引用表記は次の通りである。

一、『法・権利の哲学要綱』（以下、『要綱』と表記）
G. W. F. Hegel, *Grundlinien der Phillosophie des Rechts*, G. W. F. Hegel, Werke in zwanzig Bänden 7, Redaktion Eva Moldenhauer und Karl Markus Michel, Frankfurt a. M. 1970.（以下、Grundlinien と表記）
邦訳は次の五種類がある。
（一）藤野渉／赤沢正敏訳『世界の名著35 ヘーゲル　法の哲学』中央公論社、一九六七年
（二）高峯一愚訳『法の哲学――自然法と国家学』論創社、一九八三年
（三）三浦和男／樽井正義／永井建晴／浅見昇吾訳『法権利の哲学――あるいは自然的法権利および国家学の基本スケッチ』未知谷、一九九一年

（四）上妻精／佐藤康邦／山田忠彰訳『ヘーゲル全集9b　法の哲学　下巻』岩波書店、二〇〇一年

（五）長谷川宏訳「法哲学要綱（主文）」（『法哲学講義』作品社、二〇〇二年、所収）

本書においては主に中央公論社版を参照した。

英訳は次のものを参照した。*Hegel's Philosophy of Right*, translated with notes by T. M. Knox, Oxford University Press, 1942.（以下、Knox と表記）

原文、英訳および邦訳からの引用ないし参照の該当箇所については、原文テキストそのものが明確に分節されているため、基本的に当該節数だけを本文中に明記した。

二、『一八一七／一八年冬学期講義録』（以下、『一八一七／一八年講義録』あるいは『第一回講義録』と表記）

公刊されたテキストとして次の二種類がある。

（一）G. W. F. Hegel, *Vorlesungen über Naturrecht und Staatswissenschaft, Heidelberg 1817/18 mit Nachträgen aus der Vorlesung 1818/19, Nachgeschrieben von P. Wannenmann*, hrsg. von C. Becker, W. Bonsiepen, A. Gethmann-Siefert, F. Hogemann, W. Jaeschke, Ch. Jamme, H.-Ch. Lucas, K. R. Meist, H. Schneider, mit einer Einleitung von Otto Pöggeler, Felix Meiner Verlag, Hamburg 1983.（以下、Pöggeler と表記）

（二）G. W. F. Hegel, *Die Philosophie des Rechts, Die Mitschriften Wannenmann (Heidelberg 1817/18) und Homeyer (Berlin 1818/19)*, hrsg. eingeleitet und erläutert von Karl-Heinz Ilting, Stuttgart 1983.（以下、Ilting と表記）

本書においては主に（一）を使用した。

邦訳は、尼寺義弘訳『自然法および国家学に関する講義——一八一七／一八冬学期講義、ハイデルベルク　一八一八／一九冬学期序説（付録）、ベルリン』（晃洋書房、二〇〇二年）および高柳良治監訳『自然法と国家学講義——ハイデルベルク大学一八一七—一八年』（法政大学出版局、二〇〇七年）を参照したが、基本的に筆者が訳した。

原文および邦訳からの引用ないし参照の該当箇所については、原文テキストそのものが明確に分節されているため、基本的に当該節数だけを本文中に明記した。

三、『一八二二／二三年冬学期講義録』（以下、『一八二二／二三年講義録』あるいは『第五回講義録』と表記）

G. W. F. Hegel, *Vorlesungen über Rechtsphilosophie 1818-1831*, Edition und Kommentar in sechs Bänden von
Karl-Heinz Ilting, Stuttgart-Bad Cannstatt 1973, Bd. 3.

本講義録は聴講生のホトーによる筆記ノート（カール＝ハインツ・イルティング編集）である。この講義録と一八二四／二五年（第六回）講義録（聴講生のグリースハイムの筆記をイルティングが編集）とに収録されたヘーゲルによる「口頭説明」の要点箇所がガンスによって選ばれ、グロックナー編集のヘーゲル全集（ベルリン・アカデミー版）中の『法・権利の哲学要綱』において、各節のあとに、〈Zusatz〉として入れられている。前記の藤野／赤沢訳（中央公論社）では〈追加〉として当該節のあとに挿入されている。

原文および邦訳からの引用ないし参照の該当箇所については、原文テキストそのものが明確に分節されているため、基本的に当該節数だけを本文中に明記した。

四、『一八二四／二五年冬学期講義録』（以下、『一八二四／二五年講義録』あるいは『第六回講義録』と表記）

G. W. F. Hegel, *Vorlesungen über Rechtsphilosophie 1818-1831*, Edition und Kommentar in sechs Bänden von
Karl-Heinz Ilting, Stuttgart-Bad Cannstatt 1973, Bd. 4.

邦訳は長谷川宏訳『法哲学講義』（作品社、二〇〇〇年）に基づいたが、必要な限り変更した。

原文および邦訳からの引用ないし参照の該当箇所については、原文テキストそのものが明確に分節されているため、基本的に当該節数だけを本文中に明記した。

装幀——岸顯樹郎

現代の公共哲学とヘーゲル

はじめに――現代の公共哲学とヘーゲル

佐々木毅／金泰昌編『公共哲学』（東京大学出版会）シリーズ全二〇巻の刊行がはじまったのは二〇〇一年であり、二〇〇六年七月に完結をみた。その後も公共哲学叢書が次々と公刊されてきている。その公共哲学の基本テーゼのひとつが「活私開公」ということである。これはどのような「人間―社会」観を表わしているだろうか。現代に興隆する公共哲学の代表的研究者の一人である山脇直司氏によると、「活私開公」とは「私という個人一人ひとりを活かしながら、人々の公共世界を開花させ、政府や国家の公を開いていく」ような「人間―社会」観だとされる(1)。氏によると、この「人間―社会」観には次の四つの重要な論点が含まれている。第一は、「私」(the private ではなく、individual や person を指す）が基軸になり、おのおの独自の「私」である個人一人ひとりが主人公に位置づけられている点である。したがって「滅私奉公」とは根本的に異なる。第二は、個々人が「私」を活かしつつ政府や国家という「公」にも関わり、「公」のあり方をよりよきものへと変えることに関係する点である。それゆえ「滅公奉私」とはとうぜん異なることになる。第三は、「活私開公」といっても「私」と「公」の二項だけが重視されるのではなく、「私」と多くの「他の私＝他者」との関係からなる「公共世界」が「公」と区別されてもうひとつ別に展望される点である。第四は、「活私開公」が「滅私奉公」や「滅公奉私」における「私―公」二項論ではなく、「私―公共―公」の三項論とされる点である(2)。

「私―公」二項論における「公」はおおよそ政府・国家を指す。これに対して「私―公共―公」三項論での「公共」は、社会のなかで多重・多層に存立している、大小の無数の中間団体・組織のことである。それゆえ、公共は「政府・国家＝公」とは区別されるべきだ。

だが公共を、「私」である各個人と政府・国家との間に介在する中間団体・組織を指すというだけでは、これらはいかにも中途半端なもののような印象を受ける。しかし私たちの日々の生活状況を振り返り吟味してみると、この中間団体・組織が存在しないと私たちは一時も暮らしていけないことがよくわかる。最も身近な家族にしても、ごく小規模なものではあるが、社会での基礎的な中間団体・組織と言っていいだろう。地域や職場での多くの組織、教育・福祉・文化に関する様々な団体、NGOやNPOはすべて中間的なものだ。県や市町村レベルでの諸々の地方自治団体は大きく有力な組織である。こうした中間団体・組織は、今日では一国を超えて国際的な活躍の場を拡大している。国際的紛争の地域へ足を踏み入れ、インフラ整備の協力から医療、福祉、教育などの様々な分野にわたって団体・組織のメンバーが日々、活躍しているのを私たちはよく知っている。

このように国内から国外にわたって中間団体・組織が網の目のように張り巡らされ、生きいきと機能して私たちの暮らしをあらゆる側面から支えている状態にあることこそが豊かな社会といえるであろう。

中間団体・組織の評価に関わってぜひとも注目しておかねばならないことがある。それは、私たちの大部分がそこで働き、そこから生活の糧を得る民間企業は公共性をもった中間団体・組織かどうかという点についてである。民間企業は国営企業や公営企業とは区別されて、一般的に私企業ともいわれる。この私企業である民間企業に公共性はあるのか。あるとするなら、それはどのような点に確認できるだろうか。

山脇氏は民間私企業を市場経済の主要アクターのひとつとみなし、その公共的役割を次のように強調する。市場が企業や機関投資家のほか、消費者、政府、NGO／NPOなどの諸アクターによって動かされていることは疑う余地がない。そのうえで氏は、企業がみずからの利益を福祉や環境保全などの公共善の推進と、貧困や環境破壊などの公共悪の除去に還元しうるところにこそ公共性があるとする。さらに山脇氏は、公共善の推進に貢献することが実は企業利益と結びつくような市場経済のあり方にまで論を進めている[3]。

このような特徴的な主張点を有する現代の公共哲学の研究者においてヘーゲル哲学はどのように理解されているだろうか。ヘーゲルについて検討している主な論者は、山脇直司氏、松下圭一氏、小林正弥氏、千葉眞氏らである。このなかで最も多くヘーゲルについて言及しているのは、山脇氏である。山脇氏は、佐々木毅／金泰昌編『〔公共哲学10〕21世紀公共哲学の地平』（二〇〇二年）、塩野谷祐一／鈴村興太郎／後藤玲子編『〔公共哲学叢書5〕福祉の公共哲学』（二〇〇四年）、宮本久雄／山脇直司編『〔公共哲学叢書8〕公共哲学の古典と将来』（二〇〇五年）においてヘーゲルについて詳しくふれ、また氏の考えをコンパクトにまとめた『公共哲学とは何か』（ちくま新書、二〇〇四年）においても詳細に述べている。

山脇氏は言う――「市民社会のメリットたる人々の経済活動の自発性を認めつつ、市民社会の混乱と矛盾というデメリットを救うために不可欠な倫理的制度、それは国家である。ヘーゲルにとって、立憲国家こそ、『人間の自由な精神が具現化』された人倫の最高形態であり、その内容を規定した意味は、人々の公益性や福祉を担保するものに他ならなかった」。さらに山脇氏は、ヘーゲルが「言論の自由」を、たんなる形式的なものにすぎずなんら内容のあるものではないと蔑視する点、カントの主張する世界市民的公共性を否定し、国家主権を絶対視している点、常備軍を国家にとって不可欠なものとみなし、戦争を必ずしも悪とみなさない点などから彼が生きたプロシア国家を過大評価するイデオロギーをもった「国家主義者」と規定している(4)。

そして山脇氏は、ヘーゲルの「立憲国家」の公共哲学としてのイメージを基本的に決める、「民と政府(官)のどちらに比重をおくか(5)」との点で、ヘーゲルが政府(官)の方に重きをおいているとする。もっとも、山脇氏も最近の著作(『〔公共哲学叢書9〕グローカル公共哲学――「活私開公」のヴィジョンのために』二〇〇八年)において、ヘーゲル評価を大きくシフトしてきているように思われる。その事例のひとつとして眼を引くのが、私の著書『使えるヘーゲル――社会のかたち、福祉の思想』(平凡社新書、二〇〇六年)に注目したうえで、「ヘーゲル主義的な公共哲学(6)」、「ヘーゲル公共哲学(7)」と規定し、公共哲学の観点からヘーゲル哲学に対して積極的評価を示している点である。それでも「ヘーゲル主義的」と表現しているところに、ヘーゲル公共哲学はまっとうな公共哲学として評価しきれないとの山脇氏の思いが込められているようである。

こうした山脇氏の解釈は特異なものではない。というよりも、国家に重心をおいてヘーゲル哲学の本質を理解するのは多くの研究者に共通しており、次の松下圭一氏の指摘はその端的な例である。氏は、後進国型国家観念を強調したのがまさにヘーゲルなのであって、「これが明治以来、日本の国立大学法学部系の国家観念の原型となって今日も続く(8)」とさえ述べる。後進国型＝権力集中型の国家観念は現代日本に至るまで流布されており、この淵源がヘーゲルのうちにあると氏は言う。

小林氏も松下氏の指摘と同一線上での議論として「ヘーゲルの国家主義」と理解する。だが小林氏は同時に、ヘーゲルの読み直し・再解釈の可能性にもふれており、この点は目新しく重要である。氏は述べる——「『公務員制』の代りに『公僕員制』または『公共的奉仕員制』と訳し、ヘーゲルの国家主義とは切り離せばどうか……。そこではヘーゲルの思想が生きる」(9)。問題はしかし、ヘーゲルの思想を「国家主義」と切断して理解し、解釈し説明できるか否かであろう。

このように、山脇・松下・小林ら三氏のヘーゲル理解に共通する点は「立憲国家」、「後進国型国家観念」、「国家主義」というように、ヘーゲルの根本主張を国家へと集約させているところである。

これら国家主義者ヘーゲルという主張に対して、ただ一人異なった論点からヘーゲルを理解しているのが千葉氏である。氏は国家論ではなくヘーゲルの市民社会論に注目する。氏はその「市民社会・市民・公共性」（佐々木毅／金泰昌編『〔公共哲学5〕国家と人間と公共性』二〇〇二年）というタイトルの論文中で、〈国家と国民〉からではなく〈市民社会と市民〉の視点から公共性の特徴について論及する。氏はまず、「市民社会」の理解には次の二つの型があると言う。第一は「市場モデル市民社会論」で、スコットランド啓蒙思想からヘーゲルを経てマルクスに至る系譜のものである。第二は「公的領域モデル市民社会論」と規定され、スコットランド啓蒙思想の議論に間接的に影響を受けつつ、市場モデルとしてではなく、むしろ民衆の構成する公的領域として市民社会を把握していった思想的系譜のものだ。この系譜にはペイン、トクヴィル、ポーランドはじめ東欧革命の先駆的理論家たち、ハーバーマス、アーレントらが連なるという(10)。

この二つの市民社会論のうち「健全な民主主義の展開」のために重要なのは、前者よりも後者の公的領域モデル市民社会論の方だと千葉氏は言う。それは、公的領域モデル市民社会論が、市場からも国家からも相対的に自立しているからだ。非市場、非国家を核にして、「市民たちの自発的な社会的および政治的行為のネットワーク形成のための決定的に重要な公共圏」[11]として新たな市民社会をうちたてることこそが、今日、世界各地において民主主義を活性化させて諸課題を解決していくうえでも緊要の事柄だと強調される。

ここで注目しておかねばならないのは、千葉氏により公的領域モデル市民社会論よりも価値の低いものと評価された、市場モデル市民社会論の代表者の一人にヘーゲルが挙げられている点なのである。ヘーゲルはそれほど市場を重視しているであろうか。千葉氏の理解によると、ヘーゲルは、市民社会において司法行為やポリツァイといった司法・行政の事項およびコーポラツィオーン（以下、基本的に職業協同団体と訳す）等も取り扱ってはいるが、市民社会を「欲求の体系」として、つまり諸個人や諸集団のニーズ・衝動・経済的欲求を充足させるための「経済的な相互関連（市場）の領域」として把握するため、市場重視の考えとみなされる。

みられるように千葉氏のヘーゲル理解における大きな特徴は、大方の研究者たちと異なって、国家論よりも市民社会論に注目している点にある。千葉氏の理解で検討を要するのは、ヘーゲルの市民社会論を市場重視型と言えるかということだ。私もヘーゲルの市民社会論に注目するのには賛同する。だが、本書での詳細な説明を先取りして結論を言えば、その市民社会を「欲求の体系」としてばかりに比重をおくのには同意しかねるのである。「欲求の体系」とともに、あるいは「欲求の体系」以上に

〈コーポラツィオーン〉をヘーゲルは重要視していると理解できるからである。この点はヘーゲル市民社会論の新たな理解に直結し、きわめて重要であるため、本書の特に「第II部　市民社会論と公共哲学」において詳しく検討する予定である。

以上のような現代の公共哲学によるヘーゲル研究の状況からみて、まずもってヘーゲルの市民社会論の分析・検討が重要である。だが、ヘーゲルの主張の考察に入るに先立ち、私は本書で千葉氏が問題提起したところの、国家論との絡みではなく市民社会論との密接な連関から公共哲学、あるいは公共性を探求してきたと思われる近現代の代表的な思想家・研究者の考えをみることにする。それは公共哲学の本質的特徴を理解するうえで重要だからである。この点については本書の第三章第二節「市民社会論と公共哲学」において、アレクシス・ド・トクヴィルの「市民団体」(civil association)[12]、ハンナ・アーレントの「公的」(public)と「共生」(to live together)[13]、ユルゲン・ハーバーマスの「市民社会」(Zivilgesellschaft)[14]、ロバート・パットナムの「社会関係資本」(social capital)と市民の「共助心」(reciprosity)[15]について検討する。その後（第三章第三節「ヘーゲルの市民社会論」）で、ヘーゲルの市民社会論の内容構成を詳細に考察し、市民社会の原動力を成す三つの契機――「欲求の体系」・「福祉行政」(ポリツァイ)・「職業協同団体」(コーポラツィオーン)――に注目して、ヘーゲルの市民社会論を〈公共―市場〉リンク市民社会論と特徴づけたいと考えている。

こうした市民社会を基礎としたヘーゲルの国家論は、従来、多くの論者が主張する君主制的国家主義と規定されるものではなく、近代のバイエルン改革とプロイセン改革とに刺激を受け、またそれらの改革に直接・間接に関与しながら国民の自由を尊重し、国民主権を擁護する近代的な立憲的国制論を展開したものである。このことを原資料に基づき、本書の「第Ⅲ部　国家論」（第五章、第六章、第七章）において明らかにする。

さらに言及しておけば、市民社会論や国家論の最も基礎となる集団・組織の代表である家族について論じたのが本書の「第Ⅰ部　家族論」である。家族は親密圏の問題であり、一般的に公共世界に関わるものとして扱われない。しかし私は、市民社会の成員になるように家族において子どもを教育し育て、子どもの自立をはかる意義は大きいと考えており、また市民社会・国家と連携する「家族と福祉」の問題も重要だという観点から、公共哲学が関与すべき問題の一環として家族論を本書の冒頭で取り扱うつもりである。

（1）山脇直司『〈公共哲学叢書9〉グローカル公共哲学――「活私開公」のヴィジョンのために』東京大学出版会、二〇〇八年、七頁。
（2）同書、四―一二頁参照。
（3）同書、一一一頁、一七五―一七六頁参照。
（4）山脇直司「永遠平和・人倫・宗教間対話――ドイツ観念論の公共哲学的ポテンシャル」宮本久雄／山脇直司編『〈公共哲学叢書8〉公共哲学の古典と将来』東京大学出版会、二〇〇五年、二一六―二一九頁参照。
（5）山脇直司『公共哲学とは何か』ちくま新書、二〇〇四年、七六頁。
（6）山脇直司『グローカル公共哲学』iv頁。
（7）同書、八五頁。
（8）西尾勝／小林正弥／金泰昌編『〈公共哲学11〉自治から考える公共性』東京大学出版会、一一二頁。

（9）　同書、二九八頁。
（10）　佐々木毅／金泰昌編『〈公共哲学5〉国家と人間と公共性』東京大学出版会、二〇〇二年、一一八―一一九頁参照。
（11）　同書、一二三頁。
（12）　Alexis de Tocqueville, *Democracy in America*, Translated by Arthur Goldhammer, Library of America, N. Y. 2004. A・トクヴィル著、井伊玄太郎訳『アメリカの民主政治』講談社学術文庫、一九八七年、特に下巻。
（13）　Hannah Arendt, *The Human Condition*, The University of Chicago Press, Chicago, 1958. ハンナ・アーレント著、志水速雄訳『人間の条件』ちくま学芸文庫、一九九四年。
（14）　Jürgen Habermas, *Strukturwandel der Öffentlichkeit: Untersuchungen zu einer Kategorie der bürgerlichen Gesellschaft*, Frankfurt am Main Suhrkamp, 1990. ユルゲン・ハーバーマス著、細谷貞雄／山田正行訳『〈第2版〉公共性の構造転換――市民社会の一カテゴリーについての探究』未來社、一九九四年。
（15）　Robert D. Putnam, *Bowling alone: The collapse and revival of American community*, New York, Simon & Schuster, 2000. ロバート・D・パットナム著、柴内康文訳『孤独なボウリング――米国コミュニティの崩壊と再生』柏書房、二〇〇六年。

第Ⅰ部　家族論

第一章　家族と子どもの自立

ヘーゲルは一八二〇年刊行の『法・権利の哲学要綱』（以下『要綱』と表記）の第Ⅲ部「人倫」（die Sittlichkeit）、第一章「家族」において、〈家族〉について三区分し論じている。第一区分は「婚姻」、第二区分は「家族の資産」、そして第三区分は「子どもの教育と家族の解体」である。これら三つの区分のうち、第三区分中の第一七五節の次のような論説がヘーゲルの「家族」観の核心をなしていると私は考える。(1)

子供は即自的に自由な者であり、その生命はひとえにこの自由の直接的現存在にほかならない。だから子供は他人にも両親にも、物件として所属するのではない。

子供の教育には二つの使命がある。

ひとつは、家族関係からみての積極的使命、すなわち倫理性を直接的でまだ対立を含まない感情というかたちで子供のなかに作りあげ、子供の心情が、この感情を倫理的生活の根拠として、愛と信頼と従順のうちにその最初の心情的生活を送ってしまうようにするという使命である。

もうひとつは、同じく家族関係からみての否定的使命、すなわち子供を、その生来の状態である自然的直接性から抜け出させて、独立性と自由な人格性へと高め、こうして子供に家族の自然的一体性から出てゆく能力を獲得させるという使命である。（第一七五節）

この訳文は藤野渉氏と赤沢正敏氏によるものである。さすがに長年のヘーゲル研究に裏づけられた練達の両氏による訳文ではある。たしかに、ヘーゲル哲学に多少とも親しみ、その独特の用語に慣れた研究者なら、それほど違和感なく理解できるものである。しかし、ヘーゲル哲学にはじめて接する人、あるいは総じてこの哲学思想にそれほど慣れ親しんでいない人からみると、理解しがたい表現・用語使用が数箇所でみられる。先に私は指摘したが、この第一七五節の論説にはヘーゲルの「家族」観の核心が述べられているゆえになおのこと、何ぴとにも理解できるような訳文にしてみたいと思う。そこでまず、ヘーゲルの原文と定評ある英訳文とを次に示しておくことにする。

〈原文〉 Die Kinder sind an sich Freie, und das Leben ist das unmittelbare Dasein nur dieser Freiheit, sie gehören daher weder anderen noch den Eltern als Sachen an. Ihre Erziehung hat die in Rücksicht auf das Familienverhältnis positive Bestimmung, das die Sittlichkeit in ihnen zur unmittelbaren, noch gegensatzlosen Empfindung gebracht [werde] und das Gemüt darin, als dem Gründe des sittlichen Lebens, in Liebe, Zutrauen und Gehorsam sein erstes Leben gelebt habe, dann aber die in Rücksicht auf dasselbe Verhältnis negative Bestimmung, die Kinder aus der natürlichen Unmittelbarkeit, in der Sie sich ursprünglich befinden, zur Selbständigkeit und freien

Persönlichkeit. Und damit zur Fähigkeit, aus der natürlichen Einheit der Familie zu treten, zu erheben. (Grundlinien, §175)

〈英訳〉 Children are potentially free and their life directly embodies nothing save potential freedom. Consequently they are not things and cannot be the property either of their parents or others. In respect of his relation to the family, the child's education has the positive aim of instilling ethical principles into him in the form of an immediate feeling for which differences are not yet explicit, so that thus equipped with the foundation of an ethical life, his heart may live its early years in love, trust, and obedience. In respect of the same relation, this education has the nagative aim of raising children out of the instinctive, physical level on which they are originally, to self-subsistence and freedom of personality and so to the level on which they have power to leave the natural unity of the family. (Knox, §175)

藤野／赤沢訳をヘーゲルの原文とノックスの英訳とに照らし合わせてみると、次の訳語・訳文が検討を要することが明らかになる。この検討にあたって、幸いにもヘーゲルの当該書は我が国においても著名なため、藤野／赤沢訳以外にも、他に四種類の翻訳本がある。私なりの訳語・訳文を確定するために、それら訳本の比較表を作成してみることにする（次頁）。

これらの英訳と五種類の邦訳を比べてみると、それぞれ苦心の跡がうかがえる。直訳ではなんとも

三浦他訳（未知谷）	高峯訳（論創社）	上妻他訳（岩波書店）	私訳
即自〔本来〕的に	潜在〔即自〕的に	即自的には	もともと
生活〔命〕活動	生命	生命	いのち
この自由の直接的な定在	この潜在的自由の直接的定在	この自由の直接的な定在	この潜在的自由が直接眼にみえる形になったもの
物件	物	物件	物件
肯定的な限定〔使命〕、否定的な限定〔使命〕	積極的使命、消極的使命	肯定的な規定、否定的な規定	積極的使命、否定的使命
習俗規範	倫理性	人倫	倫理規範
習俗規範的生活	倫理的生活	人倫的生活	倫理規範にそう生活
地盤	根拠	根拠	土台
その最初の生活	その最初の生活	その最初の生活	その〔子どもの〕幼い時期に
自立と自由な人格態	自立と自由な人格	自立性と自由な人格性	自立と自由な人格

意味不明の感が強い。また単純に訳していてはヘーゲルの本意を汲み誤る危険性も感じられる。本節の論説はヘーゲルにしては平易に書かれているように思えるのに、いざ訳してみるとなかなか難しい。私訳も比較表に書き記したが、次に私による第一七五節の全訳を示しておきたい。

子どもはもともと自由な存在であり、その生命《いのち》はひとえにこの潜在的自由が直接眼にみえる形になったものにほかならない。それゆえ子どもは他人にも両親にも、物件として属するのではない。子どもの教育には、家族関係からみて次のような積極的使命がある。すなわち、倫理規範を直接的でまだ対立を含まない感情という形で子どものなかに作りあげ、そして子どもの心情が、この感情を倫理規範にそった生活の土台として、愛と信頼と従順のうちに幼い時期を過ごしてしまうようにするという使命である。しかしながらこれに対して

Hegel（原文）	Knox（英訳）	藤野・赤沢訳（中央公論社）	長谷川訳（作品社）
an sich	potentially	即自的に	可能性をもつ
Leben	Life	生命	人生
unmittelbare dieser Freiheit	directly embodies nothing save potential freedom	この自由の直接的現存在	自由が目に見える形をとったもの
Sachen	Things	物件	物
positive Bestimmung, negative Bestimmung	positive aim, negative aim	積極的使命、否定的使命	肯定面の意味、否定面の意味
Sittlichkeit	ethical principles	倫理性	共同体精神
sittliches Leben	ethical life	倫理的生活	共同生活
Grund	foundation	根拠	土台
sein erstes Leben	its earlyyears	その最初の心情的生活	人生のはじまりにおいて
Selbständigkeit und freie Persönlichkeit	selfsubsistence and freedom of personality	独立性と自由な人格性	自立した自由な人格

G・W・F・ヘーゲル『法・権利の哲学要綱』第 175 節　和英訳比較表

子どもの教育には、同じく家族関係からみて次のような否定的使命がある。すなわち子どもを、その生来の状態である自然的直接性から抜け出させて、自立と自由な人格へと高め、こうして子どもに家族の自然的一体性から出てゆく能力を獲得させるという使命である。（第一七五節）

訳文をおおよそ確定したところで、内容上検討しなければならない次のような問題が明らかになる。

（一）子どもは「もともと自由な存在」であるから何ぴとにも（両親に対してさえも）「物件」として属さないとの主張から、子どもの本質や、家族のなかでの意味・位置・役割について、ひいては家族の形成、その源となる婚姻のあり方、家族の本質とはどのようなものかという問いが基本的に問題となる。

（二）子どもの「教育」の有する積極的使命と否定的使命との主張から、家族における子どもの「教育」の本来の意味と機能についても重要な検討事項となる。

（三）子どもの教育の「積極的使命」に対して「否定的使命」とされる、この〈否定的〉という表現には重要な問題がはらまれている。〈否定的〉は〈消極的〉とも訳しうるが、ここはやはり〈否定的〉でなければならない。いわゆるヘーゲル哲学に特有の「否定性の弁証法」に関わる、あの〈否定〉なのである。この点の検討は重要な事項である。

（四）子どもを「自立と自由な人格」へと高め、彼らに「家族の自然的一体性から出てゆく能力」を獲得させるとの主張のように、「家族」から「市民社会」への移行（言い換えれば「市民社会」の基礎・土台としての「家族」）について示されているが、この移行の論理の詳細な検討は重要である。

（五）総じて子どもの意味づけや、家族における子どもの教育の使命など重要問題を含めた、ヘーゲル家族論の今日からみての意義と問題点についてどのように理解しておくべきか。今日、様々に問題になっている現代家族の病理（倫理と表裏の関係にある）との関わりについても、ヘーゲルの家族論は検討の必要があると考える。

以上の五点について順に検討していくことにする。

第一節　家族倫理と子どもの本質

（一）の子どもの本質について確認するには、子どもを含めた家族の定義、そして家族を形成する源となる両親・男女の婚姻の基本的なあり方からみていかねばならない。

ヘーゲルは『要綱』において、「家族」章を「(A) 婚姻」、「(B) 家族の資産」、「(C) 子どもの教育と家族の解体」の三つに区分して論述しているが、このうちの「(A) 婚姻」にまず注目したい。婚姻に関わってヘーゲルはおおよそ次の三点の事項を確認している。第一は、婚姻の前提に人間の基本的欲求としての性欲の充足を考えている。ヘーゲルは言う――「婚姻は直接的な倫理的関係としては、第一に、自然的生命活動という契機を含んでおり、しかも……人類の現実および過程としての生命活動を含んでいる」(第一六一節)。この場合の「自然的生命活動」とは性欲の充足のことであって、こうした意味あいを有する男女の性的結合を婚姻の基本前提として考えている。さらに、ヘーゲルはこの性欲の充足による子どもの産出、子孫の形成という具合に、「自然的生命活動」を「人類の過程」、つまり人間のこれまで累々と繋がってきた歴史(人類史)の形成として理解している。第二は、第一を前提にして婚姻を「両人格の自由な同意」と考えている。ヘーゲルによれば、婚姻とは「自分たちの自然的で個別的な人格性をあの〔男女の〕一体性において放棄して、一人格を成そうとすることの同意」(第一六二節) なのである。そしてこの同意はもちろん両性の自由意志を介してなされる。第三は、一夫一婦制婚姻の確認である。ヘーゲルは言う――「婚姻は本質的に一夫一婦制である。なぜなら婚姻関係に身をおき身を委ねるのは、人格性という直接的な排他的個別性であるからであり、したがって婚姻関係の真実のあり方、真心からの繋がり(実体性の主観的形式)は、ひとえにこの人格性の一身同体となった相互献身からのみ生じるからである」(第一六七節)。このように、一夫一婦制が婚姻の本質形態とされるのは、対等・平等な男女両人格の自由でしかも排他的な承認関係として婚姻が考えられるところから生じる必然的帰結である。

このようにヘーゲルは婚姻の本来的なあり方を、男女（夫婦）の自由で対等な人格の結びつきと理解し、そこには両者の「真心からの繫がり」、「倫理的な愛」が息づいているという。こうした両性（男女）の結びつきからはじまる婚姻から家族が形成されることになる。その場合、夫婦だけでも家族ではあるが、同時に夫婦の婚姻による「自然的生命活動」としての「人類の過程」の産出、すなわち子どもの産出、子孫の形成も重要な家族の目的・機能となる。したがって、ここから子どもは夫婦にとってどのような意味をもっているのか、また夫婦（両親）と子どもの関係はどのようなものであり、両親が行なわねばならない子どもの「教育」はいかなる意味と使命をもっているのかが必然的に問われねばならない。

子どもの「教育」の使命についてはこのあと（二）で検討することにして、ここでは両親（夫婦）にとって子どものもつ意味と、両親と子どもとの本来の関係について確認しておきたい。この点については、「家族」章の第三区分である「（C）子どもの教育と家族の解体」において説明されている。まず両親にとって子どもは、「自分たちの愛として、自分たちの実体的現存在として愛するところの対象」（第一七三節）となるとか、両親は子どもにおいて「自分たちの愛を目の前にもつ」（第一七三節「追加」）とヘーゲルは言う。婚姻において夫婦は愛の関係を取り結ぶのであるが、しかしこの関係は夫婦間にのみとどまるならばまだ客体的になってはいない。子どもにおいてはじめて夫婦の愛の関係が真に客体的なものになる、とヘーゲルは考える。次に、夫婦にとってこのような意味をもつ子どもは、彼らとどのような関係にあるだろうか。子どもは両親の所有物なのか。ヘーゲルは述べる――「子どもはもともと自由な存在であり、その生命《いのち》はひとえにこの潜在的自由が直接、眼にみえる形になったものにほかならない。それゆえ子どもは他人にも両親にも、物件として属するのではない」（第一七五節）。この場合の、「子どもはもともと自由な存在」とは何を意味するのか。それは、子どももももちろん人間として自由な存在者に違いないけれども、すでに成長した自立自存の自由な存在者なのではなくて、それへと成長しつつある自由な存在者であることを意味している。ともあれ、子どもも自由な存在者として両親の「物件」ではないとのヘーゲルの確認は重要である。自立自存の自由な存在者への子どもの「教育」のあり方が次の課題となる。（二）の家族における子どもの教育に関してみていきたい。

第二節　家族と子どもの教育の意義

ヘーゲルは、子どもの教育には積極的使命と否定的使命の二面があると主張する。この点について詳述しているのが、「家族」章の「(C) 子どもの教育と家族の解体」に関する箇所である。先にも確認したが、子どもは自由な存在者であるにしても、「もともと」そうなのであり、まだ自立自存の自由な存在者ではない。そうなるまでの両親の義務および子どもの権利についてのヘーゲルの考えをみておく必要がある。

「子どもは共同の家族資産で扶養され教育される権利をもっている」（第一七四節）——この説明は「家

族」章の第二項「(B) 家族の資産」におけるものである。この説明のなかに、子どもに対する両親の義務と子どもの有する権利とが要約されている。すなわち、両親は子どもを「家族資産」で扶養し、自立自存の自由な存在者になるまで「教育」する義務を負うているのであり、この両親の義務は子どもからみると権利にほかならない。このような両親と子どもとの権利義務関係について確認したうえで、重要なのは子どもの教育の具体的内容は何であって、それまで教育されねばならない自立自存の自由な存在者とは具体的にどのようなことをなすのか、ということである。

ヘーゲルは「(C) 子どもの教育と家族の解体」の箇所で、子どもの教育には二つの使命があるという。ひとつは、子どもの心情を愛と信頼と従順なものにすることである。もうひとつは、「子どもを、その生来の状態である自然的直接性から抜け出させて、自立と自由な人格へと高め、こうして子どもに家族の自然的一体性から出てゆく能力を獲得させるという使命」(第一七五節)である。前者は、人間としての基本的な心情を両親をはじめとした家族関係のなかでより豊かにはぐくんでいく、といったごく一般的にいわれる使命である。では後者の、子どもが「自立と自由な人格」へと高められ、「家族の自然的一体性から出てゆく能力」を与えられるとは、より具体的にはどのようなことを意味しているのか。

このことについてヘーゲルは次のように説明する。すなわち、成年に達した法的人格として認められ、ひとつには「自分自身の自由な所有をもつ資格がある」と認められるとともに、もうひとつには「自分自身の家族を――息子は主人として娘は妻として――立てる資格がある」(第一七七節)と認められる、ということである。したがって、子どもの教育の使命とその内容を要約して言えば、子どもが成年に達し、両親を中心とする家族から出て、新たに独立したみずからの家族をうちたてる資格――婚姻資格――があると認められることなのである。子どもが婚姻を契機に、みずからを中心とした新たな家族を形成すれば、息子または娘が属していた以前の家族は、もちろんそれまでとは様相を異にし、夫婦・両親主体の家族になっている。こうした事柄を、ヘーゲルは内容的に「家族の解体」とよぶ。このように、子どもの「教育」は「家族の解体」を必然的に帰結するとヘーゲルは考える。

（三）の子どもの教育の「積極的使命」・「否定的使命」という場合、〈積極的〉・〈否定的〉という表現で何を意味するのかということのより詳細な検討が必要である。言葉のイメージからすると、〈否定的〉よりは〈積極的〉の方がよい印象を受ける。しかし実は、〈否定的〉と表現される内容がヘーゲル哲学においてはいっそう重要な意味あいをもつ。いわゆる〈否定性の弁証法〉の〈否定・否定的〉である。この〈否定・否定的〉を核として体系展開がなされる。これらの点について詳しく検討しておきたい。

まず、何をもってヘーゲルは〈積極的〉といったのか。本章の冒頭で引用したヘーゲルの論説の次の当該箇所に再度、注目したい。

> 子どもの教育には、家族関係からみて次のような積極的使命がある。すなわち、倫理規範を直接的でまだ対立を含まない感情という形で子どものなかに作りあげ、そして子どもの心情が、この感情を倫理規範にそった生活の土台として、愛と信頼と従順のうちに幼い時期を過ごしてしまうようにするということである。（第一七五節）

この論述において、〈積極的〉の意味あいを理解するうえでポイントになる箇所が三つある。第一には「家族関係からみて」の点であり、第二には「倫理規範を……子どものなかに作り」あげるという点であり、そして第三には「倫理規範にそった生活の土台」を作るという点である。まず第一の、「家族関係からみて」の〈積極的〉意味の有する内容は明確である。先に確認したが、ヘーゲル家族論の出発点をなす婚姻は、人格として対等・平等な男女両性の自由な同意から成立するものにほかならなかった。だが婚姻後の、子どもも含めた家族の形成にあって一人ひとり（の人格）は「個人」単位ではなくて、「家族の成員（メンバー）」としてはじめて意味を有するのである。ヘーゲル的用語で言えば、家族というまとまり・共同体こそ「実体」であって、家族の一人ひとりはこの実体を成り立たせている「契機」にほかならない。このことをごくわかりやすく言っておけば、家族一人ひとりは〈家族あっての私〉ということであろう。こうした理解を、子どもに理性による認識のレベルで得させるというよりももっと直接的でプリミティブな感情のレベルから「倫理規範」として身につけさせようというのが、第二・第三の点である。

第二で言う「倫理規範」の原語は〈Sittlichkeit〉であり、第三の「倫理規範にそった」の原語は〈sittlich〉である。〈鉄は熱いうちに打て〉の諺どおり、幼い時期・子ども期に、それも頭でわかる（認識）というよりも身体に染み込ませる（感情）というかたちで家族という共同体の大切さを会得させるというのが、「倫理規範」を子どものなかに作りあげる真の意味である。こうした倫理規範の重要性は家族においてばかりでなく、将来の社会生活全般にわたってそうなのであり、「倫理規範にそった生活」は「家族」につづく「市民社会」および「国家」においてもヘーゲルの主要テーマのひとつである。こうしたことが、教育の「積極的使命」の意味する内容である。

次に、「否定的使命」についてである。〈否定的〉の原語は言うまでもなく〈negativ〉である。〈negativ〉であれば〈消極的〉とも訳することができる。先の〈積極的〉の対概念であるから〈否定的〉よりも〈消極的〉の方がふさわしいかもしれない。しかし、ここは〈否定的〉と訳したい。というのも、〈否定（的）〉には何かを否定する主体の意志が強く働いている印象が強いからである。では、誰（主体）が何を否定するのか。このことについては、まず第一七五節の当該箇所を再度みておきたい。

> 子どもの教育には、同じく家族関係からみて次のような否定的使命がある。すなわち子どもを、その生来の状態である自然的直接性から抜け出させて、自立と自由な人格へと高め、こうして子どもに家族の自然的一体性から出てゆく能力を獲得させるという使命である。（第一七五節）

この叙述のなかで、誰が何を否定するのかという点に関わって重要な箇所は次の二つである。第一には「家族関係からみて」という点、第二には「家族の自然的一体性から出てゆく能力を獲得させる」という点である。第一と第二は実は同じことなのである。否定されるのは「家族（関係）」という共同的なものである。では、家族の一人ひとり（成員）にとって、とりわけ子どもにとってかけがえのない「家族」を否定して、子どもはいったいどこへ行くのか。孤独になるのか、あるいは無なるものとして浮遊するのか。ヘーゲルによると、そうではなくて、「家族」を否定して子どもは「自立と自由な人格」へと高まるという。この内容の有する論理方法が、否定を通して新たな肯定的内容を生み出すヘーゲルの「否定性の弁証法」にほかならない。

したがって、誰が何を否定するかということを再度明確にしておけば、子どもが両親とともに暮らしてきた家族を否定するということである。この家族の否定は、家族を無意味にするということではなくて、子どもが家族から出て一人前の人間として自立して生きていくこと（「息子は〔新しいみずからの家族の〕主人として、娘は妻として」）を意味している。このことが旧い家族の否定（もとの家族関係の変化）を通した新しい家族（みずからの家族）の形成（否定を通した肯定）を表わしている。ここに「否定性の弁証法」のわかりやすい事例をみることができる。

では（四）の、子どもが「自立と自由な人格」へと高まり、旧い家族を否定し、新しいみずからの家族を形成する論理には、それに内在する他の重要な論理が働かないのか。すなわち、この問題は「自立」と「自由な人格」の内容を問うことになる。どんな状況にあることを「自立」と言い、いかなる機能の発揮を「自由な人格」と言うか。結論を先取りして言えば、「家族」から「市民社会」への移行の論理が問われるのである。

第三節　子どもの自立と市民社会の成員

「家族」から「市民社会」への移行は、ヘーゲルの表現のまま言えば、「家族の解体」を通して遂行されることになる。この「家族の解体」を推進する機能を主に果たすのは先に（二）、（三）でみてきた子どもの「教育」にほかならない。「家族」章の第三項「（C）子どもの教育と家族の解体」において、「家族の解体」ということと子どもが「自立と自由な人格」を確保することとの具体的な関わりについて、言い換えれば「自立」と「自由な人格」ということの具体的、象徴的内容について、ヘーゲルは次のように述べている。

家族の倫理的解体とは、自由な人格性へと教育されて成年に達した子どもが、法的人格として認められ、ひとつには自分自身の自由な所有をもつ資格があると認められるとともに、またひとつには自分自身の家族を——息子は主人として娘は妻として——立てる資格があると認められるということのうちにある。以後彼らはこの家族のうちに実体的使命をもち、これに対して彼らの最初の家族はただ最初の基礎および起点として背景にしりぞく。まして家系という抽象物にはなんらの権利もない。（第一七七節）

このヘーゲルの叙述のうち、後半の「以後」以降はいまは直接必要ではない。しかしのちに重要となるのでここに引用しておいた。さて「以後」以前の主張は明確であろう。「教育」を通して子どもが「自由な人格」へと高まり、そう認められるということは、子どもが「成年」に達したということを意味している。そしてこの成年であることの証立てとして次の二点が社会的に承認される。第一にはみずからの「所有」を有する資格があるということ。第二にはみずからの「家族」を立てる資格があるということ。この二つを合わせて、「成年」ということは「法的人格」として認められるということを意味している。そして、言うまでもなく以上のことが「自立」の意味するところとなる。

さて、先の第一および第二の「資格」についていま少し述べておきたい。内容の明確さから言えば、第二の方はきわめて鮮明であり、自明のことのようである。すなわち、みずからの「家族」を立てる資格とは、婚姻の資格があるということである。このことをヘーゲルは、「息子は主人として娘は妻として」婚姻できると表現したのである。いっけん妥当と思われる表現ではある。しかしなぜ「息子は主人」と言って、「息子は夫」と表現しなかったのか。これは重要な意味を含んでいると思われるが、この点について次の（五）で述べることにする。ここでは、第一の点についていま少し言及しておきたい。

みずからの「所有」を有する資格とは、具体的には何を意味しているのか。これが「家族」章の第二項「（B）家族の資産」に関わる問題である。この点に関してヘーゲルは述べている。

法的人格としての家族を他人に対して代表しなければならないのは家族の長としての夫である。さらに彼には特に、外に出て所得を手に入れ、家族の諸々の欲求に対して配慮し、なおまた家族資産を配分し管理する役目がある。（第一七一節）

このヘーゲルの叙述において、「家族の長としての夫」までの内容は先の第二の「息子は主人」という表現の有する問題と同一の事柄であり、(五)での検討課題である。

「所有」に関わる点では、「所得」以降の叙述が言うまでもなく重要である。「所得」とか「資産」という言葉で「所有」について語っているのである。いずれにしても、それらで「家族の諸々の欲求」が充足されるのである。言い換えれば、家族の生活が営まれ、子どもの「教育」もその「所得」・「資産」・「所有」が元手になってなされるのは言うまでもない。問う必要があるのは、この「所得」をどこから、いかにして獲得するのかという点である。このことをヘーゲルは「外に出て所得を手に入れ」と言う。「外」とは「家族」の「外」であろう。「家族の外」とは「市民社会」のことなのである。ここで「家族」から「市民社会」への移行の必然性が明らかとなる。

では、ヘーゲルの言う市民社会とはどのような特徴を有しているのか。市民社会は「自立した個々人である成員たちの結合態」（第一五七節）と言われるように、おのおの具体的な欲求をもち、この私利私欲の充足を第一の目的にしている自立した人間＝「市民」で構成される社会なのである。そしてこの市民社会は二つの原理から成り立っているとされる。第一の原理は「特殊性の原理」である。これは、自分の特殊的な欲求の充足だけを考えている特殊的、具体的な人格＝「市民」の第一の原理だとされる。第二の原理は「普遍性の原理」である。この原理は、各特殊的人格がすべての他者のこのような特殊性と関連していることを指している。つまり、市民社会において各人はおのれの欲求の充足のために狂奔するが、しかし各人は他の人々と連関することなくしてはおのれの諸目的を達成することはできない。だから各人は自分自身だけが目的であって、他人は自分の欲求充足のための手段であるにしろ、「自分の福祉と同時に他人の福祉をいっしょに充足させることによっておのれを充足させるのである」(第一八二節「追加」)。各人はおのれの利己的で特殊的な目的を、他人と全面的に普遍的に連関しあわない限り達成することができないわけである。ここからヘーゲルは市民社会を「全面的依存性の体系」(ein System allseitiger Abhängigkeit) とよぶ。

こうした基本的特徴を有する市民社会の成員になることを、子どもが「成人」するということ、すなわち「自立」し、「自由な人格」へ高まることとヘーゲルは表現した。

では以上のような、今日からみても有意義と思われる自立・人格論、市民社会論にまで必然的に展開するヘーゲルの家族論には、問題点は存しないのだろうか。以下で、(五) のヘーゲル家族論の意義と問題点についてふれておきたい。

第四節　家族論の意義と問題点

積極的意義については以下の点に確認することができる。

第一の意義は、子どもの「自立」と「人格の自由」の重要性を強調した点である。すでにみたように、「婚姻」からはじまり「家族の資産」を通して「子どもの教育と家族の解体」にまで展開するヘーゲル家族論を貫く中心テーマのひとつは、子どもの「自立」ということであった。「自由な人格」の所有者として「成人」し、市民社会の一員になることと言い換えてもよい。本章の冒頭で引用した第一七五節でのヘーゲルの叙述――「子どもはもともと自由な存在である」――は、子どもといえども「自由な人格」であるから、両親でさえ所有物にできないという思想の確固たる表明にほかならない。だから、「子どもは他人にも両親にも、物件として属するのではない」と当該節で叙述を続けた。

ただし、子どもはもちろん人格として「自由を賦与された存在」に違いないけれども、すでに成長し自立した自由な存在かというと、決してそうではない。それへと成長しつつある自由な存在にほかならない。それゆえに、自立した自由な存在になるまで、「子どもは共同の家族資産で扶養され教育される権利をもっている」とヘーゲルは述べたのである。ここに子どもの権利とともに、両親の義務――扶養と教育――が明確になる。そして、これまでも詳しくみてきたように、子どもの教育の具体的内容として、とりわけ教育の有する二つの使命のうちのひとつ、「否定的使命」として子どもを「自立と自由な人格」へと高め、「家族の自然的一体性から出てゆく能力」を得させることをヘーゲルは強調したが、このことは子どもが成人し、市民社会の一員として一定の職業に従事し、自立して生きていくことを意味している。こうしたヘーゲルの考えでは、家族のなかに埋没した、あるいは今日的表現で言えば、家族にパラサイトした非自立的な人間像がきっぱり否定されているのが理解されるであろう。

第二の意義は、「一夫一婦制婚姻」を婚姻形態の原則として確認している点である。この点は先に述べた第一の人格論と密接に連関した事柄である。ヘーゲルにあっては、言うまでもなく婚姻とは、「自分たちの自然的で〔自然的生命活動を行なう〕個別的な人格性をあの〔男女の〕一体性において放棄して、一人格を成そうとすることの同意」（第一六二節）なのである。そしてこの同意はもちろん両性の自由意志を介してなされる。こう理解したうえで、ヘーゲルは婚姻の本質的形態として一夫一婦制を次のように確認する。

婚姻は本質的に一夫一婦制である。なぜなら、婚姻関係に身をおき身を委ねるのは、人格性という直接的な排他的個別性であるからであり、したがって婚姻関係の真実のあり方、真心からの繋がり（実体性の主観的形式）は、ひとえにこの人格性の一身同体となった相互献身からのみ生じるからである。（第一六七節）

このように、一夫一婦制が婚姻の本質形態とされるのは、両性の対等・平等な「人格」の自由かつ排他的承認関係として婚姻が考えられるところから生じる、きわめて重要な必然的帰結なのである。

第三の意義は、「家系」の廃棄という民主主義思想が貫かれている点である。これまでも幾度か確認したように、子どもの教育の本来の意義は子どもが自由な人格へと形成され、成年に達し、「法的人格」として認められる点にあった。法的人格として認められるというのは、端的に言えば、子どもが自分自身の家族をもつ資格を有し、「市民社会」の一員と認められることを意味する。みずからの家族をもってからのちは、「彼ら〔子どもたち〕はこの家族のうちに実体的使命をもち、これに対して彼らの最初の家族はただ最初の基礎および出発点として背景に退く。まして家系という抽象物にはなんらの権利もない」（第一七七節）のである。

ここで重要なのは、教育を通した子どもの成長をいかに理解するかということである。ヘーゲルはこれを子どもの「自立」と考えた。自立した子どもが婚姻すれば、「最初の家族はただ最初の基礎および出発点として背景に退く」かたちで、「前の家族関係が廃され」る。そしてそこには子ども自身の新しい「独立家族」が立てられることになる。こうして、子どもの自立のたびごとにそれまで子どもが属していた前の家族は解体し、家族の形態を変える。

子どもの教育から家族の解体が帰結するには、このような経過をたどる。そして、婚姻、家族の形成→子どもの教育→子どもの自立→新しい「独立家族」の形成→最初の家族の解体、という論理過程をどの家族も経過する。だとすると、この過程を経る家族形態として考えられるのは、夫婦と子どもが「家族の本来の核（Kern）をなす」（第一七二節「追加」）ところの、「核家族」以外ないであろう。子どもの自立＝新しい「独立家族」の形成＝旧い家族の解体という考えには、民主主義思想が貫かれているといえよう。なぜなら、この考えにおいてはヘーゲルの言ういわゆる「家系」にどんな存立理由、正当性・権利も認められていないからである。[2]

以上、三点にわたってヘーゲル家族論の有する積極的意義についてみてきた。こうした今日からみても有意義な点とともに、大きな問題点もヘーゲルの考えには含まれていると思われる。次に、その点についていくつか検討することにする。

第一の問題点は、男女特性観、男性による女性支配観が鮮明にみられることである。[3] 数箇所でこの点に関する叙述がみられるが、ここでは代表的な二箇所をみておきたい。

る。（一）「法的人格としての家族を他人に対して代表しなければならないのは家族の長としての夫である。さらに彼には特に、外に出て所得を手に入れ、……」（第一七一節）。（二）「成年に達した子どもが、法的人格として認められ、ひとつには自分自身の自由な所有をもつ資格があると認められるとともに、またひとつには自分自身の家族を――息子は主人として娘は妻として――立てる資格があると認められる……」（第一七七節）。

まず（一）において明瞭なのは、妻は夫と結びつき、「家族の長」としての夫に包括され、そのもとでのみ本来の使命を有するということである。だからこそヘーゲルは、「妻は家族においてこそ彼女の実体的本分をもつ」と言ったのである。だとすると、家族という倫理的共同体なるものも、実は妻（の人格）をも内に取り込んだ夫（の人格）で代表されるもの、ないしは夫（の人格）そのものであるほかない。こうみてくると、婚姻の出発点においては男女（夫婦）の自由で対等な人格の結びつきが強調されているのに、しかし婚姻後の夫婦関係の特徴として、「家族の長」としての夫に包括されてはじめて妻はその本来の意義づけを得るとされる。

この根拠は次のような男女特性観にある。女性は身を捧げることによって自分の誇るべきものを捨て、こうして彼女はその本分をまっとうする。それゆえ女性の本分は、「本質的にもっぱら婚姻関係にある」とされる。一方、男性は「家族以外になお別の倫理的活動分野をもっている」。別の「倫理的活動分野」とは、学問や社会・国家だとされる。こうして女性は本来的に受動的で主観的なものなのであり、対外関係においてたくましく活躍する男性とは異なって、「家族においてこそ彼女の実体的本分をもつ」とされる。このように男女特性観がヘーゲルの主張において際立っている。

こうした男女特性観、男性による女性支配観から、重要な二つの事柄が帰結する。第一は、妻は決して「市民社会」の成員になりえないという点であり、第二に妻は決して政治的権利の主体になりえないという点である。まず第一の点についてであるが、ヘーゲルによると市民社会の成員になるということは、(一)「〔家族の〕外に出て所得を手に入れ」ること、(二)「自分自身の自由な所有をもつ」こと、つまりなにはさておき一定の職業に従事し、所得・所有を得るという、経済的側面に関することを意味している。こうした職業に従事し、市民社会の一員になりうるのは夫だけである。妻には家庭生活しかないのである。

第二の事柄は、市民社会の成員になることの政治的意味を表現している。というのも、政治的権利の主体になるのは市民社会における「職業協同団体」を通してしか一般的に不可能だからである。こうしてヘーゲルにあっては、妻には政治的権利の主体つまり公民として公的生活を行なうことが決して許されず、家族との家庭生活しかない。そしてこの家庭生活こそ彼女の本分をまっとうするところとされる。

ここにみられるように、第一と第二は同じ事柄を経済的側面と政治的側面からみた特徴点の指摘である。すなわち、「市民社会」の成員になれば職業にも従事しうるし、政治的権利の主体にもなりうる。だが繰り返すが、市民社会の成員になりうるのは夫に限られる。このことが、女性、妻も職業につくことと政治的権利の主体になることが法的に認められている現代との最も大きな相違点であろう。

第二の問題点は、自由競争の重視ないしは偏重ということである。そして、このことがヘーゲルにあっては先の第一の問題点である男女特性論と密接に連関している。それはこういうことである。第一の問題点におけるヘーゲルの叙述――夫は（一）「外に出て所得を手に入れ」る、「成年に達した子ども」が（二）「自分自身の自由な所有をもつ」――に立ち返ってみたい。まず（二）の方から問題にすることにしよう。子どもが成年になって、みずからの「所有」を有するようになるのは近代以降の自由社会では言うまでもない基本的原則のひとつであろう。「自由な所有」の〈自由〉とは、所有の獲得・管理・処分等の仕方において、いずれも自由ということ、つまり所有主体の自由意志に委ねられているということを意味している。

「自由な所有」主体は、本来的には彼および彼女であるはずである。ところで、所有の獲得方法には様々なものがあるであろう。子どもの立場からすれば、両親の遺産相続（本質的なものではないとしてヘーゲルは批判する）ということもあるが、やはりなんといっても本格的、本質的なものとしては婚姻後、仕事を通して獲得したものであろう。では、この場合の仕事とは何か。家事労働は入らない。小作を中心とし、家族労働を主とした農業生産（労働）は含まれる。しかしヘーゲルによると、本格的な仕事・労働は家族・家庭外のものである。この点が（一）の「外に出て所得を手に入れる」とヘーゲルが述べたことなのである。

「外」とは言うまでもなく家庭・家族の「外」ということだ。その「外」とは、「市民社会」のことであった。このことに関わっていま問題なのは、市民社会で「所得」を手に入れることができるのが「夫」に限られる点である。子どもが成年になっても、成年男子だけが市民社会で一定の職業に従事し、そして所得を得ることができる。女性は妻として、家庭生活において彼女の本分をまっとうすることになる。こうした男女特性論が、「自由な所有」論、市民社会における職業・労働論に深く関わっている。

そして留意しなければならないのは、夫である男性が職業・労働に従事する市民社会こそ、「自立した個々人である成員たちの結合態」（第一五七節）と定義され、「特殊性」と「普遍性」の二つの原理が支配するところと説明されるが、これは要するに特殊な欲求を有した、成人し自立した個々人（男子）が普遍的と言えるほどにいたるところで自由競争しつつ関わりあっている（結合している）ところなのである[4]。こうした男性中心の自由競争の重視ないしは偏重というあり方は近代以降、現代も基本的に変わらない事柄であろう。

この社会の病理ともいえる自由競争の重視ないしは偏重に関連してぜひとも言及しておかねばならないことがある。これまでもたびたびふれてきたが、個々人＝「家族の成員」が「家族」の絆を脱して偏重とさえいえる自由な競争の場＝「市民社会」へ参入する論理には、前近代から近代への必然的な歴史過程が関与して、個人の人格的「自立」が達成されるというきわめて重要な利点が含まれていた。しかし、そこには同時に「家族の成員」が有していた「相互献身」、「倫理的愛」といった「共同体の倫理」が喪失し、もはや通用しなくなるという深刻な問題点が必然的な産物として孕まれていたのである。こうした利点・問題点はともに、近代からの延長として現代の私たちがそのまま遭遇し引き受けている事柄である。

だからこそ、現代の私たちは近代からの利点を生かしつつ、問題点の克服を真剣に企図しなければならない。「家庭」とともに「社会」への女性の様々な関与の可能性の追求、現代社会のなかでの本来の「家族」倫理の復権可能性の検討、そして競争中心ではない社会のあり方、仕事の本来の仕方に関わる問題等の検討が重要な課題として提起されていると言える。

第三の問題点は、「現代家族」の視点が欠如していることである。これまで幾度も確認してきたように、ヘーゲル家族論の骨格は次のようなものであった。人格（男性・夫）と人格（女性・妻）の結合としての婚姻から出発、家族の形成→子どもの教育→子どもの独立→新しい「独立家族」の形成→最初の家族の解体、という過程をどの家族も経過する。したがって、この過程を経る家族形態は、夫婦と子どもが「家族の本来の核（Kern）をなす」ところの「核家族」である。子どもの独立・自立＝新しい「独立家族」の形成＝旧い家族の解体という考えには、個人の自立を核として有する近代市民的思想が貫かれていると言える。

だが、問題点の第一および第二としても指摘したように、自立しうるのは夫である男性だけであった。市民社会の成員として職業に従事し、経済的に自立しうるのは夫である。この夫・男性は同時に政治的権利の主体としても確認される。女性の方は、妻・母としてのみ意味を有する。こうした意味では、男女・夫婦とも「個人」として自立したものになってはいない。こういう形での家族形態は、「核家族」であっても今日的視点から言えば、「伝統的家族」と言いうるであろう。

課題としての現代家族は、男女ともに自立した「個人」で家族を形成し、「個の自立を基礎とする共働き家族」(5)と言えるであろう。男女とも経済的に自立し、政治的権利の主体たりうることである。この点の裏づけには、特に子どもの保育・養育問題と高齢者や障害者等の介護問題は家庭が責任を負うとともに、社会が責任を負うという観点が重要である。国や地方自治体による保育・介護の施設・人員の確保からはじまり、十分な育児・介護有給休暇制度の確立等、様々な支援策やきめ細かい家族・

社会政策が実施され、そして男女が共同してともに「家庭」にも「社会」にも参画しうる社会（「男女共同参画社会」）の実現に向けて諸施策がなされる必要がある。

　こうした点は、ヘーゲルが生きた時代には当然ながら不可能な事柄である。ヘーゲルの家族論を現代の視点から見直してみた場合に、私たちが課題として重視し、実現を目指して取り組まねばならない事項なのである。

（1）ヘーゲルはソフォクレス『アンティゴネー』についての詳述とともに、この著作を題材にして家族と国家の対立と連結を叙述している。それは『精神現象学』の「真の精神　人倫」についての箇所である。これについて詳細に分析した近年の労作としては、稲葉稔『家族と国家』（晃洋書房、二〇〇二年）がある。

（2）カントの家族観でもヘーゲルとよく似たものがみられる。人格として対等・平等な男女両性の自由な同意による婚姻の成立→両親による子どもの教育→子どもの独立→家族の解体という展開である。そして、カントにおける一夫一婦制婚姻の基礎づけについての説明は、「対物的な仕方における対人権」（das auf dingliche Art persönliche Recht）あるいは「対物的対人権ないし物権的債権」（das dinglichpersönliche Recht）だとされる。（『カント全集第一一巻　人倫の形而上学』理想社、一九六九年、法論第一部、「私法」を論じた箇所に詳しい。Vgl. Kant, ***Metaphysik der Sitten***, Werke in zwölf Bänden, VIII, Suhrkampf Verlag, Frankfurt am Main 1968, S. 370-396）なお、カントの婚姻観についての我が国での代表的な研究として、川島武宣『イデオロギーとしての家族制度』（岩波書店、一九五七年）、第六章「近代的婚姻のイデオロギー――カントの婚姻法理論」があることを指摘しておきたい。

（3）フィヒテも婚姻の成立を対等・平等な男女両人格の結合だと考えるが、しかし彼にあってもヘーゲルと同じく男女（夫婦）特性観が支配的である。国家との関わりで公的生活をし、法による様々な保護の対象になるのは夫であって、妻は家庭生活に限られ、夫の支配下に入ることにより夫を通して法的保護に関与するとして、次のように述べる――「夫は妻の法的後見人になる。妻の一切の公的生活は夫に代行されているのであって、妻には家庭生活だけが残っている」(Fichte, *Grundlage des Naturrechts nach Prinzipien der Wissenschaftslehre*, Werke, Band III, Walter de Gruyter & Co. Berlin 1971, S. 326)

(4) これまで「教育」を通しての子どもの「自立」(結婚し、元の家族から出てみずからの家族を形成することと、市民社会の成員になることを内容的に含む)から「家族の解体」に至るヘーゲルの主張に関して、この「解体」を元の家族の「形態変化」とする以上の事柄には言及してこなかった。しかし、「家族の解体」には、近代から現代にまで繋がる、社会における経済的再生産過程の巨大な変化・転換と、そこから必然的に生じる社会的問題(例えば、貧困問題を極とする)への対応としての国や地方自治体等による「政策」の必要性という重要事項が連関している。この点がヘーゲルの言う「福祉行政」(Polizei)にあたるのである。こうした全体についての的確な指摘をマンフレート・リーデルが次のように行なっている――「しかし家族の解体は、ヘーゲルにとってはけっしてたんなる自然の経過ではなくて、福祉行政の概念にかんする節で展開されているように(§§ 238-239)、市民社会の近代的形態と歴史的に結びついているのである。『家』から市民社会そのものへと転位された経済的再生産過程は、諸個人が『自立的な人格』として相互に承認し合うことを必要としている。この過程は諸個人を家族の絆から『疎外』して、『それまで自分の生計の資を得ていた外的な非有機的自然と父祖伝来の土地のかわりに自分自身の地盤』に立たせ、『家族全体』の存立をもその経済的過程の運動形態に依存させ、その偶然性に従属させる。なぜなら、家族にとっては『なにはさておき』経済的な『配慮』が肝心だからである。家族はもはや『包括的な活動力』をもたないから、個人は家族の『実体的全体』(§ 238)に参与するかわりに、市民社会の実体に参与するのである。欲求の体系を支配している必然性は、ここでは、『人間を引き寄せて、人間がこの社会のために働き、いっさいをこの社会に負い、この社会を介して行動するように人間に要求する、巨大な力である。』」(リーデル著、池田貞夫・平野英一訳『ヘーゲルにおける市民社会と国家』未來社、一九八五年、八八―八九頁)

(5) 訓覇法子「福祉国家とその家族――スウェーデンの場合」清水新二編『〔シリーズ家族はいま4〕家族問題』ミネルヴァ書房、二〇〇二年、二五二―二五六頁参照。

第二章　家族と福祉

第一節　家族論の課題

ヘーゲルは『要綱』の第Ⅲ部「人倫」(Sittlichkeit) を、「家族」→「市民社会」→「国家」の順に論述している。この展開順序からもあらかじめ予想できるように、ヘーゲル家族論の主要ポイントのひとつは、「家族」から「市民社会」への移行の必然性がどのように説明されているかということである。

まず、家族の形成は男性(夫)と女性(妻)の婚姻からスタートするのは言うまでもない。ヘーゲルも定石どおり家族論を(一)「婚姻」から出発し、そして(二)「家族の資産」、(三)「子どもの教育と家族の解体」という三区分で論じている。

「家族」から「市民社会」への移行は、(三)「子どもの教育と家族の解体」に密接に連関する。この「子どもの教育と家族の解体」は次の四つの内容を含んでいる。第一は「教育」を通しての子どもの自立ということである。第二は、子どもの自立の本来の意味は「市民社会」の構成員になるということである。第三は、子どもが自立し、市民社会の構成員になることによって「家族の解体」を引き起こすが、これの意味するところのものは家族の形態変化と経済的再生産過程の構造的転換であるということである。そして第四は、個々人が市民社会の市場・自由競争のなかで生きていくにあたって、「生計と扶養」の確保・維持への対応という課題に新たに直面するということである。これら四点の内容について、以下で簡単に確認しておきたい。

第一の教育を通しての子どもの自立について、ヘーゲルは述べている――「子どもの教育には、同じく家族関係からみて次のような否定的使命がある。すなわち子どもを、その生来の状態である自然的直接性から抜け出させて、自立と自由な人格へと高め、こうして子どもに家族の自然的一体性から出てゆく能力を獲得させるという使命である」(第一七五節)。この叙述は、子どもの教育のもつ肯定的使命(人間としての基本的な心情を両親はじめ家族関係のなかでより豊かに育んでいく使命)とともにあるもうひとつの否定的使命についてのものである。この使命について述べられる、子どもを「自立と自由な人格」へと高め、「家族」から出てゆく能力を獲得させるとはより具体的にはどのようなことなのか。ヘーゲルはこう説明する。すなわち、成年に達し法的人格として認められ、ひとつには「自分自身の自由な所有をもつ資格がある」と認められるとともに、もうひとつには「自分自身の家族を――息子は主人として娘は妻として――立てる資格がある」(第一七七節)と認められる、ということである。このような内容の「自立」を確保するところに子どもの教育の使命があるとされる。

ところで、教育を通して子どもが「自立と自由な人格」へと高まり、そう認められるということは、子どもが「成年」に達したということを意味していた。そしてこの成年であることの証立てとして次の二点が社会的に承認を得るのである。第一にはみずからの「所有」を有する資格があるということ。

第二にはみずからの「家族」を立てる資格があるということ。この二つを合わせて、「成年」ということは「法的人格」として認められるということを意味している。そして、言うまでもなく以上のことが「自立」の意味するところとなる。

さて、ここで先の二つの「資格」の内容についていま少し確認しておかねばならない。第二の「家族」を立てる資格については明確であるから省略するにしても、第一の「所有」を有する資格とは、具体的に何を意味しているのか。この点への解答が、「家族」から「市民社会」への移行に関わる第二の内容――「自立」とは「市民社会」の構成員になること――を明らかにすることになる。

まず、次のヘーゲルの説明に注目しておきたい――「法的人格としての家族を他人に対して代表しなければならないのは家族の長としての夫である。さらに彼には特に、外に出て所得を手に入れ、家族の諸々の欲求に対して配慮し、なおまた家族資産を配分し管理する役目がある」（第一七一節）。この説明では、「法的人格」としての家族を代表する夫の役目について述べられている。「家族の諸々の欲求への配慮」、「家族資産」の配分・管理などについてである。この場合の「家族の諸々の欲求」とは、平たく言えば日々営まれる「家族の生活」ということであろう。この中心のひとつに「子どもの教育」が含まれるのは言うまでもない。

重要な問題は、こうした内容を有する「家族の生活」を営むための元手を誰が、どこで獲得するのかということである。これが先に、夫が「外に出て所得を手に入れ」るとヘーゲルが述べた点なのである。では、「外」とはどこか。家族の「外」、すなわち「市民社会」にほかならない。夫が市民社会で働いて得た所得・所有が「家族の資産」になり、これを元手にして家族の生活が営まれるのである。

したがって、両親の家族から出て自立するとは、「市民社会」の構成員になることを意味するにほかならない。

ところで、教育を通して子どもが自立し、両親を中心とした旧い家族から脱け出て、みずからの新たな家族を形成していく過程と必然的に連関して、新たな家族の主体たる男子（夫）――女子は妻として――は市民社会のなかで働き、家族の生活を営むための所得を得なければならない。これは歴史的にみて近代以降、基本的にどの家族・どの男子にもあてはまる原則事なのである。この点が、「家族」から「市民社会」の移行に関わる第三の内容――経済的再生産過程の構造的転換――の問題である。

前近代においては、家族の生活が営まれる基盤は父祖伝来の土地をベースとした家族員自身の労働力による自給自足経済体制と言ってよい。これに対して、近代以降は「家族・家庭」の外の「市民社会」における商工業活動――これへの労働としての関与の代償＝賃金・所得――が家族生活の経済的基盤となっている。この点が前近代から近代への移行における、そして現代にまで連なる経済的再生産過程の構造的転換と言われる事柄である。

ところで、こうした生活の経済的基盤が家族・家庭から市民社会へ移行すると、男子・夫が、そしてひいては家族全体が市民社会の論理に翻弄されることになる。これが「家族」から「市民社会」への移行に関わる第四の内容――「生計と扶養」の確保・維持という新たな課題――の問題である。

家族全体が市民社会の論理に翻弄されるとは、苛酷な自由競争の波に晒されるということだ。繰り返し確認しておくが、子どもが成人するまでは家族の保護のもとで暮らし成長を遂げていく。しかし、成人し家族から出て自立してみずからの家族を形成していくとなると、生計の糧を得るために市民社会の構成員になり、市民社会で労働に従事せざるをえない。この個々人が働き、暮らす基本的な場が市民社会であって、この場が自由競争市場と化しているのである。したがって個々人は自立し、自由を謳歌しつつ生計を立てているが、この生計の確保・維持が常に、必ず安定的に保証されるわけではない。生計の確保・維持は、個々人みずからの「技能、健康、資本などの諸条件」（第二三七節）によって制約され、また自由競争市場の論理が有する様々な「偶然性」によって妨げられる。この点を集約する形でヘーゲルは、「欲求の体系（市民社会）では、個々人それぞれの生計と福祉はひとつの可能性として存在するだけ」（第二三〇節）であると述べた[1]。

したがって、「家族」から「市民社会」への移行において検討されるべき最重要課題は、自由競争を原理とした市民社会において個人の自立を維持しつつ、様々な要因によって困難になりうる生計と福祉の確保がどのようにして行なわれるのかということである。この点がヘーゲルにおいて「福祉行政」（Polizei）として展開される。その詳細を以下で検討していきたい。

「福祉行政」についての検討に先立って、ヘーゲルが家族と福祉についてどのように述べているのか、その概要を確認しておくことにする。

第二節　家族と福祉

一、一八二〇年『要綱』、第二三八節

まずもって家族が実体的全体であるから、個人のこの〔前節の〕特殊的な諸側面に対してあらかじめの配慮をするのはこの実体的全体である。すなわち、個人が、普遍的資産のうちから〔なにほどかのものを〕働いて入手しうるための手段や技能に関しても、またこれを入手する能力がたまたまなくなった場合の彼の生計と扶養に関しても、あらかじめの配慮をするのは家族の仕事である。

これに反して市民社会は、個人をこの家族的な絆から引き離し、家族員相互の仲を離間させ、そして〔そのことを通して〕彼らを自立した人格として認める。さらに市民社会は、個々人が自分の生計の資を得ていた外的な非有機的自然と父祖の土地の代わりに、市民社会自身の基盤をおき、家族全体の存立さえをも市民社会に依存させ、偶然性に支配されるものにする。こうして個人は、市民社会の息子になってしまっており、個人が市民社会に対して権利をもつのと同じ程度に、市民社会も個人に対して要求をもつのである。

これは、『要綱』についての我が国でこれまで最も定評のある中央公論社版の訳を参照しながら私

訳したものである。訳するうえでいくつか疑問や問題を覚えた点もあり、内容を分析するに先立って参考のためにヘーゲルの原文と、定評のあるT・M・ノックスの英訳を示しておく。

〈原文〉 Zunächst ist die Familie das substantielle Ganze, dem die Vorsorge für diese besondere Seite des Individuums sowohl in Rücksicht der Mittel und Geschicklichkeiten, um aus dem allgemeinen Vermögen sich [etwas] erwerben zu können, als auch seiner Subsistenz und Versorgung im Falle eintretender Unfähigkeit angehört. Die bürgerliche Gesellschaft reißt aber das Individuum aus diesem Bände heraus, entfremdet diesen Glieder einander und anerkennt sie als selbständige Personen; sie substituiert ferner statt der äußeren unorganischen Natur und des väterlichen Bodens, in welchem der Einzelne seine Subsistenz hatte, den ihrigen und unterwirft das Bestehen der ganzen Familie selbst, der Abhängigkeit von ihr, der Zufälligkeit. So ist das Individuum Sohn der bürgerlichen Gesellschaft geworden, die ebensosehr Ansprüchen an ihn, als er Rechte auf sie hat. (§ 238)

〈英訳〉 Originally the family is the substantive whole whose function it is to provide for the individual on his particular side by giving him either the means and the skill necessary to enable him to earn his living out of the resources of society, or else subsistence and maintenance in the event of his suffering a disability. But civil society tears the individual from his family ties, estranges the members of the family from one another, and recognizes them as self-subsistent persons. Further, for the paternal soil and the external inorganic resources of nature from which the individual formerly derived his livelihood, it substitutes its own soil and subjects the permanent existence of even the entire family to dependence on itself and to contingency. Thus the individual becomes a son of civil society which has as many claims upon him as he has rights against it. (§ 238)

訳文・訳語をおおよそ確定したところで内容を検討する場合、次の四点がさしあたって問題となる。

（一）個人の生計と扶養にまずもって配慮するのは、「実体的全体」(das substantielle Ganze) としての家族の仕事である。家族は第Ⅲ部「人倫」の最初の基礎となる段階である。したがって、家族をみる場合の力点も共同体という「全体」にあり、全体を構成する個々人にあるのではない。個々人は、まずは「一個独立の人格としてではなく成員として存在する」(「家族」章の冒頭・第一五八節)。全体（家族）があり、全体の一員としてはじめて個々人は存在しうる。こういうことから、個々の家族員の生計と扶養について最も基礎的なところで、まずもって配慮するのは家族の仕事ということになる。

（二）市民社会は個人を家族の「絆」(Band) から引き離し、個々人（家族構成員）の「仲を離間させ」(entfremdet)、こうして「自立した人格」(selbständige Personen) として認める。個々人への当面の、そして基礎的な点での配慮は家族の仕事にしても、いつまでも、またどこまでも家族によってできるわけではない。家族によってできる範囲はそれほど広くなく、限られている。特に子どもが成長していくにつれてそうである。では、子どもが成人して以降の配慮は誰がどのようにして行なうのか。この点が、「家族」から「市民社会」への移行に関わる重要な事柄である。家族から市民社会への移行には、「子どもの教育」を通してなされる。言い換えれば、教育の使命とは子どもを「家族の一員」という家族の「絆」から脱して、「市民社会の成員」にすることにあると言える。

市民社会の成員になってはじめて、「自立した人格」に、つまり一人前に成人したと言える。したがって、市民社会の成員としての個人は、家族によって配慮されるのではなく、みずからの能力（労働）によって生きていくのであり、市民社会に義務を負いながら市民社会に権利を要求し、配慮・擁護を求めるのである。このように、個々人は市民社会のなかで自分の力で生きていくことを基本にするがゆえに、もとの家族員相互間にあったような無条件の、犠牲さえものともしない「絆」はなくなっている。こうした絆がなくなった状態を、「仲を離間させ」(entfremdet) とヘーゲルはかなり厳しい表現で説明したのであるが、重要なのは「仲を離間させ」ることを通して子どもの「自立」が達成されるとした点である。

（三）市民社会は個人の生計と扶養の基盤を、家（「外的な非有機的自然」、「父祖の土地」）から産業（商工業）へ移行させる。家族が家族員の生計と扶養を基本的に担うとする場合、「土地」を生産基盤とし、農業を主とした自給自足の経済体制をいう。これは歴史的には前近代における生産の方法、生活の仕方である。しかし近代になると生産方法が根本的変化を遂げる。これが（近代）市民社会における商工業の中心的産業としての位置づけとなる。では近代以降、農業がなくなるのかというと、現代をみても明らかなようにそうではない。社会における農業の意味づけ、価値づけに大きな変化（使用価値から交換価値へ）が生じるのである。ヘーゲルもこの点を正確に認識して、市民社会における三つの社会階層（Stand）として整理し（農業、商工業、公務）、このうちの商工業階層を最も市民社会的なものとした。

その理由はこうだ――「商工業階層は自然的産物を形成することをみずからの仕事とし、生計の手段としてはみずからの労働、反省、知性を頼りとし、また本質的にはみずからの欲求および労働を他人の欲求および労働と媒介することを頼りとしている。この階層はみずからの手に入れ享受するところのものを、主として自分自身に負うているのであり、自分自身の活動に負うている」（『要綱』第二〇四節）。要するに、みずからの生計は自分自身の労働に負うているという点で、自立した本当の姿がこの階層においてこそ明らかになるからである。こうしてヘーゲルは、前近代から近代への移行における経済的再生産過程の根本的変化と連関させつつ、市民社会での産業活動を通した個人の自立を理解した。

（四）個人は「市民社会の息子」になることによって、市民社会に対して「権利」をもつと同時に、市民社会から「要求」される。〈個人―市民社会〉間に権利・義務関係が発生する。これまでみてきたように、個人の生計の確保は近代以降、基本的に家族から市民社会へとその場を移す。こうした意味あいをまとめてヘーゲルは、個人は「市民社会の息子」になっていると表現した。市民社会の「息子」になることによって個人は自立する。自立というのは人格的に誰にも従属していないということであって、生活上みずからの力（労働）だけで充分に切盛りできるかというとその保証はどこにもない。この点に関わってヘーゲルは第二三八節で、「家族全体の存立さえも市民社会に依存させ、偶然性に支配されるものにする」と述べたのである。

　では、個人だけでなく「家族全体の存立」をさえ「市民社会に依存させ」ることとの具体的な問題点は何なのか。この点についてヘーゲルは、「市民社会に依存させ」と「偶然性に支配されるものにする」とを同格に述べているところが参考になる。つまるところ、「偶然性」の支配ということが問題なのだ。このことについてヘーゲルが述べている代表的なものを二箇所指摘しておく。

（イ）「欲求の体系では、個々人の生計と福祉はひとつの可能性として存在するだけで、その現実性は、個々人の恣意と自然的特殊性によって制約されていると同様、欲求の客観的体系によっても制約されている。」（第二三〇節）。

（ロ）「生計と福祉を保障し、所有と人格を安全にする普遍的なものの威力は、……その力のおよぶ範囲を偶然的なものの範囲に局限せられたままである」（第二三一節）。

　要するに、「欲求の体系」＝市民社会において、個々人の生計と福祉は個人的および社会的諸条件によって制限され、偶然的なものによって妨げられており、したがってその充分な保障なり確保は「可能性」としてあるだけだということである。したがって〈個人―市民社会〉間における両者の課題は、個人は市民社会の一員として社会に対して義務を果たし、市民社会の方は個人の生計と福祉の「偶然性」に左右されない保障という個人の権利要求を満たし実現することにほかならない。

　以上のように、第二三八節は「家族」章から「市民社会」章へ移行したところでの論述であり、また内容上からしても中心になっているのは明らかに（二）―（四）である。これに関して、よりわかりやすくヘーゲルが述べているのが本節についての次の「口頭説明」である。

二、『一八二二／二三年講義録』、第二三八節「口頭説明」

たしかに家族は、個々人のパンのことを配慮しなければなりませんが、しかし家族は、市民社会では従属的なものであって、ただ土台をすえるだけなのです。家族の力の効く範囲はもはやそれほど広くはありません。これに反して、市民社会は巨大な威力であって、この威力は人々を引き寄せ、人々がこの社会のために働き、この社会を通じてあらゆるものになり、この社会を介してあらゆることを行なうように、人々に要求します。

人間がこのように市民社会の一員であるほかないとすれば、彼は家族においてもっていたのと全く同様の権利と要求を、市民社会に対してもちます。市民社会はその成員を保護し、成員の諸権利を擁護しなければなりませんが、それと同じように個々人もまた、市民社会の法・権利に対して義務を負わされています。

〈原文〉 Die Familie hat allerdings für das Brot der Einzelnen zu sorgen, aber sie ist in der bürgerlichen Gesellschaft ein Untergeordnetes und legt nur den Grund; sie ist nicht mehr von so umfassender Wirksamkeit. Die bürgerliche Gesellschaft ist vielmehr die ungeheure Macht, die den Menschen an sich reißt, von ihm fordert, daß er für sie arbeite und daß er alles durch sie sei und vermittels ihrer tue. Soll der Mensch so ein Glied der bürgerlichen Gesellschaft sein, so hat er ebenso Rechte und Ansprüche an sie, wie er sie in der Familie hatte. Die bürgerliche Gesellschaft muß ihr Mitglied schützen, seine Rechte verteidigen, so wie der Einzelne den Rechten der bürgerlichen Gesellschaft verpflichtet ist. (§ 238)

〈英訳〉 To be sure, the family has to provide bread for its members, but in civil society the family is something subordinate and only lays the foundations; its effective range is no longer so comprehensive. Civil society is rather the tremendous power which draws men into itself and claims from them that they work for it, owe everything to it, and do everything by its means. If man is to be a member of civil society in this sense, he has rights and claims against it just as he had rights and claims in the family. Civil society must protect its members and defend their rights, while its rights impose duties on every one of its members. (§ 238)

この「口頭説明」では、市民社会において個々人への家族の配慮は従属的であり、「家族の力の効く範囲」はそれほど広くはなく、市民社会がほとんどすべてであること、したがって個人は「市民社会の一員」であるほかないのであるから、市民社会に対して「権利と要求」をもち「義務」を負うのに対応して、市民社会の方は成員・個人を「保護」し、「権利を擁護」しなければならないということがわかりやすく述べられている。要するに、最も重要な点は、市民社会が成員・個人の生計と扶養に配慮して、彼らを保護し、権利を擁護することなのである。これが「福祉行政」として展開される事柄にほかならない。

第三節　市民社会における個人の自立——福祉の課題

一、「福祉行政」(Polizei) の定義

市民社会がその成員を保護し、成員の諸権利を擁護すること、つまり「生計と福祉を保障し、所有と人格性を安全にする普遍的なものの威力」(『要綱』、第二三一節) とされる「福祉行政」の内容をいっそう詳しく理解するために、この語の起源・系譜を多少検討し、そのうえで定義をあらためてみておきたいと思う。というのも、「福祉行政」と訳しうる原語 (ドイツ語) では、そしてヘーゲルの使用法では〈Polizei〉であり、これを英語で表現すると当然ながら〈police〉となるはずなのに、定評のある英訳者T・M・ノックスなどは〈public authority〉と訳しているように、Polizei には police では説明しきれないものが語源や系譜からみてもあるように思えるからである。

その語源や系譜について、法制史研究者の今村哲也「Polizei の意味について」(『一橋研究』第七巻第三号、一九八二年) が詳しく論述しているのを要領よくまとめている川本隆史の説明を要約しておきたい。Polizei の語源は「集合的な居住地を囲む防御を共同して築く」ことを意味した Polizein に求めることができる。これがポリール (磨いてきれいにする、浄化する) に由来するポリテス (礼儀正しさ) との意

味の融合をきたし、（一）国家が目指すべき、共同体のよき秩序の状態、（二）その目的を達成するために王や封建領主が制定する、法律や命令、（三）そうした法律を市民・臣民が誠実に履行するよう監督する、官庁や官吏を意味するようになった。

こうした意味内容を有するものが十六世紀から十七世紀へ進むにつれて拡張されていき、そして十八世紀後半になるとPolizeiの権限が「公共の福祉」〔salus publica〕を口実として拡大の一途をたどった。これに対して、啓蒙主義の立場から批判・抵抗運動が繰り広げられ、これを背景にして官庁としてのPolizeiの任務を「現存する危険を回避するための配慮」に限定し、そこから「公共の福祉の促進」を除外するにいたった。この限定を直接的に受け入れたものとして、例えばカントがいる。カントはその『人倫の形而上学』（一七九七年）でPolizeiを次のように狭く限定して規定している――「監督官庁〔Polizei〕は公共の安全、快適、風紀を管轄する（というのも、風紀に対する感情〔sensus decori〕は、物乞い、市街の喧騒、悪臭、売春〔venus volgivaga〕を道徳感情を純化させるものとして否定する趣味であり、法律によって人民を導く政府の職務をかなり容易にするものだからである）」(2)。

ところが、十九世紀に入りナポレオン戦争とその後の反動化も手伝って、「すでに現存するものの維持そして危険や不利益のたんなる回避にとどまらず、むしろ一般的な福祉の増大や促進」がPolizeiの目的に再び掲げられるようになる。十九世紀は、こうしたPolizei（福祉行政）官庁の権限が拡張した時代として特徴づけられ、そこから進んで「ポリツァイ＝国家のすべての行政」という拡大解釈まで生じてきた(3)。

ヘーゲルの論述は時代のこの動向に沿ったものである。Polizeiをカントのように「公共の安全、快適、風紀を管轄する」ことに限定するのではなく、ヘーゲルはきわめて拡大された解釈をしている。ここから、たんに警察的業務だけでなく「国家のすべての行政」あるいはそのような行政を行なう行政・監督官庁を内容上（この詳細については次項で検討する）指していることから、Polizei の英訳〈public authority〉（ノックス）も、邦訳語の「福祉行政」（藤野／赤沢訳）、「行政」（高峯訳）、「監督官庁」（三浦ほか訳）、「経済行政」（上妻ほか訳）、「社会政策」（長谷川訳）等もむべなるかなということである。

私はPolizei を「福祉行政」のほかに「公共政策」と訳してもよいと考えている。公共政策は、公権力・行政当局による広義の福祉行政、あるいは福祉政策と同一のものであるからであり、ヘーゲルによるPolizei の定義は「個々人の生計と福祉の保障が、権利として取り扱われ実現されること」[4]（第二三〇節）を職務とする「普遍的なものの威力（公権力・行政当局）」（第二三一節）とされているからである。しかし、以下では基本的に「福祉行政」と訳していく。

二、「福祉行政」の内容

では、福祉行政の内容としてどのようなものがヘーゲルにより考えられているであろうか。ヘーゲルが行なった「法・権利の哲学」に関する一八二二／二三年および一八二四／二五年の講義録を編集したカール＝ハインツ・イルティングは、福祉行政の内容を次の四つに区分している。（一）〈Die Polizei als Ordnungsmacht〉（第二三一節―第二三四節）、（二）〈Wirtschaftspolitik〉（第二三五節―第二三六節）、（三）〈Gesellschafts-und Sozialpolitik〉（第二三七節―第二四二節）、（四）〈Die Dialektik der modernen Industriegesellschaft〉（第二四三節―第二四八節）[5]。このイルティングの整理を参考にして、内容を少し詳しくみておきたい。

第一に、社会の〈Ordnung〉（治安）に関わる業務としての、いわゆる警察的業務である。「犯罪は普遍的な威力によって阻止されねばならず、あるいは裁判によって処理されねばならない」（第二三二節）と言われるように、犯罪や不正行為の取締りを主たる業務とするものである。こうした取締りについて、ヘーゲルはいま少し詳しくおおよそ次のように述べている。個々人の「恣意」や暴力による不法を抑圧し、監視し禁止することによって普遍的なものを確保することである。各人の私的行為が本来の意志を離れて他の個人あるいは「共通の目的」のための公共施設に傷害あるいは損害を与え、不正の源泉となるような場合には、不正を不正として取り締まり、また不正が発生するのをあらかじめ牽制したりもする。

第二に、〈Wirtschaftspolitik〉とされる経済政策的業務である。人々の日常の欲求がとめどなく多様化していくと、それら欲求充足の手段の調達と交換、手段の検査、取引上の商議等に関して、「公の威力による監督と事前の配慮」（第二三五節）が必要である。また、生産者と消費者、両者の上に立っての様々な規制（「日常必需品の価格指定」、「商品検査の管理」等）——力点は消費者・公衆の保護にある（第二三六節）。そして、街路照明、橋の架設、衛生への配慮等の「公益事業」（第二三五節、第二三六節「追加」）がある。こうした「公の威力」による監督・事前の配慮とか指導といったものは市民社会における営業の自由を抑圧し、妨げるものであってはならない。だが、営業の自由だからといって何を行なってもよいかというとそうではない。ヘーゲルによると、「営業の自由は公共の福利が危険に陥るような性質のものであってはならない」（第二三六節「追加」）のである。

第三に、〈Sozialpolitik〉とされる社会政策的業務である。（イ）市民社会は「両親の恣意と偶然性を排して、教育を監督し左右する義務と権利をもっている」（第二三九節）と言われるように、公教育の監督・指導ということである。子どもへの種痘義務もこの類いのものとして指摘されている。（ロ）「浪費によって自分の生計や自分の家族の生計の安全を破壊する連中」（第二四〇節）への後見という点。この後見の意味は、その連中を飢餓から護るということとともに、むしろそれ以上に「彼らを鞭撻して生計の道を計らせる」（第二四〇節「追加」）ことにある。要するに、労働して自立し自活できるよう援助する点に後見の本来の役目がある。（ハ）諸々の貧困・救貧対策がある。個々人の身体的、家庭的、社会的諸事情によって労働機会を失ったりする場合がある。それが理由での貧困。貧困により、「諸個人からあらゆる社会的便益を奪う」（第二四一節）危険性が強いがゆえに、したがって、貧困者への労働の機会供与や施療施設、病院、公営の救貧院等の設置など社会保障政策が必要になるとヘーゲルは強調する。

第四に、近代の産業社会の〈Dialektik〉（弁証法）に関わる業務である。これはいったいどのようなことを言うのだろうか。ヘーゲルは言う――「市民社会が妨げられることのない活動状態にあるときは、市民社会はそれ自身の内部で人口と産業との発展途上にある」（第二四三節）。そして、この市民社会の発展によって一方では「富の蓄積」が増大するとともに、他方では労働に縛りつけられた「階級の隷属と窮乏」とが増大するとヘーゲルは言う。この場合の最大の課題は、この窮乏・貧困への対応である。方法は二つ。ひとつは公営病院、慈善施設、修道院等の「公的所有」による生計保障ということである。しかしこの生計保障の方法は、「労働」によって媒介されていない。したがって、この方法は「市民社会の原理」に反している。というのも、その原理は「諸個人の自主独立と誇りの感情」(第二四五節)を活かす点にこそあるからである。もうひとつの方法は、貧困者に労働の機会を提供することによって自立して生活させるものである。そうすると、一方では生産物が過剰になり、他方では消費者が不足することになる。

前者の方法は社会保障として重要であり、重視はされるがすべてではない。むしろ市民社会の孕む大きな矛盾とその解決策として後者の方法に関わる点が重要である。すなわち、市民社会における「富の過剰」と、「貧困の過剰と賤民の出現」との矛盾解決をいかに図るかということである。この点をヘーゲルは近代の産業社会＝市民社会の「弁証法」とよび、その内容を次のように説明する――「市民社会は、こうしたそれ自身の弁証法によって駆り立てられ、さしずめこの一定の社会であるおのれ自身を越えて、外へと進出してゆき、……自分よりおくれている国外の他民族のうちに、購買者を求めるとともに、必要な生計の資を求める」(第二四六節)。要するに、世界的な商業と交易(第二四七節)、植民政策(第二四八節)が矛盾突破の必然的政策としてあることが説明される。

以上の四点がヘーゲルによって考えられている「福祉行政」の内容である。では、こうした福祉行政の特徴と問題点はどのように指摘できるであろうか。

(一)「福祉行政」の特徴と問題点　その特徴について指摘するに先立って、「福祉行政」の位置を確認しておかねばならない。ここで言う位置とは、市民社会との関係におけるそれである。この位置が明確になることによって、福祉行政の市民社会における機能や役割などがはっきりし、そしてそれの有する特徴の全体が浮かび上がってくると考える。

まず、市民社会のなかでの福祉行政の位置について理解するうえで、ヘーゲルが福祉行政について述べた最終節の第二四九節における次の叙述が参考になる――「福祉行政の行なう事前の配慮は、さしずめ、市民社会の特殊性のうちに含まれている普遍的なものを、諸々の特殊的な目的と利益をもっている大衆を保護し安全にするためのひとつの外的な秩序ならびに対策として、実現しかつ維持する。……ところが特殊性自身が、理念にしたがって、おのれの内在的利益のうちにあるこの普遍的なものを、おのれの意志と活動の目的および対象にすることによってこそ、倫理的なものが内在的なものとして市民社会に帰ってくるのであって、これを実現するのが職業協同団体の使命である」。この叙述は、言うまでもなく「市民社会」章のなかのものである。ちなみに「市民社会」章の構成をみておくと、次のように三つ――〈A　欲求の体系〉、〈B　司法活動〉、〈C　福祉行政と職業協同団体〉――に区分されている。そして〈職業協同団体〉から「国家」章へとつながっていく。

いま重要なのは、「市民社会」のこうした区分のなかでの福祉行政の位置を定めることである。この場合、問題となるのが、〈C〉項の〈福祉行政〉と〈職業協同団体〉の位置関係、および両者の有する意味内容である。「市民社会」構成員の権利擁護を使命とする〈B　司法活動〉はいまのところ括弧に入れておくことにして、市民社会の第一の原理は個々人がみずからの特殊な利益を追求する〈A　欲求の体系〉であることは言うまでもない。この欲求の体系に必然的に付随する「偶然性」への対応、つまりは個々人の「生計と扶養」の維持と確保を担うのが〈福祉行政〉と〈職業協同団体〉にほかならない。

〈福祉行政〉は「普遍者の力」として上から、指導・監督をも含めて「生計と扶養」の維持を企図し、〈職業協同団体〉は市民社会構成員の横の繫がり・共同によって「生計と扶養」を維持・確保しようとする。では、どちらの方法にヘーゲルは力点をおいて評価しているのか。この点への解答が、先の第二四九節での叙述内容に現われている。叙述順序からすると、第一原理の〈欲求の体系〉に続いて〈福祉行政〉、そして〈職業協同団体〉と進行していくのであるから、前者が第二原理で、後者が第三原理と理解されがちであるが、それは誤りである。当該節において、「事前の配慮」は〈福祉行政〉では「外的な秩序ならびに対策」とされているのに対して、〈職業協同団体〉では「内在的利益のうちにあるこの普遍的なもの」と理解されている。要するに、市民社会において〈福祉行政〉は「外的」、〈職業協同団体〉は「内在的」なのであるから、ヘーゲルの位置づけでは両者のうちどちらが第二原理・第三原理かは明らかであろう。

この点に関して再確認するうえで、次のようなイギリスのヘーゲル政治哲学研究者として著名なズビグニエフ・A・ペルチンスキーの解釈が参考になる——「〈欲求の体系〉（つまり市場）が対処しえない場合に、その事柄は職業〔協同〕団体に委せられるべきであり、職業〔協同〕団体が処理しえなかったもの、あるいはうまく処理しえなかったもののみがポリツァイに割り当てられるべきである」(6)。

このペルチンスキーの解釈に次のような補足をしておくと事態はより明確になる。個々人が家族から脱け出て自立して生きていく場としての「市民社会」の第一の原理は、すでに確認したように〈欲求の体系〉だという点である。この体系は自由競争を基本とした、市場原理の支配するところにほかならない。だから、様々に「偶然性」が支配する。生計の確保も偶然性に支配され、容易に確定されるわけではない。そこで、こうした生計への配慮が強く求められるが、その配慮の第一のものが〈職業協同団体〉であり、第二のものが〈福祉行政〉なのである。ここに福祉行政の役割と機能があると言えるのである。

以上のことを総合的に判断していうと、〈福祉行政〉の特徴は、〈欲求の体系〉から必然的に帰結する自由競争に「公権力・行政当局」によって歯止めをかけ、むしろそれへの対応を考えるものであるから市場万能主義ではないと当然ながら言えると同時に、また〈職業協同団体〉を補助する程度のものであるから、国家による福祉至上主義でもないのである。

(二) 新たな課題　(a) 市場での競争は重視するが市場・競争万能主義でもなく、また公権力による政策としての福祉は重視するが福祉至上主義でもないヘーゲルの「福祉行政」論はどう評価されうるのか。それは、「福祉型資本主義」(ペルチンスキー、レイモンド・プラント)[7]とか「ロールズ派のウェルフェア・リベラリズム」(川本隆史)[8]の考えと関連づけられ評価されうるであろう。

(b) ヘーゲルにあっては、個々人が他者と競争しつつ自立して生きていくのが基本であり、この点が第一原理として機能するのは言うまでもない。そして、個々人が自由に競争しながら生きていくさい、その競争によるひずみ部分へ様々な補助原理として機能するのが〈職業協同団体〉や〈福祉行政〉なのである。だとすると、現代の視点からヘーゲルの「福祉行政」論の内容を吟味し評価するさい最も重要な問題のひとつは、ヘーゲルの考えから、すべての人が個人として自立し生きることができ、そして男女ともに家庭・仕事・社会に対等に参画しうるということが導出可能か否かということである。そしてこれが実現できるとするなら、その条件整備がいかにして可能なのか。この点への解答がヘーゲルの考えを参照しつつ試みられる必要がある。

（c）この点からみて、林道義『家族の復権』(9)での氏の論説が私の対極の考えとして検討の必要がある。林氏の論説のポイントは次の五点である。

第一は、「家族中心思想―家族の役割を増やし支援する態勢」とまとめられる点である。これは、家族の役割を少なくするのではなくて、逆に育児や介護を含めて、「家族内の仕事を適切な程度にまで増やし、それを保つこと」の提案である。こうすることによって、家族の負担が増えるが、しかしその負担を家族全員で分担し協力しあうから、家族の絆は強まり、親子の愛情や親密度も強くなる。だが、ここで難問が生じる。それは、育児など家族の仕事を増やすと、社会的労働・仕事との両立が難しくなるという問題である。これは日本人の長時間労働に起因する。この問題をそのままにして母親が働くことを可能にするため、「子どもを保育所に預ける」という解決策が前面に出てきたとされる。しかし、こうした解決策ではなく、より柔軟で「家族や子どもや女性に優しい方法」（一五一頁）として、働き方を多様化させる方法が次に提案される。

第二は、「働き方の多様化―『短時間正社員』制度のメリット」という提案である。世界でも有数の長時間労働を強いられる日本人の一人当たりの労働時間を短くし、その代わりより多くの人が働けるようにする（ワークシェアリング）。そして重要なのは、労働時間が短くなっても時間当たりの賃金（職種ごとの）は正社員並みにすることである。言い換えると、「パート労働者、すなわち短時間労働者にも正社員なみの待遇を保証する」（一五一頁）のである。そうすると全社員がこれまでの正社員なみの長時間勤務をする必要がなくなり、育児や介護、また自分のライフサイクルの計画に従って、自由に柔軟に労働時間を決めることができると主張される。

第三は、「父母単位の生き方という発想」の提案である。この考えは第二の提案と連動し、労働形態を多様化させて、育児や介護が必要な時期に労働時間を減らして、しかも時間当たりの賃金が正社員並みに確保されれば、夫婦二人が一・五人分働いて、手分けして育児や介護にあたることができる。それでも不十分な部分だけ国や自治体が補助するというやり方である。「フルタイム—保育所」方式から「パートタイム—家庭保育」方式へと発想を転換させるべき時期だとされる。この方式は、父母の働き方を組み合わせるという発想から成り立っている。すなわち、「父母単位で労働を考え、二人で一つの単位」（一五三頁）と考えるのである。こうした父母の働き方の組合せは、家族のライフサイクルに即して柔軟に変えることも可能だとされる。この考え方により、家族としてのまとまりと機能が確保され、父と母が家庭にいる時間を増やす制度的保証ができる。どちらもフルタイムで働くのではなく、「どちらも短時間労働をすることによって、どちらも家庭にいる時間を増やすことができる」（一五四頁）と言われる。

第四は、「子育て中の母親が働かなくてもいい制度」という提案である。子育て中の母親、特に三歳くらいまでの乳幼児の母親に対しては、国が経済的な援助をして働かなくてもいいようにする。いまの保育所に行なっている援助をやめて、乳幼児の母親に直接補助すれば、母親は働かなくてもよく、家庭で子どもを育てることは十分可能になる。したがって、乳幼児の母親を働かせないという方針で政策を考えていくべきで、とかく問題として指摘される「M字型労働形態は、むしろ非常に理想的な労働形態だということができる」。これと先に提案された、「夫婦単位のワークシェアリング」とを組み合わせると、「最も理想的な働き方のモデル」(一五六頁)ができあがると言われる。

第五に、こうした提案を実現している現代世界での例として、「家族を大切にする制度の成功例――オランダ」を紹介している。オランダは一九八〇年ごろはヨーロッパで最悪の経済状態を示していた。八二年に労使双方の間に「ワッセナー合意」ができあがった。その内容は次のようなものであった。一、労働組合は賃金抑制に協力する。二、企業は雇用を確保し、労働時間を短縮する。三、政府は財政支出の削減、社会保障制度の改革、減税に取り組む。この合意に基づいてオランダは二〇年にわたって社会保障改革と労働市場改革に努めた結果、経済は立ち直った。その成功の原因として、安定成長の経済戦略と、家族に関わる独特の社会政策が挙げられる。特に、後者について次の点が注目される。

(イ)「労働形態の見直しと男女平等の新形態」という点。一方でフルタイム労働とパートタイム労働の差別を撤廃し、他方でフルタイム労働の時間を短縮した。その結果、働くスタイルが大きく変化した。人々は三つの働き方から自由に選択できるようになった。①週三六―三八時間労働で週休二日の「フルタイム労働」。②週三〇―三五時間労働で週休三日の「大パートタイム労働」。③週約二〇時間労働の「ハーフタイム労働」である。これらの結果、ワークシェアリングによって雇用が増え、失業率も低下した。また共働きによって家族所得が増え、経済が成長した。特にこの方式の利点は、「家族と共にすごせる時間」が増えたこととされる。

(ロ)「子育てと老人介護は家族の中心」という点である。この点について林氏は、オランダを模範にしたと言われるドイツの例を紹介している。ドイツでは、家族が育児や介護をすると、それが「労働」とみなされ、保険料を払ったのと同じことと評価されて、年金の期間に加算される。これは基本的には、「育児も介護も家族の中でなされるのが一番よいという考えに基づく」（一七一頁）とされる。

こうして林氏は、オランダ・モデルの最大の特徴・長所として、「家族を基盤にしているところ、そして家族の絆を強めることができるシステム」（一七三頁）を強調する。他方で氏は、「個人」単位のスウェーデン・モデルは家族を破壊する傾向をもつとして厳しく批判する。

（d）以上のような林氏の論説には社会政策上の提案として支持しうる貴重なものも含まれている。とりわけ、パートタイム労働とフルタイム労働との時間給を同一とする、全体として労働時間を短縮し、ワークシェアリングを促進するなどの提案は重要なものである。しかし、林氏の主張全体のベクトルは当然ながら「個人」ではなくて「家族」の方へ向いており（「家族の復権」）、突き詰めていけば家族主義への回帰が大いに懸念される。

この点については、家族を崩壊に導くスウェーデン・モデルの破綻として、「男女平等」と「福祉」の実現を国際社会のなかでリードしてきたスウェーデンに対する氏の憎悪にも似た手厳しい批判にみてとることができる。この場合のスウェーデン・モデルを産み出した思想とは、「子育てや老人介護を家族の中でやると、必ず女性が損をする、すなわち不公平が生ずる、だから社会（公的機関）が行うようにすべきだ」（一四〇頁）と解され、その背後には「男女の役割分担は悪である、なぜなら役割分担をするとアンペイドワークを分担させられる女性が自立できず、男性に支配されるから」（一四〇頁）という見方があるという。だから女性も外で働いて自立し、家庭内労働はできるだけ公的機関でやるか、いわゆるアウトソーシングにするべしというのがその基本的な考え方だとして、ここには根本的な誤りがあると主張する。そして氏は、男女役割分担を批判するのではなく、むしろ「育児の分担は人類が何十万年もやってきた、いや哺乳類のころから何百万年もやってきた分担であり、生理的・本能的な基盤に基づいている」（一四二頁）として性による役割分担を肯定し、女性・母親の家庭内での育児の必然性を特に強調する。そして女性も社会的労働に参加し、「男女平等」を実現しうる「福祉優先」（政策）は「軍事優先」（政策）に等しい（一四六―一四八頁参照）とまで極論するのである。

今日、重要なのは家族に関わる問題を考えるさいにも家族主義（その中心を性による役割分担の考えが占める）ではなく、個人単位に軸足をおくことである。そのうえで社会や行政がどれだけきめ細かく個人単位ではフォローできない部分を充実させて補充できるかということである。林氏が厳しく批判するスウェーデンでは早くも一九七四年に、「子どもへの最善の育児保障と雇用の場における男女平等を実現するため、父親も、産前・出産・育児・介護など、子育ての全過程に母親とともにかかわることができる法制度改正がなされて(10)」いる。その法制度改正の代表的なもののひとつが出産休暇から「両親休暇」への改正である。父親と母親との間には、「両親休暇に対する優先権はなく、全く平等に休暇権を行使することができる(11)」。両親休暇には、全日休暇型と部分休暇型の二種類ある。全日休暇は子どもが一八ヶ月に達するまで取得でき、部分休暇は子どもが八歳または小学校二年生に達するまで取得できる。この部分休暇は、通常の労働時間（八時間）を四分の三（六時間）、二分の一（四時間）、四分の一（二時間）短縮する形態の休暇である。部分休暇の導入は、父親である男性の育児参加を容易にすることでもあった。現行の両親休暇を所得補償との関係で分類しておくと次のようになる。（一）母親休暇（出産休暇）、（二）両親手当による所得補償のある／ない全日休暇、（三）両親手当による所得補償のある部分休暇、（四）両親手当のない部分休暇、（五）一時介護両親手当による所得補償のある介護休暇、など五つの形態がある。[12]

こうしたスウェーデンのあり方をみてもわかるように、今後の我が国[13]において重要なことは、夫も妻も家庭・仕事・社会にともに参画しうる男女共同参画社会の実現に向けて諸条件を整備することなのである。[14]

（1）家族から市民社会への移行の論理とそこにおける倫理の特徴についてのより詳細は、拙稿「家族の倫理と論理——G・W・F・ヘーゲルに関わって」（名古屋市立大学大学院人間文化研究科紀要『人間文化研究』第二号、二〇〇四年一月）を参照されたい。

（2）Kant Werke, *Akademie-Auflage IV*, S. 325. 『カント全集第一一巻　人倫の形而上学』樽井正義／池尾恭一訳、岩波書店、二〇〇二年、一七〇—一七一頁。

（3）川本隆史「ポリツァイと福祉国家——ヘーゲル・フーコー・ロールズ」城塚・浜井編『ヘーゲル社会思想と現代』東京大学出版会、一九八九年、四一八—四一九頁参照。

（4）ヘーゲル『法・権利の哲学要綱』の、T・M・ノックスとならんでもう一人の英訳であるS・W・ディドは、〈Polizei〉を〈police〉と英訳しているが、その内容を〈the universal guarantees security〉と説明している。したがってディドも〈Polizei〉を福祉行政や福祉政策として理解していることがわかる。（G. W. F. Hegel, *Philosophy of Right*, Translated by S. W. Dyde, 59 John Glenn Drive, Amherst, New York 1996）

（5）Vgl. G. W. F. Hegel, *Vorlesungen über Rechtsphilosophie 1818-1831*, Edition und Kommentar in sechs Bänden von Karl-Heinz Ilting, Stuttgart-Bad Cannstatt 1974, Bd. 4, S. 589-617.

（6）Z・A・ペルチンスキー著、飯島昇藏訳「ヘーゲルにおける倫理的環境としての市民社会」『思想』岩波書店、一九八七年六月号、一五七頁。

(7) ペルチンスキー、同書、一五六頁。

(8) 川本隆史、前掲書、四二四頁。

(9) 以下では、林道義『家族の復権』(中公新書、二〇〇二年)を主に検討する。引用・参照箇所は本文中に明記する。

(10) 古橋エツ子「児童福祉サービス」丸尾直美/塩野谷祐一編『〈先進諸国の社会保障⑤〉スウェーデン』東京大学出版会、一九九九年、三〇〇頁。

(11) 同書、三〇〇頁。

(12) 同書、三〇一頁参照。また都村敦子「家族政策・社会扶助住宅手当等」、同書、一九六—一九七頁参照。

(13) 企業サイドからも勤務のあり方について新たに提案されはじめた。例えば、日本IBMは、正社員のままで働く時間や勤務日数が減らせる「短時間勤務制度」を二〇〇四年一月から導入している。管理職を含めた全社員が対象で、希望者は申請する。申請理由は、育児や介護に加え、資格取得や身体の障害など原則不問のようである。期間も、育児では子どもの中学校入学まで認める。短時間勤務制度の選択肢は次の四つである。普通の正社員は週五日勤務で三八時間働くが、短時間勤務は①三日勤務、②四日勤務、③五日勤務で労働時間六割、④五日勤務で労働時間八割。働く時間が短くなる分、①③の場合は五〇%、②④は三〇%収入が減る(朝日新聞、二〇〇三年十二月十七日朝刊)。短時間勤務制度については、政府も少子化対策の観点から、焦眉の課題となっている仕事と子育ての両立支援等をいっそう進める一環として重視しはじめた。二〇一〇年六月三十日より施行の改正育児・介護休業法では、三歳までの子どもを養育する労働者に短時間勤務制度(一日六時間)を設けることを事業主の義務と明記した。

(14) 二〇〇〇年に閣議決定された男女共同参画基本法の基本理念は次の五点である。

①男女の基本的人権の尊重

②社会における制度または慣行に就いての配慮

③政策等の立法及び決定への共同参画

④家庭生活における活動と他の活動の両立

⑤国際的協調

この基本法に基づく基本計画では、次の一一の重点目標を掲げ、二〇〇五年度末までに実施する具体的政策内容と二〇一〇年度末までを見越した政策の基本的方向を示している。

①政策・方針決定過程への女性の参画の拡大

②男女共同参画の視点にたった社会制度、慣行の見直し、意識の改革

③雇用等の分野における男女の均等な機会と待遇の確保

④農山漁村における男女共同参画の確立

⑤男女の職業生活と家庭・地域生活の両立の支援

⑥高齢者等が安心して暮らせる条件の整備

⑦女性に対するあらゆる暴力の根絶

⑧生涯をとおした女性の健康支援

⑨メディアにおける女性の人権の尊重

⑩男女共同参画社会を推進し、多様な選択を可能にする教育・学習の充実

⑪地域社会の「平等、開発、平和」への貢献

（参照：関哲夫編『資料集男女共同参画社会』ミネルヴァ書房、二〇〇一年）

第Ⅱ部　市民社会論と公共哲学

第三章　現代の公共哲学とヘーゲル

二〇〇一年に刊行がはじまった佐々木毅／金泰昌編『公共哲学』（東京大学出版会）の第Ⅰ期全十巻に続いて、第Ⅱ期全五巻および第Ⅲ期全五巻が二〇〇六年七月に完結した。そしてこのシリーズのほかにも関係者の編集による、あるいは単著での公共哲学叢書が次々と公刊されてきている。論及されている対象・分野は、人文科学から社会科学まで、また科学技術や環境問題にまでわたり広範である。そしておのおの主張する内容は、当該分野での既成の達成や業績に鋭い批判の眼を向け、新たな展開を企図しているがゆえに、その有する影響は大きい。西洋哲学・倫理学に対して、とりわけヘーゲル哲学の理解に関しても看過しえない重要な問題提起がなされてきていると言ってよい。

本章において、まず現代の公共哲学がヘーゲル哲学をいかに理解しているかを、その関連事項と合わせ検討し、そのうえでヘーゲルの真の姿はいかなるものであるのかを明らかにし、最後にヘーゲル哲学から見える現代的展望について述べることにする。

第一節　現代の公共哲学におけるヘーゲル理解

ヘーゲルについて検討している主な論者は、山脇直司氏、松下圭一氏、小林正弥氏、千葉眞氏らである。このなかで分量において最も多くヘーゲルについて言及しているのは、山脇氏である。山脇氏は、前記の佐々木毅／金泰昌編『公共哲学』シリーズや公共哲学叢書において、また『公共哲学とは何か』（ちくま新書）のなかでヘーゲルについて詳しく述べている。

山脇氏によるヘーゲル理解の結論は次のようなものである――「市民社会の混乱と矛盾というデメリットを救うために不可欠な倫理的制度、それは国家である。ヘーゲルにとって、立憲国家こそ、『人間の自由な精神が具現化』された人倫の最高形態」であるとし、彼が生きたプロシア国家を過大評価するイデオロギーをもった「国家主義者」と規定している（山脇直司「永遠平和・人倫・宗教間対話」宮本久雄／山脇直司編『〔公共哲学叢書8〕公共哲学の古典と将来』、二一六―二一九頁参照）。(1)

もっとも、本書の「はじめに」でもふれたように氏も最近の著作（『〔公共哲学叢書9〕グローカル公共哲学――「活私開公」のヴィジョンのために』）において、ヘーゲル評価を先のものとは変更してきている。拙著『使えるヘーゲル――社会のかたち、福祉の思想』（平凡社新書）にふれつつ、「ヘーゲル主義的な公共哲学」（山脇『グローカル公共哲学』iv頁）、「ヘーゲル公共哲学」（同書、八五頁）として、ヘーゲル哲学に対して公共哲学の観点から積極的評価を示してきている。それでも「ヘーゲル主義的」公共哲学なのである。国家主義の痕跡を残しているということであろう。

次に、松下氏の主張をみてみよう。氏は山脇氏よりいっそう国家に重心をおいてヘーゲル哲学を理解している。氏は述べる――「ルソーの一般意志を後進国型国家観念に結びつけたのがヘーゲル」にほかならず、「これが明治以来、日本の国立大学法学部系の国家観念の原型となって今日も続く」（西尾勝／小林正弥／金泰昌編『〈公共哲学11〉自治から考える公共性』一一二頁）。日本の場合にまで通じる、権力集中型＝後進国型の国家観念がヘーゲルのうちにあると氏は言う。

小林氏も「ヘーゲルの国家主義」と理解しつつ、同時にヘーゲルの読み直し・再解釈の可能性にもふれている――『公務員制』の代りに『公僕員制』または『公共的奉仕員制』と訳し、ヘーゲルの国家主義とは切り離せばどうか……。そこではヘーゲルの思想が生きる」（同書、二九八頁）。

みてきたように、三氏のヘーゲル理解における共通点は「立憲国家」、「後進国型国家観念」、「国家主義」というように、表現に多少の相違がみられるにしてもヘーゲルの根本主張を国家へと収束させているところにある。

これら三氏と異なって千葉氏は国家論ではなくヘーゲルの市民社会論に注目している。氏は「市民社会・市民・公共性」（佐々木毅／金泰昌編『〈公共哲学5〉国家と人間と公共性』）という論文のなかで、〈国家と国民〉からではなく〈市民社会と市民〉の視点から公共性の特徴について論及する。氏の整理によると「市民社会」の理解には次の二つの型がある。（一）市場モデル市民社会論――スコットランド啓蒙思想からヘーゲルを経てマルクスに至る系譜において理解されるもの。（二）公的領域モデル市民社会論——スコットランド啓蒙思想の議論に間接的に影響を受けつつ、市場モデルとしてではなく、むしろ民衆の構成する公的領域として市民社会を把握していった思想的系譜のもの（ペイン、トクヴィル、ポーランドはじめ東欧革命の先駆的理論家たち、ハーバーマス、アーレント）（同書、一一八―一一九頁参照）。

千葉氏は、「健全な民主主義の展開」のためには市場モデル市民社会論よりも公的領域モデル市民社会論の方が重要であるという。公的領域モデル市民社会論は市場からも、国家からも相対的に自立しており、こうした非市場、非国家を核にしてこそ、「市民たちの自発的な社会的および政治的行為のネットワーク形成のための決定的に重要な公共圏」（同書、一二三頁）として新たな市民社会をうちたてることが可能であるからである。このような新たな原則をもった市民社会の樹立こそが、現代において民主主義を活性化させていくうえで重要な事柄だと強調される。

千葉氏によって公的領域モデル市民社会論よりも価値の低いものと評価された市場モデル市民社会論の代表者の一人にヘーゲルが挙げられているが、この点の妥当性は検討が必要である。ヘーゲルは市民社会のなかで市場をどのように理解しているのであろうか。氏の説明をみてみよう。

G・W・F・ヘーゲルは、A・スミスやA・ファーガソンらのスコットランド啓蒙の思想家たちの議論に依拠しながら、市民社会を基本的に「欲求の体系」として理解した。市民社会においては、任意の諸個人および諸集団の私的かつ個人的なニーズや衝動や経済的欲求が、相互依存の関係を幾重にも形成しながら社会的凝集力を強めつつ、同時に社会経済的な行為様式を繰り広げていく駆動力として作用するものと捉えられた。ヘーゲルが考えた市民社会の概念は、もっぱら諸個人や諸集団の織りなす経済的な相互関連の領域を意味するものであった。もちろん、市民社会内部での様々な利害対立や葛藤を解決するための司法行為やポリツァイ（行政福祉）の行動やコーポラツィオン（経済社会団体）の行動も、市民社会を構成するものと考えられている。これらの行為の主体は、国家組織に深く関連する裁判所や行政福祉業務をとり仕切る内務省であったりするわけだが、それらの行為が行われる実際の現場が、市民社会それ自体の内部であることから、市民社会の行為と理解されている。（同書、一二二―一二三頁）

みられるように、千葉氏のヘーゲル市民社会論に対する理解は明確である。ヘーゲルは市民社会を「欲求の体系」として基本的に把握し、司法行為や「ポリツァイ」（以下、基本的に「福祉行政」と訳す。）といった司法・行政の事項および「コーポラツィオン」（以下、基本的に「職業協同団体」と訳す。）という経済社会団体の諸行為を取り扱っているにしても、諸個人のニーズ・衝動・経済的欲求を充足させるために社会的凝集力を強めている。したがって、ヘーゲルによると市民社会とは、「諸個人や諸集団の織りなす経済的な相互関連の領域」を指すことになり、市場主義と言えるほどに市場重視の考えだとされる。

このように千葉氏のヘーゲル理解は、山脇氏、松下氏、小林氏らと異なって、国家論よりも市民社会論に注目している点に大きな特徴がある。私もヘーゲルの市民社会論にまず注目するのには賛同する。だが、その市民社会論は千葉氏の言うように市場重視型なのかという点の検討が必要である。先にみたように千葉氏は、ヘーゲルの市民社会を「欲求の体系」としてばかりに比重をおいて理解していた。私は「欲求の体系」とともに、あるいは「欲求の体系」以上に「職業協同団体」をヘーゲルが重要視していたと理解する。もしこうした理解が可能ならば、ヘーゲルが市民社会論に込めた真意がいままでとは異なった形で明らかになると思う。この点について原典に即して、原典の新たなクリティークのもとでのちに明らかにしたいと考える。

ヘーゲルの市民社会論の分析・検討にズバリ切り込むに先立ち、市民社会論との密接な連関から公共性を探求してきたと思われる近現代の代表的な思想家・研究者の考えをみておきたい。それは公共性の本質を理解するうえで重要だからである。

第二節　市民社会論と公共哲学

市民社会論を軸にして公共性を探求した代表的な思想家として、私は次の四人を挙げたい。A・トクヴィル、H・アーレント、J・ハーバーマス、R・パットナムらである。周知のようにトクヴィルは十九世紀中期に活躍したフランスの政治家・外交官であり、思想家である。アーレント、ハーバーマス、パットナムは第二次大戦後、そして現代において国際的に注目されてきた思想家であり、研究者である。

四人の、そして私がここで検討する彼らの主要な著作のあいだには大きな時の隔たりがあり、トクヴィルとアーレントには約一〇〇年の、トクヴィルとハーバーマス、パットナムには一五〇年余りの隔絶がある。だから、当然ながら四者間の直接の接触はない。だが、彼らには大きな共通点があると言える。その共通点とは、〈公〉の名のもとでの権力の強制による国家への〈私〉の奉仕・犠牲からの解放という時代の大きな転換点への立会いから生まれた思想、あるいは一人ひとりの〈私〉である市民が社会の基本軸であるべきだとの自己認識の思想だという点である。それが彼らによる〈私〉を活かして新たな〈公〉を形成する〈公共性〉(public) 理論にほかならない。

トクヴィルは、一八三一年にアメリカを訪問し、約十ヶ月にわたって各地を調査見学するなかで建国五十年に近い同国の民主主義の実態と課題を理解し、『アメリカにおける民主主義』をフランス帰国後の一八三五年と一八四〇年に刊行した。そしてアメリカ民主主義の良き本質を「地方分権」と「市民団体」(civil association) のあり方にみてとった。アーレントはユダヤ人として苛酷なナチ体験を蒙ったあと、亡命国のアメリカを拠点にして全体主義の思想的総括をしつつ、あの記念碑的な著作『人間の条件』を一九五八年に刊行した。そこでは〈公的〉(public) とは何か、人間の〈共生〉はなぜ可能かについての探求がメインテーマにされている。ハーバーマスは、一九八九年から九〇年代初頭にかけての東ドイツをはじめ東・中欧諸国の民主革命を身近に体験し、すでに一九六二年に刊行していた『公共性の構造転換』に長文の「序言」(一九九〇年三月執筆) を付して、その第二版を公刊した(一九九〇年)。その序言において、「市民社会」と一般に訳される原語〈bürgerliche Gesellschaft〉とは一定独立した意味内容を付加した形で、ハーバーマスはみずからによる造語〈Zivilgesellschaft〉を提案し、非市場・非国家としてのそれと新たな〈公共性〉との密接な連関について説明している。パットナムは、アメリカにおける社会的ネットワークの興亡の歴史をトクヴィルの考えに基づきつつフォローし、そして戦後の一九六〇年代のそれを最高のものと理解したうえで、衰退しつつある社会的ネットワーク・社会関係資本（social capital）の復活再生を様々な市民活動の強化により展望している。

一、トクヴィルの「市民団体」

トクヴィルが『アメリカにおける民主主義』(2)において、アメリカの市民たちが「市民団体」を生活のなかでいかに位置づけ、その意義の重要性についてどう理解しているかについて活写している第三部の「第五章　アメリカ人が市民生活で行なっている団体の使用について」、「第六章　団体と新聞との関係について」、「第七章　市民的団体と政治的団体との関係」に特に注目したい。

トクヴィルはまず、アメリカ人が市民生活において形成する諸々の団体（association）のうち政治的団体は、それ以外の諸団体が多いがゆえに、団体全体に占める比率は、「巨大な情景のうちでの、一小事」にすぎないという。そして政治的団体以外の市民的諸団体が市民生活において果たしている重要な役割について次のように説明している。

すべての年齢、すべての地位、すべての精神のアメリカ人たちは、絶えず団結している。彼らはすべての成員たちが参加する商工業団体をもっているばかりではない。なお、彼らは他の無数の種類の団体をもっている。すなわち、宗教的、道徳的、重大な、無用な、ひどく一般的な、きわめて特殊的な、巨大な、ひどく小さな、諸団体など。アメリカ人は祭りを祝うために、神学校創設のために、宿屋を建造するために、教会を建てるために、書物を普及させるために、遠隔地に宣教師たちを派遣するために、団結する。彼らはこうして、病院をも刑務所をも学校をもつくる。……新しい企画事業の首位には、フランスでは政府が、イギリスでは大領主が見出されるようなあらゆる場合に、アメリカ連邦では団体が見出されるとみてよい。（二〇〇―二〇一頁、p. 595）

このように、アメリカでは市民たちが商工業に関係する場合は言うまでもなく、それ以外にも宗教や道徳に関わるもの、学校、病院、刑務所など生活のありとあらゆる領域で団結し、みずから団体をつくって問題に対処しているとの理解を示す。ここからトクヴィルはアメリカ人の特性を、「一定の共通目的に多数の人々の努力を集中させ、そうしてこの目的に向かって彼らを自由に前進させるようにする、限りなき術をこころえている」（二〇一頁、p. 595）とつかむ。市民たちによる、各目的のための団結＝諸団体の結成によりアメリカ人は自由を拡大し、生活を豊かにしてきているとトクヴィルは高く評価する。

では、アメリカ人たちを団結させ、団体を結成させる媒体として何が主として役立っているのか。それは新聞であるとトクヴィルは指摘する。その理由などについて詳しく述べているのが、「第六章団体と新聞との関係について」である。トクヴィルは新聞のもつ特性について次のように言う――「多数の人々を団結させることは、新聞の助けをえてのみ、日常的にそして好都合に行なわれうるのである。同一瞬間に、無数の人々の精神に同一の思想をうえつけることができるものは、新聞だけである」（二〇八―二〇九頁、p. 600）、「新聞は多数の人々に、同一の構想を暗示する効果をもっているばかりでなく、これらの人々がみずから考えている構想を共同して実現する手段を与える」（二〇九頁、p. 601）。

このように新聞が多くの人々を団結させるのに唯一大きな役割を担っていると強調する。その理由として新聞が、「同一瞬間に、無数の人々の精神に同一の思想をうえつけることができる」からとか、「同一の構想を暗示する効果をもっている」からとの説明には、今日からみると新聞（をはじめジャーナリズム）のもつ批判的機能――「同一の思想をうえつける」、「同一の構想を暗示する」のとはむしろ逆の機能――の方が重要だと思われるが、広大な国アメリカで、ラジオやテレビは言うまでもなく、新聞以外にマス通信媒体のない十九世紀中期以前においてはトクヴィルの指摘に納得せざるをえない。

ところで、アメリカ人の市民生活にとって大きな役割を担い、重要な意義をもつ市民的諸団体と、これら諸団体に比べて「巨大な情景のうちでの、一小事」にすぎないとトクヴィルが冒頭部分で述べ評価した政治的団体との関係はどう理解されているのか。この両者の関係については、「第七章　市民的団体と政治的団体との関係」において述べられている――「政治的団体が禁止されているすべての民族では、市民的団体もまれである。その場合、市民的団体がまれだということは、おそらく偶然なことがらの結果ではないのであろう。そうではなくむしろ、これらの二種の団体のあいだには、自然的なそしておそらく必然的な関係があると結論されねばならない」（二一四―二一五頁、p. 604）。

この叙述から明瞭なように、アメリカ人は市民的団体を重視するがゆえに、市民主義であるかというと決してそうではなく、市民的団体と政治的団体との密接な相互関係を理解しているとする。一方の団体の発展は他方の団体の発展を条件とするほどに、両団体のあいだには「必然的な関係」があるという。そのうえでトクヴィルは、特に政治の重要性を視野に入れて人々――ここではアメリカ人

——が「公共的生活」(public life) をもつときには、「団体の理念と団結欲とが、すべての市民たちの精神に、いつも思い浮かべられる」(二一五頁、p. 604) として市民的団体のあり方が基礎にあり、条件になっていることを強調する。

以上みてきたように、アメリカの市民たちにとって政治的団体と関わったところでの広範な市民的諸団体は、国家という機構・機関・制度組織より以上に彼らが生活していくうえで不可欠のものであることを、実態にそくしてトクヴィルはレポートしたのである。

二、アーレントの「公的」と「共生」

アーレントは『人間の条件』[3]において、「『公的』(public) という用語は、密接に関連してはいるが完全に同じではないある二つの現象を意味している」(七五頁、p. 50) として、「公的」について二つの点からその有する意味を検討している。

「公的」と言う場合、第一の現象は何を指し、意味しているのか。アーレントは説明する——「それは、公に現われるものはすべて、万人によって見られ、聞かれ、可能な限り最も広く公示されるということを意味する。私たちにとっては、現われ (appearance) がリアリティを形成する。この現われは、他人によっても私たちによっても、見られ、聞かれるなにものかである」(七五頁、p. 50)。ここから明確なように、アーレントが考える「公的」の第一の現象や、その意味するものは、ある事柄が「公示」されること、すなわち万人によって見られ、聞かれるということである。この基本的な説明との関係でアーレントは次の二つのことを確認している点が重要である。ひとつはある事柄の「公示」であるから私以外に他者の存在を前提し承認していること、もうひとつはその事柄がリアリティをもつというのは公示として「現われ」ているということである。すなわち、公示としての「公的」というさいに私と同じ他の私＝他者の存在を承認し、その他者にはっきりと見られ、聞かれることでしか事柄のリアリティが確保しえないということである。だから、私の自己の内部に秘めたもの・ことは「公的」とはいえず、リアリティはもちえない。

では、「公的」の第二の意味をアーレントはどう説明するだろうか。

第二に「公的」という用語は、世界そのものを意味している。なぜなら、世界とは、私たちすべての者に共通するものであり、私たちが私的に所有している場所とは異なるからである。……ここでいう世界は、人間の工作物や人間の手が作った製作物に結びついており、さらに、この人工的な世界(man-made world)に共生している人々の間で進行する事象に結びついている。世界の中に共生する(live together)というのは、……。(七八―七九頁、p. 52)

このアーレントの説明を理解するさいのキーワードは、「人工的な世界」と「共生」の二つである。これら二つのキーワードの内容を把握する場合、「人工的な世界」よりは「共生」についての方が容易である。というのも、共生とは私と他者との共生のことであり、この場合に重要な役割を果たす他者の存在の承認は「公的」の第一の意味においてすでに前提されているからである。多くの説明がなくとも共生とは、私と他者との相関性を指すことは間違いない。もっとも、いかなる相関性かはいまの段階では明示的でない。例えば、対等な関係のみをいうのか、上下関係のものも含めるのか、ここでは明確ではない。こうした点での判断や評価は、いま少し関連事項を検討したあとでしか行なうことができない。

この関連事項で最も重要なのは、言うまでもなくもうひとつのキーワードをなす「人工的な世界」とは何を意味するのかということである。この世界は「人工的」なものであるから、アーレント自身が述べているように、「人間の工作物や人間の手が作った製作物」がこの人工的な世界に結びついているのは言うまでもない。重要なのは、人間の「工作」や「製作」というはたらきにアーレントは独特の意味あいをもたせ理解している点である。

この工作や製作というはたらきを理解するには、アーレントに関する議論のさいに必ず持ち出される人間の基本的な三つの活動力――「労働」(labour)、「仕事」(work)、「活動」(action)――について、それら三者との連関をよく承知しておくことが不可欠である。

では、アーレントは労働、仕事、活動についてどう説明しているだろうか。

労働 labor とは、人間の肉体の生物学的過程に対応する活動力である。……仕事 work とは、人間存在の非自然性に対応する活動力である。……仕事は、すべての自然環境と際立って異なる物の「人工的な」世界を作り出す。その物の世界の境界線の内部で、それぞれ個々の生命は安住の地を見いだすのであるが、他方、この世界そのものはそれら個々の生命を超えて永続するようにできている。そこで、仕事の人間的条件は世界性である。活動 action とは、物あるいは事柄の介入なしに直接人と人との間で行なわれる唯一の活動力であり、多数性という人間の条件、すなわち、地球上に生き世界に住むのが一人の人間 man ではなく、多数の人間 men であるという事実に対応している。……この多数性こそ、全政治生活の条件であり、その必要条件であるばかりか、最大の条件である。例えば、私たちが知っている中でおそらく最も政治的な民族であるローマ人の言葉では、「生きる」ということと「人々の間にある」(inter homines esse) ということ、あるいは「死ぬ」ということと「人々の間にあることを止める」(inter homines esse desinere) ということは同義語として用いられた。(一九―二〇頁、pp. 7-8)

みられるように、労働とは生命ある存在である人間の生物学的側面を維持するための活動力を指し、仕事とは人間存在の非自然性に対応するはたらきであり、自然環境とは異なった「人工的な世界」を作り出す活動力とされる。この人工的な世界とは、先に「共生」のところでみた世界と同一のものであろう。この人工的な世界が、時間的に限りのある、それゆえにはかなさを宿命的にもつ人間個々人の生命に永続性を与えるというのであるから、直接的な生命維持のためのものではもちろんなく、工作、製作を通した文化的(社会的)産物の性格が濃いと考えられる。したがって、こうした産物は人間一人で産み出されるのではない。他者との共同や共生の産物であろう。ただし、ここで言う共生は他者との関わりで産み出された文化的(社会的)産物を介した私と他者、人間と人間の共生である。

アーレントがさらに強調していう純正化した本物の共生とは、「物あるいは事柄の介入なしに直接人と人との間で行なわれる」共生をこそいい、ここに関わる活動力が action (活動) にほかならない。

「一人の人間」(man) ではなく「多数の人間」(men) という人間のもつ「多数性」の本質的な条件こそがアーレントの結論のようだ。

「この多数性こそ、全政治生活の条件である」(二〇頁、p.7) ——こうした本来の共生こそ「政治」の絶対の必要条件であるとアーレントは言う。したがって政治は、施政者が権力によって被治者を支配することでは毛頭ない。そうではなくて政治は、大衆社会における「孤独」の大衆現象を批判し打ち破り、本来の人間の共生を実現することであるという。というのも、アーレントによると、大衆社会では人々は完全に「私的」(private) になっており、「彼らは他人を見聞きすることを奪われ、他人から見聞きされることを奪われ」(八七頁、p.58) ているからである。「私的」(private) という言葉はもともと「欠如している」(privative) という観念を含んでいるのであり、したがって完全に私的な生活を送るということは、「真に人間的な生活に不可欠な物が『奪われている』(deprived) ということ」(八七頁、p.58) を意味する。すなわち、他者との関係が奪われていることだ。

そしてアーレントは、大衆社会における「孤独」という大衆現象を次のように批判する。

今日、他人にたいする「客観的」関係や、他人によって保証されるリアリティがこのように奪われているので、孤独 (loneliness) の大衆現象が現われている。大衆社会では、孤独は最も極端で、最も反人間的な形式をとっている。なぜ極端であるかと言えば、大衆社会は、ただ公的領域ばかりでなく、私的領域をも破壊し、人々から、世界における自分の場所ばかりでなく、私的な家庭まで奪っているからである。(八八頁、pp. 58-59)

以上のように、アーレントの考えはいわゆる市民社会論として展開されたものではない。アーレントは本来の政治的世界に「公的領域の多数性」ということ、すなわち私と他者、人間と人間の対等な関係での「共生」という意味を含ませ、そしてこのことを「公的」(public)の中心にすえたのだ。だからこそ、私たちが現代において公共哲学のあり方を探求するさいのひとつの典型的な理論として、ぜひとも押さえておく必要がある。

三、ハーバーマスの〈Zivilgesellschaft〉としての「市民社会」

ハーバーマスがその著『公共性の構造転換』(4)の第一版を刊行したのが一九六二年であった。この著作のサブタイトルは、〈bürgerliche Gesellschaft の一カテゴリーについての探求〉とつけられている。この〈bürgerliche Gesellschaft〉を和訳すると、「市民社会」となるであろう。決して「ブルジョワ/資本主義社会」というような、社会階層/階級性の強い内容を指示するものではない。この近代における「市民社会」としての〈bürgerliche Gesellschaft〉の成立のところにハーバーマスは新たな「市民的公共圏」の確立をみ、このことを本著作で強調したはずなのに、多くの読者は〈bürgerliche Gesellschaft〉を「ブルジョワ/資本主義社会」と誤読・誤解しているようであることを懸念した。

そこでハーバーマスは誤解を払拭すべく、近代において新たな「市民的公共圏」の成立に関わる「市民社会」を表現する言葉として、従来の〈bürgerliche Gesellschaft〉に代えて〈Zivilgesellschaft〉を使用すると宣言し、第二版を刊行した(一九九〇年)。

サブタイトルも内容上の変更も一切ないが、長文の「序言」を付している。この序言でのポイントが、先の〈Zivilgesellschaft〉としての「市民社会」の意味についてなのである。この〈Zivilgesellschaft〉はもちろんハーバーマスの造語である。以下で、この「序言」を中心にして〈Zivilgesellschaft〉としての「市民社会」において、ハーバーマスは「市民的公共圏」の特徴をどう具体的に説明しているのか検討しておきたい。

ハーバーマスは当該書の目標を、「市民的公共圏の理念型を、十八世紀および十九世紀初期のイギリス・フランス・ドイツでそれが発展した歴史的文脈にもとづいて展開することであった」（Ⅲ頁、S. 12f.）と確認したあとで、ドイツでは十八世紀末までに「小さいが、批判的に討議をおこなう公共圏」(eine kleine, aber kritisch diskutierende Öffentlichkeit)（Ⅲ頁、S. 13）が形成されていたという。そしてこの公共圏の具体的事例について述べる。

もうこの頃には、ごくわずかの標準的な作品だけを繰り返し熱心に読むのではなく、つぎつぎと新たに出版されるものを読む習慣を身につけた人々が、とりわけ都市部やその他の地域の市民層のなかから、また学者の共同体の枠を越えてそれを包み込むようにして、普遍的な読書する公衆(Lesepublikum)をかたちづくった。……読者の飛躍的な増大に対応して、本・雑誌・新聞の生産がかなり拡大し、文筆家・出版社・書店が増え、貸出文庫や図書室、わけても読書協会(Lesegesellschaften)が新しい読書文化の社会的な結節点として設立される。……こうした協会は、一見して明白なその機能によってよりも、組織の仕方によって、来たるべき時代を先取り的に示す重要な意義をもつことになる。すなわち、啓蒙的な団体、教養クラブ、フリーメイスンなどの秘密結社や啓明結社などの結社(Assoziation)は、その設立に加わったメンバーの自由な、いいかえれば私的な決定によってつくられ、メンバーの加入は当人の自由意思によってなされ、その内部では対等な交流、自由な論議、多数決などが実践されていた。こうした結社は、たしかにまだ市民だけが排他的にかたちづくっていたものであったが、そこでは将来の社会で実現される政治的平等にかかわる規範を学習することができたのである。(Ⅳ頁、S. 13f.)

このハーバーマスの叙述には、「市民的公共圏」の内容上の、また組織上の重要な次のような特徴について網羅されているように思われる。

第一は、「批判的に討議をおこなう公共圏」、つまり「市民的公共圏」の担い手である市民層、とりわけ「読書する公衆」の形成という点である。第二は、読書の需要を満たすための本・雑誌・新聞等の刊行をなす出版業に関わる人材・施設・機関等の増大と、「読書協会」(Lesegesellschaft)という読書に関係する新しい組織の設立という点である。第三は、この協会が有する独特の組織のあり方についてであり、直後から多数結成されることになる「結社」(Assoziation)や将来の政治的平等社会のモデル的規範を当時の社会のごく一部に対してであれ提供しえたという点である。この組織的あり方についてのハーバーマスの具体的な叙述は重要である。すなわち、その組織への参加とそこからの脱退は自由で、当人の自由意思により決まること、組織内でのメンバー間は対等・平等であり、自由な議論を通し多数決で事柄を決定すること、などが確認されている。

ここで、「読書協会」なるものにハーバーマスが特に留意したことに注目しておきたい。というのも、ハーバーマスの理解する新たな「市民的公共圏」とは「批判的に討議をおこなう公共圏」のことであるがゆえに、「討議」は言葉・言語によりなされ、その内容に関わる素材は本・雑誌・新聞等の出版物であること、こうした討議素材を資料として日常的に「読書する公衆」が結集するところが「読書協会」にほかならず、そしてこの協会に結集する公衆が読書を通して事柄を批判的に討議する公共圏を形成すると考えられているからである。

この「協会」という組織の仕方は、のちに「結社」等として民主主義的なあり方の典型になっていたことは先に確認したとおりである。

さらにハーバーマスは、この協会の組織上の特徴がヘーゲルやマルクスらによる〈bürgerliche Gesellschaft〉としての「市民社会」に代えて、〈Zivilgesellschaft〉としての「市民社会」を特徴づけるうえでの決定的な要因になっているとして、述べている。

オッフェは、「社会的なるもののうちで討議倫理の橋脚となることを保証する生活形式や生活世界という包括的なカテゴリーに、どちらかといえば社会学的なカテゴリーを対峙させる」つもりで、「アソシエーション関係（Assoziationsverhältnisse）」という概念を用いている。アソシエーション概念という漠然とした概念は、かつて市民的公共圏の社会階層がかたちづくっていた「協会組織（Vereinswesen）」を継承しているが、この継承関係は偶然ではない。彼は、しだいに広まりつつある《市民社会》（Zivilgesellschaft）なる語の意味にも注意を促している。近代を特徴づけるものとしてへーゲルやマルクス以来慣例となっている「〔政治的〕市民社会 societas civilis」から「〔脱政治的・経済的〕市民社会 bürgerliche Gesellschaft」への翻訳とは異なり、《市民社会》（Zivilgesellschaft）という語には、労働市場・資本市場・財貨市場をつうじて制御される経済の領域という意味はもはや含まれていない。（XXXVIII頁、S. 45f.）

このようにハーバーマスは述べたうえで、〈Zivilgesellschaft〉の制度的な核心について端的にこう主張する――それは、「自由な意思にもとづく非国家的・非経済的な結合関係である」。そして順不同にいくつかの例を挙げている――「教会、文化的なサークル、学術団体をはじめとして、独立したメディア、スポーツ団体、レクリエーション団体、弁論クラブ、市民フォーラム、市民運動があり、さらに同業組合、政党、労働組合、オールタナティブな施設にまで及ぶ」（XXXVIII頁、S. 46）。

こうしてハーバーマスは「協会組織」（Vereinswesen）を核とし、またこの組織との承継関係において〈societas civilis〉から〈bürgerliche Gesellschaft〉へ、そして〈Zivilgesellschaft〉への移行の特徴を理解している。三者はともに市民社会と言われても、〈societas civilis〉は政治的性格が強く、〈bürgerliche Gesellschaft〉は政治的要素はなくもっぱら経済的性格のものであるのに対して、〈Zivilgesellschaft〉は「労働市場・資本市場・財貨市場をつうじて制御される経済」という性格もなく（非経済）、同時に「非国家的結合関係」を意味しているのである。

こうした「非国家的・非経済的な結合関係」を意味する〈Zivilgesellschaft〉（市民社会）としての「市民的公共圏」形成のもつ重要性は、ハーバーマスがその具体的事例をいくつか列挙している（文化的なサークル、学術団体、独立したメディア、市民フォーラム、市民運動、同業組合、政党、労働組合、オールタナティブな施設等々）ところからみても、現代における公共性を考えるうえで納得しうるものと言える。

四、パットナムの「社会関係資本」と市民の「共助心」

R・D・パットナムが二〇〇〇年に刊行した『孤独なボウリング――アメリカ・コミュニティの崩壊と再生』(5)が本国だけでなく、日本においても多方面で大きな関心をよんでいる。それは、アメリカでの近年の急激なコミュニティの崩壊という社会変化を大規模な調査により裏づけ、そしてコミュニティ再生のためのフレームワークを理論的に構成しつつ当面の具体的目標を提示しているからである。また、このアメリカにおける近年のコミュニティ崩壊という事実と、その再生の課題は日本においても軌を一にしているからである。

パットナムが示そうとしたテーマと、そのさいの核心にあたるキー・ワードが集約的に示されている「第一章　アメリカにおける社会変化の考察」での叙述を最初に指摘したい。

近年、アメリカ社会の特性の変化を考察する上で社会科学者が用いるようになった概念が〈social capital〉である。物的資本や人的資本――個人の生産性を向上させる道具および訓練――の概念のアナロジーによれば、〈social capital〉理論において中核となるアイディアは、社会的ネットワークが価値をもつ、ということにある。……物的資本は物理的対象を、人的資本は個人の特性を指すものだが、〈social capital〉が指し示しているのは個人間のつながり、すなわち社会的ネットワーク、およびそこから生じる〈reciprosity〉と信頼性（trust）の規範である。この点において、〈social capital〉は「市民的美徳」（civic virtue）とよばれてきたものと密接に関係している。違いは以下の点にある――市民的美徳が最も強力な力を発揮するのは、〈reciprosible〉な社会関係の密なネットワークに埋め込まれているときであるという事実に、〈social capital〉が注意を向けているということである。美徳にあふれているが、孤立した人々の作る社会は、必ずしも〈social capital〉において豊かではない。（一四頁、pp. 18-19）

この指摘に関わって最初に検討しておく必要があるのは、「アメリカ社会の特性の変化」の内容と、それがはじまった時期という点と、引用文中の数箇所の原語（〈 〉内）のうちの特に重要なもの――〈social capital〉に適切な訳語をどう与えるかという点である。まず、「アメリカ社会の特性」とは何か。それは、十九世紀の三〇年代にすでにA・トクヴィルが『アメリカにおける民主主義』において高く賞賛したアメリカ市民社会における市民一人ひとりの旺盛な自発的な団体結成の意欲を指す。この意欲とそれに支えられた活動力が一九六〇年代においても、公民権獲得運動・ベトナム反戦運動・ボランティア活動やボウリング・ブリッジ・ロータリークラブなど社会生活の多様な現場で現われていた。だが、こうした活動力は六〇年代をピークにして衰退の一途をたどった。「アメリカ社会の特性の変化」とはこの事実を指している。パットナムは述べている――「一九九九年の複数の調査では、アメリカの市民生活はこの数年弱体化しており、子ども時代の頃の方が社会的・倫理的価値観が高く、そして社会の焦点が、コミュニティから個人へとますます移動していると答えたものが全体の三分の二に上った」（二三頁、p. 25）。

これらに関する具体的な分析は当該書の第二章―第七章において、「政治参加」、「市民参加」、「宗教参加」、「職場でのつながり」、「インフォーマルなつながり」、「愛他主義、ボランティア、慈善活動」として詳細に、実態調査と統計資料により行なわれている。要するに、市民社会における市民の様々な自発的な「市民活動」の衰退とまとめることができる。

したがって、こうした自発的な団体づくり・市民活動を軸にしての市民間の関係性を表現するキー・ワードが〈social capital〉である。〈social capital〉の定義は、「個人間のつながり」、「社会的ネットワーク」を意味し、そのなかでもとりわけそうしたつながり・ネットワークから生じる〈reciprosity〉と信頼性（trust）の規範を指すとされる。このような規範は「市民的美徳」（civic virtue）と密接に関わると指摘される。

こうした内容をもつ〈social capital〉は、我が国では「社会関係資本」と訳されるのが一般的であるが、私は内容を考慮して「社会市民力」と訳すこともできると考えている。市民社会における各市民は自立を基本とし、ともすればアトム化する傾向をもつが、そうした自立的市民が他の市民とつながりをもつことによって集団・団体・結社といったコミュニティが生まれ結成される。したがって市民間の社会的つながりの質と量の両面での力＝「社会市民力」の度合いが、それら集団やコミュニティの成熟度を測るバロメーターになるのである。こうした理由から〈social capital〉を「社会市民力」と訳すことができると考えるが、「社会関係資本」の訳が定着しており、議論をスムーズにするため、以下では基本的に後者の訳を使用する。

〈social capital〉を直訳すると「社会資本」となる。一九六〇年代以降、社会資本というと我が国では社会共通資本としての主にインフラを意味した。しかし、パットナムの言う〈social capital〉はこうしたインフラとしての社会資本とは位相を異にし、「社会関係資本」としての〈reciprosity〉と「信頼性」という規範、「市民的美徳」というモラルや精神、心構えにこそ重点が置かれている。では、「市民的美徳」と総括され、この美徳という規範・モラルの中核を占め、「信頼性」とともにある〈reciprosity〉はどう訳されるべきか。

〈reciprosity〉は「互酬性」と邦訳されている。〈互酬〉は自分と他者とが益を与え受けあうことの意味が表現された言葉であり適切だと思われるが、少々古風な印象をうける。私は「共助心」を訳語として与えたい。〈共助〉はわかりやすく、しかも日常語として使用している。〈心〉を付加したのは、規範・モラルの意味性を表出したかったからである。

パットナムは当該書の「第五章　共助心、誠実性、信頼」を、デイヴィッド・ヒュームの言葉とともに始めている――「あなたの穀物は本日刈り入れ時である。私のものは明日になるだろう。お互いにとって有益なのは、今日は私があなたと共に働き、そして明日はあなたが私を助けることである」（ヒューム『人間本性論』）。「共助心」の説明に関するこのヒュームの言葉は率直であり、わかりやすいものではある。しかしこれだけでは多少の誤解が生じる恐れがある。それはこの言葉の場合、私とあなたのあいだの共助であるが、市民社会のなかの共助を思慮する場合には一対多数（多数対一）をこそ考えるところにパットナムの本意がある。だからパットナムは、「共助心」に最も簡潔な定義を与えたのは小説家でも経済学者でもなく、実はアメリカ大リーグ・ヤンキースの名捕手、ヨギ・ベラの言葉を挙げている――「誰かの葬式に行かないのなら、自分の葬式に誰も来てくれないだろう」(一七頁、p.20)。したがって、パットナムの言う「共助心」の意味する原則は〈一人〉対〈一人〉の直接的な共助ではなくて、次の内容のものであることに留意しておく必要がある――「直接何かがすぐ返ってくることは期待しないし、あるいはあなたが誰であるかすら知らなくとも、いずれはあなたが誰か他の人がお返しをしてくれることを信じて、今これをあなたのためにしてあげる、というものである」(一五六頁、p.134)。

では、こうした共助心にあふれ、信頼の市民的美徳に裏打ちされた市民的活動が一九六〇年代をピークにしてなぜ衰退の一途を辿り、コミュニティの崩壊に至っているのか。そしてその再生＝社会関係資本の回復のための具体的な目標はどのように設定されているのか。

まず、衰退の原因について当該書の「第一五章　市民参加を殺したものは何か？　その総括」において四つの事柄が指摘されている。第一――「時間と金銭面でのプレッシャーがあり、そのなかには共稼ぎ家族にのしかかる特別なプレッシャーを含むが、これが社会およびコミュニティへの関与減少に目に見える寄与をしている」。女性の社会進出―共稼ぎ家族の増大を指しているのか。この影響は全体の一〇%としている。第二――「郊外化、通勤とスプロール現象も補助的役割を担っている」。この影響も全体の一〇%とされる。第三――「電子的娯楽――とりわけテレビ――が余暇時間を私事化したという影響は重要である」。屋内でのテレビ視聴時間の増大が低下原因に大きく影響し、全体のほぼ二五%を占める。第四――「最も重要な要因は世代的変化であり、長期市民世代が関与の少ない子や孫によって取って代わられるという、ゆっくりとではあるが着実で不可避の置き換えは、非常に強い要因であった」。世代交代が最大の要因で、低下全体の約五〇%とされる（三四六頁参照、cf. p. 283）。

この第四の長期市民世代とは祖父母や親世代であり、彼らが子や孫に世代交代していく点が衰退の最大要因とみているが、市民参加といっても、その指標によって世代交代の影響の大小が異なることが指摘されている点に注目しておきたい。教会出席、投票、政治関心、キャンペーン活動、組織所属などの「より公的な形態」では世代交代の影響は大きい。だがクラブ会合、家族や友人との食事、近所づきあい、ボウリング、ピクニック、季節の挨拶状など私的なものでは影響は小さく、社会全体の変化と世代交代双方の複雑な組み合わせにその原因がある、と分析している（三二四頁、三四六頁参照、cf. pp. 265-266, p. 283）。

アメリカ社会の特性とされてきた旺盛な市民活動は衰退の一途を辿り、生き生きしたコミュニティはいまや崩壊の危機に瀕している。では、この復活・再生は可能なのか。可能なら、そのプログラムと具体的目標はどのようなものなのか。パットナムは、当該書の最終部門にあたる「第五部　何がなされるべきか？」を目標の提案にあてている。

パットナムは、アリストテレスやルソー、そしてウィリアム・ジェームズからジョン・デューイに至る重要な思想家はすべて、市民性についての議論を「若者の教育」からはじめ、そして彼らは民主的市民に不可欠の道徳、スキル、知識、習慣をいかに若者に教え込むかを熟考したとする。そしてパットナムは、この点は出発点において、今日においても適切であるとして、「アメリカの親、教育者、そしてとりわけヤングアダルトに対して」、七つの具体的目標を提案する。それらはすべて二〇一〇年を当面の達成期限にするものだ。

第一は、二〇一〇年の時点で成人するアメリカ人の「市民参加」のレベルが、祖父母が同じ年齢だったときのそれに匹敵し、同時に「橋渡し型社会関係資本」が祖父母の時代を上回る方法を見出す（五〇〇頁、p. 404）。

第二は、「職場」が「家族」への優しさとコミュニティとの親和性を高め、労働者が職場の内外で「社会関係資本」の蓄積を再び満たせる保証の方法を見出す（五〇二―五〇三頁、p. 406）。

第三は、「通勤時間」を減らして近隣とのつながりにより多くの時間が費やせるようにし、歩行者にやさしい地域に住めるようにする、そしてコミュニティの公共空間の利用によって友人・近隣とのさりげない「社交」が促進されるように行動する（五〇五頁、pp. 407-408）。

第四は、ひとつ以上の意義ある「精神的コミュニティ」に今日よりも深く関わるようにし、同時に他の人々の「信仰」と「実践」に対してより寛容になるようにする（五〇六頁、p. 409）。

第五は、輝く画面の前に受け身で、独りぼっちに座って過ごす「余暇時間」を減らし、市民と積極的につながる時間の増加を保証する方法を見出す。（五〇八頁、p. 410）。

第六は、集団でのダンスや歌の集い、大衆劇団からラップ・フェスティバルまでの「文化的活動」に参加する方法を見出す（五一〇頁、p. 411）。

第七は、コミュニティにおける「公共生活」に参加する――公職に立候補し、公的集会に出席し、委員を務め、選挙運動を行ない、投票する――方法を見出す（五一一頁、p. 412）。

これらは、二〇〇〇年から二〇一〇年までの十年間に、職場・通勤時間・信仰・余暇時間・文化活動・公共政治的活動等、あらゆる分野での改善と活発な市民活動をすすめ、「社会関係資本」を高める具体的な目標である。二〇一〇年にこれら「市民活動」の目標がどの程度達成され、アメリカのコミュニティの再生がどのように図られてきたか、パットナム自身による新たな調査・分析が切に待たれるところである。

これまでトクヴィルからパットナムまで、四人の市民社会についての考えを検討してきたが、彼らのなかで特にハーバーマスに注意を向けておきたい。ハーバーマスの市民社会についての考えは、トクヴィルの「市民団体」、アーレントの「公的」・「共生」、またパットナムの「社会関係資本」などの思想に通じるものがある。だが、ハーバーマスが「市民的公共圏」との関係で、〈Zivilgesellschaft〉に比べて低く評価している、非政治的で経済的性格をもつとされる〈bürgerliche Gesellschaft〉としての市民社会論の代表の一人にヘーゲルを挙げている点に私は納得しえないのである。ヘーゲルの市民社会論は、本当にもっぱら経済的性格の強い考えなのだろうか。次に、この点について詳しく検討したい。

第三節　ヘーゲルの市民社会論

一、市民社会の三つの契機

ヘーゲルの市民社会論はどのような構造と仕組みをもち、いかなる性格のものだろうか。ヘーゲルの『要綱』における次のような叙述にまず注目したい。

市民社会は三つの契機を含む。
(A) 個々人の労働によって、また他のすべての人々の労働と欲求の充足とによって、欲求を媒介し、個々人を満足させること――欲求の体系。
(B) この体系に含まれている自由という普遍的なものの現実性、すなわち所有を司法活動によって保護すること。
(C) 右の両体系のなかに残存している偶然性に対してあらかじめ配慮すること、そして福祉行政と職業協同団体によって、特殊的利益をひとつの共同的なものとして配慮し管理すること。(『要綱』第一八八節)

ここで説明される市民社会が含む三つの契機――（A）欲求の体系、（B）司法活動、（C）福祉行政（Polizei）と職業協同団体（Korporation）――から、市民社会の仕組み・構造や機能とそれらがもつ意味づけについて理解しておきたい。私は以下の三点について確認できると思う。

第一に、「欲求の体系」ということから市民社会の構造や機能を理解するという点である。この点については、二つの事柄が重要である。ひとつはこういうことである――個々人はすべて具体的な諸欲求をもっており、それを充足させて生きていく。そのさい、みずからが労働し一定の職業に就いて生きる糧を得るのが基本であるということである。もうひとつのこととはこうだ――個々人の欲求は多様化し多岐にわたっていくがゆえに、他者の労働（生産物）と関係しあわない限り、それらの欲求充足は不可能である。市民社会の構成員すべてが互いに関係し、依存しあわねばならない。こうした各人が全面的に依存しあっている関係にあるということである。こうした二つの事柄により成立していることを、ヘーゲルは「欲求の体系」としての市民社会と理解した。

第二に、市民社会の「欲求の体系」と「司法活動」がもつ「偶然性」の事態、およびその意味の確認という点である。市民社会における個々人がみずからの欲求（経済的なものに限らない）を充足させる場合、個々人によってそれぞれ差異のある自分の「健康・資本・力」をベースに、それらを活かして行なうのが基本である。したがって、すべての人のあらゆる欲求がいつ・いかなる場合においても充足されるとは限らない。充足される保証が必ずしもあるとはいえない。保証されるか否か、うまくいくかどうかが偶然性に委ねられていることがままある。それはつまり市場に左右され、市場原理に委ねられていることを意味する。

この市場は、人間の生活が豊かになり、文明が進化し、文化が進展していくにつれ、ますます大きく、いっそう複雑になっていく。それは人間の欲求の多様化と、その多様化した欲求を充足させるための労働の分化（分割）の進行＝分業の高度の進展ということから生じる事柄である。その結果、労働の疎外の側面も鮮明になり、さらに貧困問題が発生するところまでヘーゲルは見抜いていた。こうした市民社会のもつ「偶然性」が孕む問題は個人が生きていくうえで、突然襲ってくる荒波のような大きな試金石になるのは言うまでもない。このことは、社会全体にとっても貧困問題として克服しなければならない社会問題になるということである。

第三に、市民社会のもつ「偶然性」への配慮としての「福祉行政」と「職業協同団体」の内容についてという点である。市民社会において個々人の欲求充足が偶然性に委ねられており、また欲求が多様化するにつれ分業が進展すること等が重なりあって、貧困問題という深刻な社会問題が発生するようになる。こうした問題への対応として考えられた二つの方策が、福祉行政と職業協同団体なのである。

まず福祉行政とは、国家・政府などをはじめとした公権力による行政的措置・施策のことである。行政的措置・施策が必要なのは、先に確認したように市民社会の各人は互いに依存しあいながら自己労働に基づき自立して生活していくが、そこで様々な偶然事が作用し、自立的生活が困難になったり、不測の事態が起こったりすることへ対応しなければならないからである。

ヘーゲルの主張する福祉行政の具体的な内容は、次の六つを含んでいる。（一）犯罪や違法行為の取締り、（二）商取引の円滑化、（三）商品売買の公正化・商品価格の適性化等消費者保護策、公共施設の設置、公益事業と職業の斡旋、（四）教育の監督・指導、（五）放蕩者矯正、救貧対策、（六）植民地政策（第二三二節―第二四八節参照）。

次に、職業協同団体も市民社会の矛盾・欠陥を克服していくうえで重要だとされる。ヘーゲルは職業協同団体についてこう述べている――「両者〔農業階層と普遍的階層〕の中間である商工業階層は、特殊的なものを本質的に目指している。したがって、この階層に特に職業協同団体は特有のものである」（第二五〇節）、職業協同団体は「公の威力の監督のもとで、次のような権利を有している。すなわち（イ）団体内に含まれている団体自身の利益について配慮し、（ロ）成員を彼らの技能と実直さという客観的な特性に基づいて、〔社会の〕一般的連関によって特定される人数採用し、（ハ）団体所属のために特殊的偶然性に対して配慮するとともに、（ニ）成員たるべき能力の形成・育成に対して配慮する権利――総じて所属員にとって第二の家族の役割をになう権利を有している」（第二五二節）。

このヘーゲルの説明から確認できる最も重要なことは、職業協同団体の仕業とは「公の威力」＝〈国家・政府などの公権力〉の監督のもとで、「特殊的偶然性」＝〈職業協同団体成員の生計確保の偶然性〉に団体内部で互助的に配慮することだという点である。ここから明らかなのは、福祉行政は政治行政的な性質のものであるのに対して、職業協同団体は市民社会における市民自身による、市民相互の共助的な特質が強いということである。

二、「福祉行政」と「職業協同団体」の役割・機能

こうした三つの契機をもつ市民社会の構造・仕組みを、そこに生きる個々人の「生命」と「生計」の安全維持確保のあり方の構図総体としてみてみると、次のようにいうことができる。三つの契機は、

安全維持確保の三つの主要な方策をなしている。すなわち、第一に「欲求の体系」として示される個々人の自己労働による方策であり、これは〈自助〉と名づけられる。第二は、「福祉行政」という公的権力による方策であり、これは〈公助〉である。そして第三は、「職業協同団体」による市民みずからの相互による方策であり、これは〈共互助〉と言える。これら三つがミックスされ関わりあって、「生命」と「生計」の確保が行なわれている。

この〈自助〉・〈公助〉・〈共互助〉の三者関係のあり方を丹念にフォローし、優先順位づけを行なうならば、ヘーゲル市民社会論の性格づけがいっそう鮮明になると思う。その優先順位づけのさいポイントになるのが、〈公助〉にあたる「福祉行政」の位置ということである。位置とは、市民社会との関係におけるそれである。この位置が明確になることによって、福祉行政という国家に関わる公的なものの市民社会における機能や役割などがはっきりし、そしてそれのもつ特徴の全体が浮かび上がってくると同時に、「職業協同団体」の役割や意味も「福祉行政」との関係でいっそう鮮明になると思う。

まず、市民社会のなかでの福祉行政の位置について理解するうえで、ヘーゲルが福祉行政について述べた次の説明が参考になる。

> 福祉行政の行なう事前の配慮は、さしずめ、市民社会の特殊性のうちに含まれている普遍的なものを、諸々の特殊的な目的と利益をもっている大衆を保護し安全にするためのひとつの外的な秩序ならびに対策として、実現しかつ維持する。……ところが特殊性自身が、理念にしたがって、おのれの内在的利益のうちにあるこの普遍的なものを、おのれの意志と活動の目的および対象に

することによってこそ、倫理的なものが内在的なものとして市民社会に帰ってくるのであって、これを実現するのが職業協同団体の使命である。(『要綱』、二四九節)

この説明から福祉行政の位置をどう定めることができるだろうか。この場合、問題となるのが、言うまでもなく福祉行政と職業協同団体の位置関係とその意味内容である。市民社会の第一の原理は、個々人がみずからの特殊な利益を追求する自助としての「欲求の体系」であることは言うまでもない。この欲求の体系に必然的に付随する「偶然性」へ対応するもの、つまり個々人の「生計と扶養」の維持を担うものが福祉行政と職業協同団体にほかならない。

福祉行政は「普遍者の力」として上から、指導・監督をも含めて「生計と扶養」の維持を企図する。これに対して職業協同団体は、上からではなくて市民社会構成員の横の繋がり・共同によって「生計と扶養」を維持・確保しようとする。では、こうした方法をヘーゲルはどちらに力点をおいて評価しているのか。この点への解答が、先の第二四九節の説明に現われている。

説明順序からすると、第一原理の欲求の体系に続いて福祉行政、そして職業協同団体と進行していくのであるから、前者が第二原理で、後者が第三原理と理解しがちであるが、この理解は誤りである。第二四九節において、「事前の配慮」は福祉行政では「外的な秩序ならびに対策」とされているのに対して、職業協同団体では「内在的利益のうちにあるこの普遍的なもの」の獲得と理解されている。

要するに、市民社会との関係で福祉行政は「外的」、職業協同団体は「内在的」であるから、ヘーゲルの市民社会内での重点位置づけでは福祉行政が第三原理、職業協同団体が第二原理であることは明らかであろう。

三つの原理の関係について多少補足しておけばこうである。個々人が家族から自立して生きていく場としての市民社会の第一の原理は、「欲求の体系」である。この体系は自由競争を基本とした、市場原理の支配するところにほかならない。だから、様々に偶然性が支配する。生計の確保も偶然性に支配され、不安定である。そこで、生計への配慮が強く求められるが、その配慮として重視する第一のものが職業協同団体であり、第二のものが福祉行政である。

こうした説明に関わって、『要綱』より以前にヘーゲルによって学生向けに講義され、そして『要綱』に比べてわかりやすく詳細な説明が記録された『講義録』において、「職業協同団体」がどう扱われているか念のためみておきたい。『一八一七／一八年講義録』におけるヘーゲルの次の説明が重要である。

> 職業協同団体は共通・共同の利害関心 (das gemeinsame Interesse) の配慮のために有効です、そして共通・共同に取り扱うべきこの欲求は常に現われてきます。……現実の領域の特殊な目的はあらゆる特殊的なものにとって本質的なことです。その目的はしかし共通・共同なもの (ein Gemeinsames) を形成しています、その共通・共同なものの側面が市民社会において最も本質的なことなのです。
>
> (『一八一七／一八年講義録』、第一二一節「口頭説明」)

みられるように、職業協同団体は「共通・共同の利害」に関わり、そして「この共通・共同なものの側面が市民社会において最も本質的なこと」だと言われる。市民社会において特殊な欲求をもつ個々人がみずからの「生命」と「生計」の安全維持確保を果たし、「生きる権利」を実現していく基本が「共通・共同の利害」に関わる職業協同団体を通して行なわれる。このあり方が市民社会において最も本質的であるとヘーゲルは強調した。公的権力による福祉行政が本質的であるのでは決してなく、市民間での共互助の職業協同団体の役割がどこまでも本質的なのである。

『一八一七／一八年講義録』においてヘーゲルは職業協同団体の役割の重要性を確認すると同時に、職業協同団体の組織的あり方の特徴についても次のように重要な指摘を行なった。職業協同団体は、「合法的にそれら自体によって共同して統治される」し、「自治・自己管理」において存在するという（第一四一節）。要するに、市民社会における共互助組織の特徴は、市民たちによる共治であり、自治にあることが確認されている点に注目しておきたい。

以上のような福祉行政と職業協同団体との関係を総合的に判断してヘーゲルのとる立場についていうと、福祉行政の特徴は欲求の体系とひとつになっている自由競争に公権力・行政当局によって歯止めをかけようとするものであるから市場万能主義ではないと同時に、職業協同団体を補助する程度のものであるから、国家による福祉至上主義でもないといえるであろう。

三、「職業協同団体」と「自治集団」の特徴

市民社会の「内在的」原理としてある「職業協同団体」をヘーゲルは非常に重視していたことが、先の主張からも明確であろう。しかし、この点については重要であるのでさらに検討を続けなければな

らない。そのさいぜひとも考察しておかねばならないことが二つある。第一は、「市民社会」に続く「国家」のなかでヘーゲルが職業協同団体をどう位置づけ説明しているのかということである。第二は、職業協同団体と「自治集団」(Kreis)[6]との関連である。

第一の点については、まずヘーゲルの次の説明に注目したい。

市民社会に属していて、国家という即自かつ対自的に存在している普遍的なものそれ自身には属さないような共同の特殊的利益(第二五六節)に対する行政的管理は、地方自治団体(Gemeinde)やその他の商工業団体(Gewerbe)や階層諸団体(Stände)といった諸々の団体(Korporationen)(第二五一節)と、それらの管理者や長や経営者などによって行われる。(『要綱』、第二八八節)

この説明は「国家」のなかの〈統治権〉に関わってのものである。ここで確認できる重要点は次のようなことである。すなわち、本節で述べられる〈Korporationen〉は職業協同団体のみならず地方自治団体や商工業団体をはじめ多くの団体をまとめた団体の総体を意味していること、こうした団体は決して国家に属するものではなく市民社会に固有のものであること、これら諸団体の管理は当該団体の長をはじめとした団体の自治に委ねられていること、そしてこうした自治的諸団体への国家の関わりとしてあるのは国家の統治権の一環をなしていることを確認するにすぎないことなどである。

第二の、「職業協同団体」を含む「諸団体」(Korporationen)と「自治集団」(Kreis)との関係という点については、ヘーゲルの次の叙述に注目する必要がある。

しかしこのような原子論的な抽象的見方は、すでに家族においても市民社会においても消え失せている。家族や市民社会においては個々人は、ひとつの普遍的なものの構成員としてのみ現われるのだからである。なかでも国家は本質的に、それぞれの分肢がそれ自身だけで自治集団（Kreis）であるような、そういう諸々の分肢からなるひとつの組織体である。（『要綱』、第三〇三節）

この説明は国家のなかの〈立法権〉におけるものである。ここで最も重要な箇所は、国家は多数の「自治集団」から成るひとつの組織体だと言われている点である。この自治集団の原語が〈Kreis〉である。〈Kreis〉は様々に訳されうるであろう。英訳では〈group〉（Knox）、〈independent sphere〉（Dyde）であり、和訳では「仲間集団」（藤野／赤沢訳）の他に、「グループ」（三浦ほか訳）、「独立圏」（高峯訳）、「独立の集団」（上妻ほか訳）等がある。当面、私は「自治集団」と訳しておくが、問題はそれが内容的に何を指すかという点である。それはズバリ言えば、先にみた第二八八節での、地方自治団体や、商工業団体、階層諸団体などを包括する諸々の団体（Korporationen）のことを主に指す。したがって、国家とは国家権力を指すだけでなく、こうした諸団体の総体であるといえるような「ひとつの組織体」を意味するとヘーゲルは考えている。それら〈Kreis〉は文字どおり自治的な諸々の集団をなしているとされる。

四、「職業協同団体」と「自治集団」の意義

以上のようにヘーゲルの市民社会論の全体構造について、「欲求の体系」、「福祉行政」、「職業協同団体」、「自治集団」等の内容やそれら相互の関係を中心にして検討してみると、「欲求の体系」にもっぱら依拠した市場主義の構想では決してないことが明らかになった。市場も重視するが、それとともに、否それ以上に市民社会のなかの、市民社会に固有の「職業協同団体」や「自治集団」を重視していることが理解できた。

そうすると、私が検証したヘーゲルの市民社会論は千葉眞氏が指摘し、そしてヘーゲルがその代表の一人とされた「市場モデル市民社会論」には明らかに該当しない。では、氏がいうもうひとつの「公的領域モデル市民社会論」だろうか。この市民社会論の特徴は、「市民たちの自発的な社会的および政治的行為のネットワーク形成のための重要な公共圏」という点にあった。ここには文言としてはでていないが、この公共圏は脱市場である。となると、私の明らかにしたヘーゲル市民社会論は脱市場ではないから、「公的領域モデル」にはそっくりそのまま該当はしないであろう。

しかし、先にみたように、ヘーゲルの「職業協同団体」や「自治集団」は共互助の組織体・団体であるから、自治性の強い、あるいはそれに貫かれた団体であり、集団である。となると、「市民たちの自発的な公共圏」(千葉)にかなりの程度近いものと規定できるように私は思うのである。

自治集団(団体)としての〈Korporation〉や〈Kreis〉の意義について、ここでいま少し立ち入って検討を加えておきたい。というのも、この点の適正な理解の有無がヘーゲルの市民社会論ばかりか国

家論の性格づけに決定的な影響を与えるからである。

地方自治団体をはじめ諸団体を包括するものとしてのヘーゲルの言う〈Korporationen〉や〈Kreis〉が独立性をもち、独立圏を形成しているとは、根本的にはもちろん国家権力からの独立ということである。国家の統治権や立法権の枠内に入り、国家機構の構成体になっていても、絶えずこれら権力の統制・コントロールに従うものではない。そしてそれら諸団体の運営は、基本的にそれらの責任者を中心としての自治に委ねられている。

こうした自治集団（団体）は、ドイツでは十八世紀末から十九世紀にかけて多数結成されていった。この点について特に強調したハーバーマスは「市民的公共圏」の先駆けとして、これら事態を〈Zivilgesellschaft〉としての市民社会の成立とよんだのである。

ハーバーマスは読書協会をはじめとした「協会組織」（Vereinswesen）が、その後の啓蒙的な団体や社会・政治改革にも関わるような「結社」（Assoziation）の設立にまで繋がっていくことに注目した。そして、ハーバーマスがそれら組織・団体に関わって特に留意したのは、その組織の仕方についてであった。その仕方は、「将来の社会で実現される政治的平等」に関係する規範であり、組織・団体への加入・脱退はメンバーの自由意志により判断され、組織内での関係は対等・平等、自由な論議、多数決による決定等、民主主義的であった。こうした点を全体としてハーバーマスは、脱市場、脱国家としての「市民的公共圏」と指摘したのである。

こうみてくると、ハーバーマスの言う「協会組織」や「結社」は、内容上や組織的特徴からみて明らかにヘーゲルの指摘する〈Korporation〉や〈Kreis〉の延長上に、あるいはそれらと重層をなしていると言って間違いない。

では、ハーバーマスとヘーゲルの違いはどこにあるのか。すでに指摘したことではあるが、大事なので再度簡潔にまとめておくとこうだ。ハーバーマスが、「協会組織」や「結社」を中心とした脱市場・脱国家としての「市民的公共圏」を「市民社会」（Zivilgesellschaft）とよんだのに対して、私の理解するヘーゲルは自治集団（団体）としての〈Korporation〉や〈Kreis〉を内に含んだ（他に主として「欲求の体系」と「福祉行政」を含む）複合体を「市民社会」（bürgerliche Gesellschaft）と規定したのである。したがってヘーゲルの市民社会は自治集団（団体）だけで市民社会を意味するわけではなく、こうした集団（団体）と市場および国家行政的なものも含め理解されていた。だから、ヘーゲル市民社会はハーバーマスと同じように脱市場・脱国家だというのは誤りであるのと同じように、市場主義だというのも間違いないのである。

私のヘーゲル市民社会理解の重点は、従来型の市場主義というものを批判し、市場とともに非市場である自治集団（団体）の組織・機能をより重視し、それに比重を置いた複合型にある。

さらに、この複合型という理解はヘーゲル国家論の性格づけの変更にも大きな影響を与えるのは必然である。というのも、従来の主たる解釈は本章の冒頭で検討した山脇氏、松下氏、小林氏らに共通してみられる国家主義的な性格のものであったからである。しかし、先にも引用したが、「国家は本質的に、それぞれの分肢がそれ自身だけで自治集団（Kreis）であるような、そういう諸々の分肢からなるひとつの組織体である」（『要綱』、第三〇三節）とのヘーゲルの主張に注目するとき、国家主義的な国家とはおよそ縁遠い姿が鮮明になるのである。国家とは自治集団（団体）から成る「ひとつの組織体」

にほかならない。ここにきわめてリベラルな国家観が表出してくる。

ここはヘーゲルの国家論について考察する場ではない。だが、国家論の前提となる市民社会論の新たな検討結果を活かしヘーゲルの国家像を探ってみると、従来の見解の見直しと革新は緊急の課題であることが明らかとなるのである。

第四節　ヘーゲルと現代への展望

では、市場と非市場である自治集団（団体）（さらには福祉行政をも加味する）の複合として理解されうるヘーゲルの市民社会についての考えは、端的にどう規定できるであろうか。私は、〈公共―市場〉リンク市民社会論とよびたいと思う。

この市民社会論は、先にも指摘したようにハーバーマスが〈bürgerliche Gesellschaft〉として批判するような市民社会でもないし、千葉眞氏が「市場モデル市民社会論」と特徴づけたものでもない。同時に、ハーバーマスが民主主義の活性化にとって今日でもきわめて重視し、「市民的公共圏」を意味する〈Zivilgesellschaft〉としての市民社会論でもないし、このハーバーマスと同じく千葉氏が特別視する「公的領域モデル市民社会論」でももちろんないのである。ヘーゲル本来の市民社会論の特徴は、市場と自治集団（団体）という公共的なものとの役割・機能がリンクしたところにあると言える。

問題は、公共と市場とがリンクしたヘーゲルの〈公共―市場〉リンク市民社会論が現代において民主主義の活性化にとって、どのように有効で、有意義なのかということである。

現代日本の状況の特徴は、経済の領域を中心としてグローバル化の方向がきわめて鮮明になっている点にあり、それはまた経済の領域にのみとどまらず教育や文化の領域にまで進行していると言ってよい。このことは日本社会の主要領域で市場主義の基調がつとに強まっていることを意味する。

市場主義の特質は自由競争を至上命題とするのであって、とりわけ経済の領域での勝者は教育や文化の領域の主導力をも担うことになる。こうすることによって社会の諸領域で階層化が強まっていくことは間違いない。今日、流行語になっている感の強い〈格差社会〉や〈下流社会〉という言葉が、現代日本社会の特徴的な一側面を如実に映し出した鏡面をなしていると言ってよい。

こうした市場主義の傾向を強める日本の現代状況に対して、〈公共性〉の価値の重要性を対置ないしは付加することにより、過熱し行き過ぎた市場主義に適度の規制を加えることができると言える。そして、自由競争の帰結として必ずや現われる社会のひずみ、例えば現代における「不平等」・「差別」・「貧困」の問題に対して、公共的な立場から修正・補正・改革の措置を講ずることが可能となるし、またそうする必要があるであろう。

個々人がみずからの能力を最大限活かし発揮し、他者と切磋琢磨してフェアな競争を自由に展開していくことは、個々人にとっても社会全体にとっても有意義であるのは言うまでもない。だが、個々人間の自由競争がそのままで社会全体の活性化に直接内容的に連関するかは、偶然の結果でしかない。なぜなら、市場は自生的で偶然的なものを特徴としているからである。結果として、例えば先にも指摘したが、「不平等」・「差別」・「貧困」が生起しうる。こうした点への目的意識的な対応措置が公共政策として求められる。以上が、自由な市場の展開に〈公共性〉契機の関与が必要とされる理由だ。〈公共性〉のもつ積極的意義をどれほど強調してもしすぎることはない。ハーバーマスの言う〈Zivilgesellschaft〉としての「市民的公共圏」づくりの構想は、グローバル化の進行する現代世界においても、否そういう世界だからこそ重要な問題提起である。どこまでも非市場（非国家）を基本特徴として公共圏の創成を企図するものだからである。だが、非市場を極度に強調する公共圏づくりの構想は、この公共圏をつくる主体の範囲と、つくられるはずの圏そのものの範囲とを狭めないか懸念されるのである。非市場で線引きするよりは公共性により規制された市場を包摂する方が、公共圏づくりに関わる主体の力量を強め、公共圏の範囲を拡大していくのではないか。この点に関わって、政治学者の山口二郎氏、宮本太郎氏、小川有美氏の指摘が重要である。三氏は、市場を取り込むことによって、市民の「資産形成」を支援し、「市民のエンパワーメント」を高め、市民への「社会的供給サービス主体の多元化」を促進させることの意義を強調している。(7)

したがって、〈市場〉および〈公共性〉の契機は、おのおの単独での〈市場主義〉ないしは非市場の〈公共性〉だけでは現代社会の民主主義的革新に向けて、積極的意義に欠けるように思う。カントの言い方になぞらえて表現すれば、〈公共性〉抜きの〈市場〉は盲目であり、〈市場〉抜きの〈公共性〉は空虚である、といえるようだ。

こう考えると、ヘーゲルがすでにモデル的に提出した構想——市場と、〈Korporation〉や〈Kreis〉と表現された自治集団（団体）（ハーバーマスの指摘する「協会組織」Vereinswesen や「結社」Assoziation をも含む）との複合――、すなわち〈公共―市場〉リンク論が重要だと私は思う。ただし、両契機がリンクしていればそれでよしというわけではない。問題は、リンクのあり方であり、リンクが有効に機能するための十分に吟味された公共政策の提示と、その実現を目指した実行にあるといえるであろう。

ヘーゲルの市民社会論から引き出される現代的展望に関してもう一点指摘しておきたい。先の〈公共―市場〉リンク市民社会論のところで強調したのは、公共性に市場をリンクさせることの積極的意義ということであった。しかし、このことを「市民のエンパワーメント」を高めるべく強調すればするほど、公共性が市場に席捲される危険性を絶えず孕んでいると言ってよい。市場に侵食され、振り回されて公共性が意味を喪失してしまうのを防ぎ、公共性を有効に機能させるためにも市民社会の土台をなす「生活世界」のしっかりした構築が必須であろう。

生活世界は市民一人ひとりが日々の暮らしを営む、最も身近で手触り感のはっきりした地域社会のことである。みずからの生活の拠点である家庭があり、子どもたちが学ぶ学校があり、日常用品を購入できる各種商店やスーパーがあり、病気や怪我の治療を受ける病院があり、最新の週刊誌や雑誌や単行本を気軽に手にすることができる書店があり、日々のささやかな憩いを得る喫茶店があり……といった暮らしの現場が地域を核とした生活世界にほかならない。

こうした生活世界は基本的に、市民たちが互いに暮らしに必要な各種サービスを提供しあい、享受して物質的・精神的な消費生活を行なうところである。もちろん消費生活に伴なう各種サービスは価格をもち、商品として交換される。そういう意味では生活世界が市場の影響を全く受けないかというとそうではない。受けないどころか生活世界における商品価格には市場の影響が直接的に反映される。それでも、消費者である市民一人ひとりのレベルからみれば、サービスである商品の売買行為は市場を通した利潤拡大・資本増殖には直接結びつかないであろう。

というよりも、売買されるその商品の開発・生産・流通・販売などに市民たちみずからが有効に関与することによって、市場の影響をできるだけ少なく小さくすることは生活世界において可能であろうし、そうする必要がある。この点での確固とした生活世界づくりが重要であり、そして実はこのことが〈公共―市場〉リンク市民社会の内容の質づくりにもろに影響すると思う。

こうした型の市民社会・生活世界の現代でのモデルケースに近いと思えるのが、イギリスの「社会的企業」とイタリアの「社会的協同組合」である。「社会的企業」の場合、次の四つの「経済的基準」で定義される――(一)財とサービスの継続的な生産・供給、(二)コミュニティの人々による自発的な設立と自治的な経営・管理、(三)設立者による経済的リスクの引受け、(四)ボランタリィ労働のほかに有償労働の最低限の組込み。そして次の五つの「社会的指標」が示される――(一)コミュニティへの貢献という明確な目的、(二)市民グループにより開始される事業活動、(三)資本所有に基づかない意思決定、(四)事業活動により影響を受ける人々による参加型・ステークホルダー志向・民主的管理運営、(五)利益(利潤)分配の制限[8]。

このような社会的企業は二〇〇五年時点で一万五千社、企業総数の一・二%にあたるようだ。雇用者は四七万五千人、その三分の二はフルタイムでの雇用で、この他に総数三〇万人のボランティアがいる。著名な成功例として、ロンドンにある「グリニッジ・レジャー」がある。法人格は産業共済組合で、レジャーセンター（プール、ジム、フィットネス・スタジオ、バドミントンなどのコート、カフェや託児所のついた複合スポーツ施設）の運営を受託している。理事会は、職員、区議会、労働組合、利用者の各代表からなるマルチ・ステークホルダー方式である。利益は必要経費を除き施設の改善に投資されている。(9)

「社会的協同組合」の場合、一九九一年に「社会的協同組合に関する法律（三八一号）」が制定され、そのなかで社会的協同組合は「市民の、人間としての発達および社会参加についての、地域の普遍的な利益を追求することを目的としている」（第一条）と定義されている。ただし、剰余金については「剰余金の不分配」による「非営利性」は課されていない。無償で活動を提供するボランティア組合員については組合員総数の半分以下とし、その労働は専門職の労働を補完するものであり専門職労働を代替してはならない（第二条）。業務分野の類型については、社会福祉・保健・教育等のサービスの運営を担うA型と、農業・製造業・商業・サービス業等の活動を行なうB型がある（第一条）。(10)二〇〇一年末時点の政府による調査では、A型が五九・一％、B型が三三・一％、混合型が四・二％で、組合員数は二一万千八百人で、個人が二〇万八千人、自治体をはじめとする法人が四千二百余りであった。有償の労働（活動）に従事する人は二〇万人余り、ボランティアは二万四千人、その他良心的兵役拒否者や宗教関係者が四千人である。性別では女性が約七〇％、ボランティアの五〇％余りを占めている。二〇〇一年の調査からわずか三年間でも組合の数が増え、カトリック系の社会的協同組合だけでも、全国で三万人を雇用し、五千人のボランティアの協力をえて、その規模はアリタリアを超え、フィアットに迫っていることが報告されている。(11)

このように「社会的企業」・「社会的協同組合」はともに、営利性や有償労働は否定しない。しかし剰余金や利潤は資本増殖ではなく「地域への貢献」という目的に向ける。組織のあり方として、ボランティアをも組み込んで多様な市民の主体的、自発的参加と自治的な管理を特徴としている。〈公共—市場〉リンク市民社会の意義は大きいと思われるが、激しいグローバル化の進行のなかで市場の勢いは猛烈に強い。だからこそ市場を健全なものにし、リンク市民社会を秩序ある社会組織体として維持展開していくためにも、再度強調するが、市場の影響から最も遠く位置するところでなされる諸々の市民活動、例えば自治集団（団体）（ヘーゲル）、様々な協会組織、結社（ハーバーマス）、あるいは市民団体（トクヴィル）や自発的自治・共助団体（パットナム）などと表現されるもので行なわれる市民たちの自発的な活動[12]のいっそう広範な展開が、今日においてこそ決定的に重要な意義をもっているということである。

（1）当該書をはじめ一連の「公共哲学」シリーズ（「公共哲学叢書」を含む）（東京大学出版会）からの引用については、該当箇所（頁）を本文中に明記した。

（2）トクヴィルの当該書はフランス語で書かれたものであるが、今日では一般に何種類かの英訳が用いられる場合が多く、私も次の英訳を参照した。Alexis de Tocqueville, *Democracy in America*, Translated by Arthur Goldhammer, Library of America, N. Y. 2004. また引用にあたっては、A・トクヴィル著、井伊玄太郎訳『アメリカの民主政治』（講談社学術文庫、一九八七年、特に下巻）を用いた。引用の該当箇所は文中において、（邦訳書頁、英訳書 p.）で明記した。

（3）Hannah Arendt, *The Human Condition*, The University of Chicago Press, Chicago, 1958. H・アーレント著、志水速雄訳『人間の条件』ちくま学芸文庫、一九九四年。引用の該当箇所は文中において、（邦訳書頁、原書 p.）で明記した。

（4）Jürgen Habermas, *Strukturwandel der Öffentlichkeit: Untersuchungen zu einer Kategorie der bürgerlichen Gesellschaft*, Frankfurt am Main Suhrkamp, 1990. J・ハーバーマス著、細谷貞雄／山田正行訳『〔第2版〕公共性の構造転換――市民社会の一カテゴリーについての探究』未來社、一九九四年。引用の該当箇所は文中において、（邦訳書頁、原書S.）で明記した。

（5）Robert D. Putnam, *Bowling alone: The collapse and revival of American community*, New York, Simon & Schuster, 2000. R・D・パットナム著、内柴康文訳『孤独なボウリング――米国コミュニティの崩壊と再生』柏書房、二〇〇六年。引用の該当箇所は文中において、（邦訳書頁、原書p.）で明記した。

（6）〈Kreis〉の訳をここでは「自治集団」として人間の集団概念と解し訳しているが、これら集団が国家の政治的・行政的な統治に関わる内容に関連していると理解しなければならない場合には、「地域自治コミュニティ」と訳したいと考えている。この点については、次の第四章において詳しく述べる。

（7）山口二郎／宮本太郎／小川有美編『市民社会民主主義への挑戦――ポスト「第三の道」のヨーロッパ政治』日本経済評論社、二〇〇五年、七―二五頁参照。

（8）これらの指摘は社会的企業論で著名なジャック・ドゥフルニによるものである。中川雄一郎『社会的企業とコミュニティの再生――イギリスでの試みに学ぶ』大月書店、二〇〇五年、九三―九五頁参照。

（9）大沢真里『現代日本の生活保障システム――座標とゆくえ』岩波書店、二〇〇七年、二〇九―二一二頁参照。

（10）田中夏子『イタリア社会的経済の地域展開』日本経済評論社、二〇〇四年、六九―七〇頁参照。

（11）大沢、前掲書、二一四―二一八頁参照。

（12）現代のヨーロッパにおける市民活動の新たな展開とその重要な意義については、特にドイツ連邦議会に設置された「市民活動の将来」（Zukunft des Bürgerschaftlichen Engagements）委員会から出された報告書（二〇〇二年六月）を丹念に分析された坪郷實氏の論文（山口／宮本／小川編、前掲書、一三七―一六四頁）が有益である。そのなかで坪郷氏は「市民活動の将来」委員会における市民活動の定義に関しての次のような説明を紹介している――市民活動は、「個人的物質的利益の獲得を目指すものではなく、公共福祉志向の協力的活動である。それは、通常市民社会の公共空間における組織や制度で発展する。自己組織、自己権限、市民権が、決定過程における市民の参加と共同設計の基礎になる。市民活動は社会関係資本を創出し、それにより社会福祉の改善に寄与し、それは市民により日常生活の経験から普段に蓄積されるので、市民に開かれた社会的習得過程として発展する。社会における結合や政治的公共組織への寄与を越えた市民活動の固有性は、この質にある」。この説明を受けて坪郷氏は、市民活動は「自発性」(自己決定)、「非営利性」(自己実現)、「公共福祉志向」(相互性、公共の福祉と固有の利益の結合)を特徴とする「協力の形態」だとまとめられている(同書、一四八頁)。

第四章　公共福祉哲学の現代的展望

第一節　〈公共福祉〉論の基本的考え

次の引用文は、山脇直司『（公共哲学叢書9）グローカル公共哲学――「活私開公」のヴィジョンのために』（東京大学出版会、二〇〇八年一月）に関する私の書評である（京都フォーラム／公共哲学共働研究所機関紙「公共的良識人」二〇〇八年七月一日号に掲載）。この山脇氏の著書には公共福祉についての重要かつ基本的な論点が網羅的に提出されており、それへの私自身の考えも率直に表わしたと考えている。したがって、公共福祉とはどのようなものであり、これがいかなる現代的意義を有しているのかについて端的に述べていると思われるので、まずその全文を紹介することにする。

日本国憲法が保障する人権を制限する根拠になるのが「公共の福祉」である。憲法一二条は「公共の福祉のために利用する責任を負う」として、国民に行き過ぎた人権行使を戒めている。一方で、一三条は「公共の福祉に反しない限り、立法その他の国政のうえで、最大の尊重を必要とする」として、人権の尊重を国に命じている。国民による責任の背負いか、国による尊重か、どちらに重点が置かれているかはこれだけでは明確ではないようだ。だからといって、二〇〇五年に発表された自民党の新憲法草案のように、「公共の福祉」を「公益および公の秩序」にそっくり言い換えてしまっていいのか。ここに多少の懸念が生じるのが、「公益」「公の秩序」の名をかざして安易に人権の制限がなされるのではということだ。

〔当時の〕日本の政権政党である自民党が、「公共」から「公」へと主張のベクトルを変更しようとしているとき、ドイツでは「公共」を前面に掲げての新たな社会づくりのいっそうの促進が企図されていた。ドイツ連邦議会委員会に設置された「市民活動の将来」委員会から二〇〇二年六月に出された報告書に、それを明確に確認しうる。

そこでは公共福祉の展開に主に関わる市民活動について定義され、その重要性が強調される――市民活動は、「個人的物質的利益の獲得を目指すものではなく、公共福祉志向の協力的活動である。それは、通常市民社会の公共空間における組織や制度で発展する。自己組織、自己権限、市民権が、決定過程における市民の参加と共同設計の基礎になる。市民活動は社会関係資本を創出し、それにより社会福祉の改善に寄与する」（坪郷実訳）。「公共福祉」志向を育む市民活動を特に重視しているのがわかる。

ここには公権力による「公の秩序」の形成・執行・発揮などといった発想は微塵もみられない。強調されているのは、個々人の自発性に基づく他者との結びつきの強化ということだけだ。「公」の強調は権力と個人とのタテの関係の重視を意味するが、「公共」の強調は個人と他の個人とのヨコの関係の重視を意味する。タテのベクトルの強化が図られようとしている今日、ヨコのベクトルから個々人の本来の関係と社会のあり方を原理的にかつ体系的に考え検討することが必要である。このような折に刊行された山脇氏の著書には特別の意義があるように私には思える。

山脇氏は金泰昌氏とともに日本における今日の公共哲学の興隆を主導されてきた。その公共哲学の基本テーゼのひとつが「活私開公」だ。「活私開公」は、「私という個人一人ひとりを活かしながら、人々の公共世界を開花させ、政府や国家の公を開いていく」ような「人間—社会」観である（七頁）。この観点には重要な論点が天こ盛りである。第一には「私」（the private ではなく、individual や person を指す）が基軸にすえられ、個人一人ひとりが主人公に位置づけられている。だから「滅私奉公」とは考えを異にする。第二には「私」を活かしつつ政府や国家の「公」にも関わり、公のあり方をより良きものへと変えることに関係する。だから「滅公奉私」とは全く異なる。第三には「活私開公」といっても「私」と「公」の二項だけが重視されるのではなく、「私」と「他の私」＝他者との関係、すなわち多くの私からなる人々の「公共世界」が大きく展望される。したがって第四には、「活私開公」は「滅私奉公」や「滅公奉私」での「私—公」二項論ではなく、「私—公共—公」の三項論である。

先に指摘した「公共の福祉」に代えての「公の秩序」の場合は、タテ関係の強い「私—公」二項論にほかならない。この二項論の場合は、個々人の人権の尊重といっても、タテ関係の強さから、「公＝お上」が護り「お上」から護られるという発想になりがちである。これに対して、「私」と「公」の中間に「公共」が入った三項論においてはじめて私・公共・公の三者相互間がヨコの関係、同水準で論議の対象になりうる。

「私―公」二項論にあって「公」はおおよそ政府・国家を指す。この「私」と国家の関係で何か事が生じたとき、「私」は「裸で狼の群れのなかに」一人でいるようなものとなる。だから「公共」という中間項、すなわち社会の中間団体・組織が多重・多層にあることが必要だ。ヨコ関係にある私たち一人ひとりがそれらの一員としてあってはじめて、「公」としての国家・政府もタテではなくてヨコ関係のものとして位置づけされるからだ。

中間団体・組織というと、いっけんいかにも中途半端なものの印象を受ける。だがこの類いのものがないと一時も暮らしていけないのである。一番身近な家族だってミニ中間団体・組織あるいは基礎的中間団体・組織と言っていいかもしれない。学校や居住地、教育・福祉・文化に関する様々な団体・組織、NGOやNPOはすべて中間的なものだ。諸々の地方自治団体は大きく有力な団体であり組織だ。このような中間団体・組織が網の目のように張り巡らされ、生きいきと機能して暮らしをあらゆる側面から支え、支えあっていることこそが豊かな社会だといえるように思う。

では私たちの大部分がそこと関わり、そこから生活の糧を得る民間企業は公共性をもった中間団体・組織かどうか。ここは重要な論点となる。山脇氏は民間私企業を市場経済の主要アクターとしてみ、その公共的役割を強調する。市場は企業や機関投資家のほか、消費者、政府、NGO／NPOなどの諸アクターによって動かされていることは疑う余地がない。このことの強調だけなら誰もが行なう常識的なことだ。山脇氏の卓見は、企業がみずからの利益を福祉や環境保全などの公共善の推進と貧困や環境破壊などの公共悪の除去に寄与しうるところに公共性があるとし、このことを通して福祉や環境に貢献することが企業利益と結びつくような市場経済のあり方を追求するところまで論じている点なのである。これが夢物語の理想論としてではなく、実現可能な理想的現実主義として提起されている点に、多くの人が多大の勇気と希望を感受するに違いない。山脇氏による具体的政策論の提示が今後望まれる（一一一頁、一七五―一七六頁）。

三項論からは公としての政府・国家もヨコ関係としてみえてくるとはどういうことか。山脇氏は政府を、「一人ひとりの個人から成る民の公共によって正当性を与えられて公共性を担う」重要な組織だと定義する。この定義の成立には、管理・運営を従来のガバメント（統治）ではなく、「民の公共」とのガバナンス（共治）としてとらえ直す必要があるという（九六―一〇〇頁、一〇六―一〇九頁）。

ガバメントからガバナンスへの転換の強調は説得力のある卓見である。ガバメントは上から権力機構を通しての統治を印象づける。一方、ガバナンスは共治なのだ。では共治の支え手は誰なのか。政府と市民社会、種々のコミュニティ、市場などの民間組織だ。だから政府のガバナンスはソーシャル・ガバナンスとも呼ばれる。こうした政府と民間組織とが相互ネットワークを形成しつつ、種々の政策を通して公共世界を共治していく。その場合、当然ながら政府の権限を国際機関や地方自治体に委譲する必要も多々生じる。したがって、ソーシャル・ガバナンスはグローカル（グローバルにしてローカル）な多層構造を帯びてくる。中央政府にあって、ソーシャル・ガバナンスで特に重要なのは福祉、雇用、開発の領域とされ、こうした領域での政策遂行にあたって「民のニーズ」に依拠すること、そして結果の判断・評価にあたって選挙などによる「民の公共的判断」が必要だとする。この山脇氏の考えには、民主主義が有すべき基本的な内容が入っていると思う。選挙が大事といっても、誰が何のために、何を実現するための行為なのかが明らかにされているということだ（第二章、第四章）。

ソーシャル・ガバナンスの本領が遺憾なく発揮されるのは、中央レベルよりむしろ地方レベルであろう。それは日々の暮らしの現場は地域であり、住民一人ひとりが「市民的徳性や信頼関係のネットワークとしてのソーシャル・キャピタル（社会関係資本）」（一〇八頁、ドイツ連邦議会「市民活動の将来」委員会報告書と同一の重要な指摘！）を涵養・強化し、それを通して「各地域の公共世界」は活性化され、地域住民の公共の福祉も高まるからだ。この山脇氏の丁寧な考察の行き届いた指摘を肝に銘じたい。

これまでの統治ではなく共治・ガバナンス、それも地方レベルから中央レベルに至るまで（さらに国際的なグローバルなレベルにまで）のソーシャル・ガバナンス論をしっかり理解しておくなら、冒頭で問題とした日本国憲法における「公共の福祉」に代えての「公の秩序」の無意味さ、「公」の理解の一面性のもつ浅薄さと怖さ等が明らかとなる。逆に、「公共の福祉」の意味の曖昧さが払拭され、その重要性が明確になる。

山脇氏は政府と個人（の権利）との本来の関係理解をベースにして、「公共の福祉」についてこう考えるべきだという。「公共の福祉」は政府による個人の権利の規制原理としてではなく、個人一人ひとりからなる国民が構築していく「公共善」だ。したがって国民には、「民の税金で成り立つ政府＝国家の公共活動」が社会保障制度、教育制度、社会的インフラなどの公共善＝公共の福祉のためになされているかを厳しくチェックする態度が要求される。こうしてはじめて、国家は「公共のもの」(res publica) となり、民の福祉装置として機能するという（二〇六―二〇七頁）。山脇氏の「公共の福祉」理解においてはじめて、政府・国家の正当性（国民による根拠づけ、承認の根拠・理由）とソーシャル・ガバナンスの意義づけが明確になると思う。

山脇氏の国家・政府と「公共の福祉」に関する理解との関係で、氏によるヘーゲル観について一言述べておきたい。当該書で言及されている思想家は、古今東西きわめて多岐にわたり、壮観といえる様相である。頻出度で言えば、一番多いのがロールズであり、ハーバーマスやカントらが続くが、実はカントに続いて頻出度が高いのがヘーゲルなのだ。これは意外である。ヘーゲルは公共哲学からほど遠く、国家哲学の称揚者だと山脇氏は理解しているように私は考えていた。だが当該書の数箇所で、「ヘーゲルの公共哲学」（iv、二八、八五、一七九頁）として新たに積極的評価が示されている。公共哲学としてヘーゲル哲学を読み直しつつある私にとって山脇氏の新評価は心強い限りだ。

さらに言えば、ヘーゲル「法・権利の哲学」の国家論での定義において、「国家」とは国家権力を意味し、それも立法権・統治権・君主権の三権力のうち君主権に収斂していくという君主制国家論者として従来多くの研究者によりヘーゲルが理解されてきた。だが国家のもうひとつの定義があるのだ。「国家とは具体的自由の現実態」という説明がヘーゲル自身によりなされている。ただし、ヘーゲルによる詳しい叙述はない。この第二の定義からみると、三つの国家権力は国家の定義における主たるものではなく、むしろ国民の自由実現の手段となろう。そして自由が実現した状態（「具体的自由の現実態」）が本来の国家ではないのか。市民社会（職業協同団体、コミュニティ集団、自治集団等による）の内容が十全に成熟したところで成立し、具体的自由が実現した国家、こうした国家像がみえてくる。この国家像は山脇氏が強調するソーシャル・ガバナンスによる福祉の実現という姿に近いものだ。こうした公共哲学の観点からヘーゲル国家論を再検討した論文が今回、私の勤務校で博士学位請求論文として提出された。

山脇氏の議論が若い研究者にも大きな影響力をもちはじめたことがうかがえる。

第二節　〈公共福祉〉とヘーゲルの「自治集団」／「地域自治コミュニティ」

公共福祉は、国家・政府により上からなされる施しの福祉を指すのではない。それは国家・政府とリンクして、国家・政府に下支えされながら人々が互いに協力しあい行なう福祉のあり方をいう。そのメカニズムと特徴を明確にすることが本章の当面の課題であるが、そのさいヘーゲルの〈Korporation〉と〈Kreis〉に関する考えが大きく重要な示唆を与えてくれるように思う。

まず、〈Korporation〉とはどのような内容のものだろうか。これはギルドの閉鎖的な職能団体であるツンフトとは異なって、職業選択の自由のもとで結成された当時における新たな職業協同団体を指す。ヘーゲルは市民社会のなかでの〈Korporation〉の役割を高く評価する。というのも、この職業協同団体は市民社会の第一原理たる「欲求の体系」と言われる市場の自由競争のなかでおのおのの職業に関わる人々の生活の下支えをする、彼らがみずから結成した団体だからである。

次に、〈Kreis〉とは何を意味するのだろうか。ヘーゲルはこの〈Kreis〉という言葉のもとで多くのことを論じてはいない。『要綱』では二、三箇所でしか言及していない。そのなかで最も重要な箇所と思えるところを以下で一箇所紹介したい。ここは実は、〈Korporation〉と〈Kreis〉との関係を理解するうえでも重要な箇所なのである。

『要綱』、第二八八節

〈原文〉 Die gemeinschaftlichen besonderen Interessen, die in die bürgerliche Gesellschaft fallen und außer dem an und für sich seienden Allgemeinen des Staats selbst liegen (§ 256), haben ihre Verwaltung in den Korporationen (§ 251) der Gemeinden und sonstiger Gewerbe und Stände und deren Obrigkeiten, Vorsteher, Verwalter u. dgl. Insofern diese Angelegenheiten, die sie besorgen, einerseits das Privateigentum und Interesse dieser besonderen Sphären sind und nach dieser Seite ihre Autorität mit auf dem Zutrauen ihrer Standesgenossen und Bürgerschaften beruht, andererseits diese Kreise den höheren Interessen des Staats untergeordnet sein müssen, wird sich für die Besetzung dieser Stellen im allgemeinen eine Mischung von gemeiner Wahl dieser Interessenten und von einer höheren Bestätigung und Bestimmung ergeben.

〈和訳〉 市民社会に属していて、国家という即自かつ対自的に存在している普遍的なものそれ自身には属さないような共同の特殊的利益（第二五六節）に対する行政的管理は、地方自治団体やその他の商工業団体や身分団体といった諸団体（第二五一節）と、それらの管理者や長や経営者などによって行なわれる。彼らの配慮し管理するこれらの要件は、一面では、これらの特殊的な諸圏の私的所有と利益であり、この面からすれば、彼らの権威もまた、彼らと同じ身分の者や同じ市民たちの信頼に基づくが、しかし他面、これらの仲間集団は、国家のより高い利益に従属していなければならない。したがって、こうした両面がある限り、右の地位への選任方法は一般に、これらの利害関係者たちによる普通選挙と、上からの追認および任命との、混合方式ということになろう。（藤野／赤沢訳、中央公論社）

この第二八八節において使用されている〈Korporation〉と〈Kreis〉は一箇所ずつである。藤野／赤沢訳では「諸団体」と「仲間集団」とされている。これらをいかに訳すかは内容の理解に関わり重要だと考える。実はこの〈Korporation〉は単数ではなく複数なのである。この点にも留意する必要がある。数種類ある和訳でも次のようにそれぞれ微妙に異なっている。

〈Korporationen〉の和英訳例

・三浦／樽井／永井／浅見訳「地方自治体〔教区共同体〕、その他の営利企業〔営業〕、諸身分などの諸団体

〈職業団体〉であり……」[1]
・高峯訳「共同体およびその他の実業や階層による職業団体、……」[2]
・上妻／佐藤／山田訳「地域団体、その他の産業および職業身分の団体、……」[3]
・藤野／赤沢訳「地方自治団体やその他の商工業団体や身分団体といった諸団体、……」[4]
・T・M・ノックス訳〈……in the hands of Corporations, commercial and professional〉[5]
・S・W・ディド訳〈……in the corporations of the societies, trades, and professions,〉[6]

私は中央公論社版の訳が正解だと考える。市民社会における職業協同団体をも含めた諸団体をKorporationen は意味しているからである。この点からみると、三浦ほか訳も適訳だと言えるが、〈職業団体〉という補訳が余分なのである。せっかく「諸団体」と訳しながら、この補訳を入れることによって「諸団体」が「職業団体」によって代表されてしまい、「諸団体」という社会的拡がりがなくなってしまう。英訳ではノックス訳の〈Corporations,〉における大文字とコンマの部分が気になるが、いずれにしろ原文中の〈Gemeinden〉が訳されていないように思う。ディド訳では〈corporations of〉の〈of〉に注目し、これを同格の〈of〉と解するなら、ディド訳は全体として中央公論社版と同じだと言える。

しかし〈Korporationen〉の訳が特定できたとしても、重要な問題が残る。それは〈Korporationen〉を〈Kreise〉とヘーゲルが言い換えている点なのだ。なぜ言い換える必要があるのか。またこの〈Kreise〉を翻訳するとどうなるのか。まず和訳からみてみよう。多くの訳者が苦心している様子を以下に窺うことができる。

三浦ほか訳「権限分野」、高峯訳「特殊圏」、上妻ほか訳「これらの集団」、藤野ほか訳「仲間集団」、ノックス訳〈these circles〉、ディド訳〈these circles〉[7]——この〈Kreise〉を原文のコンテクストから理解すると、国家の普遍性に対する特殊圏である市民社会の様々な〈circles〉を指しているから、先の諸訳はすべて正訳である。しかしながら、事態をより具体的につかみ表現しているかという点からみると、「権限分野」や「特殊圏」では抽象的すぎる。また「これらの集団」では〈Korporationen〉の訳をそのままもってきているにすぎず、工夫がみられない。これに対して、「仲間集団」はわかりやすく工夫されており、英訳者二人による〈circles〉に近い。しかし私からすると、まだインパクトに欠けていると言える。

インパクトを欠く原因は、〈Korporationen〉を〈Kreise〉とヘーゲルが言い換えた理由が明確に理解されていない点にあると私は考えている。すなわち、「仲間集団」との訳は対等関係にある一定の人々の集まりとの意で、人々の対等関係性が特徴づけられており、すぐれた訳ではある。しかしこれだけでは社会学的な集団概念でしかないと思われる。実はこの〈Kreis(e)〉は、集団概念をも包括しつつすぐれて政治的・行政的な統治に関わる概念なのである。

ヘーゲルは〈Kreis〉について詳述していない。『要綱』では第二八八節の他には第三〇三節で論じているだけである。しかし、この第三〇三節における説明がきわめて重要であり、この概念の有する政治的・行政的な意味内容を明らかにしているのである。第三〇三節では〈Kreis〉について二回にわたり説明している。以下でその二回分、およびこれらと意味上深く関わる一箇所を摘出しておく（藤野／赤沢訳を参照)。

(一)「国家は本質的に、それぞれの分肢(Glieder)がそれ自身だけで(für sich)Kreisであるような、そういう諸々の分肢から成るひとつの組織体である[8]」

(二)「例のKreisというかたちをとってすでに存在している共同体(Gemeinwesen)を、それが政治の場へ、すなわち最高の具体的普遍性の立場へ入ってゆく場合に、もとどおり多数の諸個人に解体させる考え方は、まさにそうすることによって、市民生活と政治生活とを別々に切り離したままにしておき[9]、……」

(三)「市民社会の諸身分と、政治的意義における諸身分すなわち議会とは、……両者の合一を今でも失っていない[10]」

みられるように、(一)ではひとつの組織的全体である国家を構成する不可欠な有機的諸部分が〈Kreis〉と表現されており、(二)と(三)では(一)についてより具体的に説明されている。すなわち、〈Kreis〉は全体である国家を構成する数多くの部分としての「共同体」、ないしは「コミュニティ[11]」であって、このコミュニティ・共同体(以下では「コミュニティ」と表記)が「最高の具体的普遍性の立場」である「政治」に関わると、そこでは当然ながら「市民生活」(経済)と「政治生活」(議会)が合一している。というのも、ヘーゲルの〈市民社会―国家〉関係観にあっては、市民社会における第一身分が上院議会の議員、第二身分が下院議会の議員の資格を得るとされるからである。

以上のように、〈Kreis〉について第二八八節と第三〇三節から総合的に考えてみると、たんなる社会学的な集団概念でないことが明確になる。もちろん〈Kreis〉は「コミュニティ」であるとヘーゲル自身が説明しているように、国家を構成する数多くの団体を指しており、集団概念であることには間違いない。だが、この集団概念は同時にすぐれて政治的概念であることにも注目しておかねばならない。

〈Kreis〉が集団概念であると同時に政治的概念であるとの確認とともに、もう一点明確にしておきたいことがある。それは国家との関係における〈Kreis〉の政治的あり方という点なのである。先の第三〇三節における（一）の「……それぞれの分肢（Glieder）がそれ自身だけで（für sich）Kreis である……」に注目されたい。全体である国家からみると分肢である〈Kreis〉は諸部分である。だがこの諸部分が「それ自身だけで（für sich）Kreis である」――この場合の「それ自身だけで」（für sich）に留意する必要がある。「それ自身だけで」は「自立して」あるいは「独立して」の意味あいのものであり、政治的には「自治的」の意味のものであろう。だから〈Kreis〉は、政治的には国家という有機的全体の部分を構成しつつも相当に自立性に富んだ、自治的性格の強い「コミュニティ」をヘーゲルは考えているのだと私は思う。

こうした事情と理由から、先に私は〈Kreis〉を「地域自治コミュニティ」と訳すべきだと提案したのである。言うまでもなく、この地域自治コミュニティはひとつではなく、国家の分肢を成すのであるから数多くのものである。この数についても適正な数字というものがあるはずであるから、この点についてはのちに検討することにしたい。

さて、「地域自治コミュニティ」というほどの意味を有する政治的概念としての〈Kreis〉は、ヘーゲル独自のものであろうか。この概念は実は十九世紀初頭のドイツの諸領邦国にあって、ナポレオン・フランスに後押しされつつ同時にまたナポレオンに抵抗し、それからの解放と自立を企図して自国の近代化を追求したなかで成熟したものだった。

ドイツのなかでいち早く近代化に向けて歩を進めたのはライン同盟に結集した諸国、そのなかでもとりわけバイエルン王国であった。国王ヨーゼフ二世の後ろ盾のもとバイエルン改革を主導したのは、マクシミリアン・モンジュラであった。彼が核となって作成した「一八〇八年憲法」[12]はドイツ最初の近代憲法と言われている。その第一章「基本諸規定」中の第四条においてこう明記されている――「これまでProvinzに区分されていたものに代わり、バイエルン王国全体にKreisという地方行政区を導入する。」(Ibid., S. 11f.) この条文中の〈Provinz〉は一般に「州」と訳されているものであり、国家のなかのいくつかの州は国家全体のことを考えずに好き勝手放題の状態であった。これではとても統一国家にはならない。そこで考えられたのが〈Provinz〉に代わる〈Kreis〉なのである。〈Kreis〉は条文にあるように地方行政区なのである。行政区の長として国家・中央から長官が派遣される(第三章「王国の行政について」第四条)(Ibid., S. 14)。こうして上からの統一性を確保する。他方で、各地方行政区での総会では国民代表機関・議会の議員を選挙により選出する(同条、および第四章「国民代表機関について」第一条)(Ibid., S. 14, S. 16)として、立法機関である議会という国家権力の下からの構成に留意する。このように国家・中央と地方との有機的連関に配慮している。要するに、統一性と自治性のミックス・バランスが重要なのだ。統一性が強すぎると過度な中央集権になり、地方の自治性が強調されすぎると〈Provinz〉に逆戻りしてしまう。

確認したようにバイエルン王国の「一八〇八年憲法」において、〈Kreis〉は主要概念のひとつとなっており、地方自治を大事にしながらも国家の統一性を確保して近代統一国家バイエルン王国を担保している。したがってこの語は明らかに政治的概念であり、地方行政区を指すものであって、ヘーゲルの場合と同じように「地方（地域）自治コミュニティ」と言って間違いないであろう。

十九世紀初頭のドイツにおける近代的改革といえば、言うまでもなくシュタインとハルデンベルクが主導したプロイセン改革がとりわけ有名である。このプロイセン改革はバイエルン改革に少し遅れて開始され、改革の後期にはヘーゲルもその一翼を担うことになった。

ヘーゲルがハイデルベルク大学の教授を辞して新興のベルリン大学（一八一〇年創立）教授に就任したのは一八一八年十月である。したがって、とりわけ学術文化や文教分野でプロイセン改革に関わっていくのは宰相ハルデンベルクの時代である。私はここで〈Kreis〉論との関係で注目したいのは、ハルデンベルクの前任者であり、プロイセン改革の基礎を築いたシュタインの構想と政策についてなのである。

シュタインの国家改革構想をみるうえでまず重視しなければならないのは、「ナッサウ覚書」（一八〇七年六月）[13]と言われているものである。シュタインが故郷のナッサウにおいて、理想の国家像を基にして国家の改革構想をまとめ、プロイセン国王に上奏したものだ。

「ナッサウ覚書」は内容上三つに区分されている。第一には最高行政機構――各省の設置、第二には地方自治の導入、第三にはポーランドの行政問題となっている。ここでは第二の地方自治の導入に注目したい。これは下級統治機構の組織化に関わる事項である。

地方自治を考える場合、現存のProvinz別の省（Provinzialdepartements）を存続させると地方分断の恐れがあり、国家の統一性の観点から欠陥があるとして廃止する。それに代えて事項種別ごとの省（租税省、産業経済省、厚生省、文部省、など八省）の設置を提案する。他方で、地方行政に関わってとりわけ都市自治の推進を企図する（一八〇八年十一月「都市条令」）。[14]

「都市条令」における特徴点をまとめると、都市においては市民がどこまでも主体であり、その市民による自治が行政の基本であることがきわめて鮮明にされていると言える。その証し立てとして以下の三点を指摘しておく。

第一に、市民権を有した市民がみずからを代表するところの、都市の立法機関である市議会を構成する議員（無給、任期三年）を選出する（各選挙区単位で市民による直接、普通、秘密選挙）。

第二に、市議会の権限を次のように定めている。

（一）都市（市）の行政を担う上級機関としての市参事会メンバー（市長〔有給〕と参事官〔有給・無給〕）を選出する（ただし、大都市の市長は市議会推薦の三人の候補者のなかから国王が任命する）。

（二）市参事会のもとに行政単位として区が設けられるが、各行政区の区長を選出する（その後、市参事会で承認）。

第三に、市民の市政への積極的参加を呼びかけ、また参加促進のための制度化を図っている。市民の「最高に活発で力強い協働参加」（第一六九条）を要請し、同時にその制度化を次のように構築している。すなわち、各行政区には教会・学校・救貧・防火・保健・土木建設などの業務ごとに関係部署が設けられ、市参事会メンバー、市議会議員、市議会によって選ばれた市民らが協同して業務にあたる

（第一七九条―第一八〇条）。特に注目しておくべきこととして、救貧組織については「市民の手と公共心と都市住民の慈善とに委ねる」（第一七九条）とまで強調し、市民自身による解決とそのための組織化の必要を求めている。

このようにみてくると、シュタインの都市自治の構想と政策は、旧い〈Provinz〉に代えて新たな〈Kreis〉（地域自治コミュニティ）を、なかでも（大・中・小）都市（Stadtkreis）という自治コミュニティを育て、ここを新国家建設の重要拠点のひとつにすることを意図したものにほかならない。都市を含めての〈Kreis〉としての「地域自治コミュニティ」は、言うまでもなくたんなる集団でも、また政治団体でもない。当該地域に暮らす人々の生活まるごとに関わる、自治を基本とする共同体なのである。その共同体の組織のあり方と具体的な課題はどのようなものか。この点についての典型例を、先に確認したシュタインにおける「都市条令」の有する特徴のなかにみてとることができるように思う。

その特徴のなかで先にみたとりわけ第三の事柄、すなわち市民の市政への積極的参加を呼びかけ、また参加促進のための制度化を図り、市民の「最高に活発で力強い協働参加」（第一六九条）を要請している点に注目したい。この点は市民みずからが〈公共福祉〉を展開促進し、実現していくうえで重要であって、現代からみても非常に参考になる内容であり、方法だと私は考えている。

第三節　「地域自治コミュニティ」の公共福祉的要件

市政への市民の「協働参加」はどのように制度化されているか。それは、各行政区ごとに教会・学校・救貧・防火・保健・土木建設などといった生活全般に関わる各業務ごとに関係部署が設けられる、というかたちにおいてである。各関係部署では、市政当局（市参事会メンバー）、市議会議員、市民代表（市議会によって選ばれた）らが協同して業務にあたるわけである。

先に挙げた市民の「協働参加」業務のうち道路や橋など土木建設、学校校舎の建設、教会や防火施設の設置といったものは、いわゆるインフラとしての社会資本にほかならず、これらの充実は生活上不可欠のものとして重要である。だがここで特に留意しておきたいのは、救貧業務も市民の「協働参加」事項とし、その救貧組織について「市民の手と公共心と都市住民の慈善とに委ねる」（第一七九条）とまで強調し、市民自身による解決とそのための組織化の必要を求めている点についてである。

救貧対策は上からの施しとしての施策が一般的であり、救貧に対応する諸施設の建設や手当の支給などがイメージしやすい。だが都市条令に明記される市民の「協働参加」による救貧への対応は、施し施策とは全く異なるものである。例えば、先にみた「協働参加」事項として挙げられている救貧以外の教会・学校・防火・保健・土木建設などは、直接・間接いずれにせよ市民一人ひとりの利害に関係している。すなわち、みずからの利害に関わるがゆえに市民がみずからその事項に関与するのであるが、救貧の事項はみずからの利害（自利）には関係しない。見知らぬ他者の利害（利他）として存立している。利他を市民間で追求し実現することが都市条令では志向されている。ここには「公共心」および「慈善」の精神の形成・陶冶と発露が目指されている。まさに〈公共福祉〉志向の考えである。こうした考えが市民間に横溢してこそ都市が文字通り地域自治共同体となり、これら共同体が点から線へ、さらに面へと拡がっていくことによって新たな国家が樹立される。こうした構想がシュタインのなかにあったと言える。

シュタインのこうした〈公共福祉〉志向の考えは、先にみた〈Korporation〉を〈Kreis〉へと発展させ、意味転換を企図したヘーゲルの構想にも共通してみてとることができるように思われる。

ヘーゲルは一八一八年十月にハイデルベルク大学からベルリン大学へ移るが、この一年前の一八一七／一八年の冬学期に、ハイデルベルク大学で「法・権利の哲学」に関する講義をしている。この講義の受講生による筆記録が、いわゆる『一八一七／一八年講義録』である。ちなみに、「法・権利の哲学」に関するヘーゲルの著書として有名な『要綱』は、一八二〇年末に刊行されたものであり、ベルリン大学に赴任してからの二回（二学期間）の講義後に出版された。それゆえヘーゲルの「法・権利の哲学」を検討する場合、『要綱』は必須のテキストであるのは言うまでもない。同時に、『要綱』の原型にあたる『一八一七／一八年講義録』の検討は重要である。

いま、私はこの『一八一七／一八年講義録』における〈Kreis〉論に特に注目したいのである。それは〈Kreis〉が〈Kollegium〉（合議・協議）との密接な連関のもとで説明されているからであり、この点は『要綱』と比べての独自性であって、同時に現代的意義に富んでいると思えるからである。『一八一七／一八年講義録』におけるヘーゲルの国家論の最も重要な点のひとつは、三つの国家権力のうちで立法権が最も重視されているという点である。立法権・議会の有する権限と役割は枢密院や内閣（関係する諸官庁）、また統治・政府委員会に「委任されない」。枢密院も決議権をもたず、たんに「提案し、説明し、解説する」だけである。決議権はどこまでも立法権・議会の権限なのだ。君主権が行なう最終決定も、どこまでも「形式的な最終決定」にすぎない。「君主は一切の統治行為に対して責任がない」、「君主権の責任は大臣に帰せられる」、「君主のすべての決定は当該の大臣によって署名されねばならない」――こうした君主の無答責性、大臣の副署権ということが、君主権の有する形式性の確認を表現している。

立法権の重視と必然的に連関するもうひとつの重要点は、国民主権の立場が鮮明であることだ。この国民主権との関連で、〈Kreis〉と〈Kollegium〉について説明されているのである。ヘーゲルは次のようなコンテクストにおいて述べている。

国家目的についてまず確認し、それは国民の福祉の実現にあり、その実を挙げていくのが行政の仕組みであるとする。実は以下に列記するこの仕組みのところに国民主権の立場が鮮明に現われるのである。（一）地域に暮らす人々自身によって組織づけられた「地域自治コミュニティ」（Kreis）による「福祉」の確保・維持を重視する（vgl. Pöggeler, S. 210）。（二）自治に委ねられる地域・地方的諸組織と行政との密な連携を強調する。地方諸団体、同業組合、職業協同団体（Korporation）などが中核となって「地域自治コミュニティ」が成されるが、その組織原則は「自治」である。自治による特殊的な利益追求が「共同の利害関心」をもち、ひいては「全体」、すなわち国家に関わる普遍的な利益追求に結びつけられる。(三)統治・行政組織のあり方は本質的に「合議・協議」(Kollegium)である。下級から上級に至る行政・統治機構のどのレベルにおいても合議・協議を基本とし、トップの「内閣」に至るまでそうだ。さらに、内閣は仕事のために多くの合議・協議体をもつが、この内閣でさえ「内閣合議・協議」(Ibid., S. 214)が基本だとされる。

国民主権の質が評価される場合、立法権を有する議会が国民の代議機関であるがゆえに、議会と国民との不断の結びつきのあり方は決定的に重要である。議会と国民との不断の結びつきを確保し、その質を保証するものこそ全国の隅々に至るまで結成されている大小様々な、多重・多層な数多くの「地域自治コミュニティ」であり、そこでの「合議・協議」の充実度が立法トップの国民議会や、また行政トップの内閣のあり方を左右するといえるのである。

みられるように、ヘーゲルにあって国民主権とはたんなる抽象物では決してない。それは「国民の福祉」実現というきわめて具体的な、しかも至上の目的を達成するための手段であり、方法論なのだ。では、手段・方法論は目的に比して価値が低いだろうか。否、そうではない。目的は自動的に達成されるわけではなく、目的達成には適正な手段・方法論が不可欠なのだ。先に検討した〈Kreis〉、〈Kollegium〉は両方とも、主人公である国民の生活と福祉を確保し保証するためにヘーゲルが最も必要とし、適正と考えた手段・方法論にほかならない。

地域自治コミュニティは地域で日々暮らす一人ひとりにとって最も身近で、確かな手触り感のある他者との関係性を確保する場である。この地域自治コミュニティなるものは、どの個人にとっても共通でただひとつしか存在しないというものではない。むしろ逆であって、多岐にわたる無数といえるほど多数の、大小様々な地域自治共同体が重層的に存在する。これら多数の地域自治コミュニティの内部でも、共同体間でもなんらかの意思決定過程には構成員・組織・団体等での「合議・協議」が尊重されねばならない。こうしたあり方が全国レベルにまで、また中央レベルに至るまで貫かれていくべきだというのがヘーゲルの主張である。

問題は、こうしたヘーゲルの「地域自治コミュニティ」(Kreis) や「合議・協議」(Kollegium) についての考えが現代的意義を有しているのかという点である。有しているなら、それはどのような点だろうか。これらを検討する前提として、私は次の点の重要性を確認しておきたい。それは、地域のスケールおよび自治と合議・協議の意義についてである。

地域のスケールとは、生活と福祉を自立的に確保し維持していくにふさわしい適正なヒューマン・スケールのことである。小さすぎず大きすぎもしない規模が求められる。事項にもよるが、しかし人々の生活と福祉に関わる基本のほぼ全体がカバーされ、確保される必要があるだろう。仕事・労働、経済、教育・文化などの諸必要が基本レベルで充足される程度のスケールである。そしてこのスケールにおいて、一人あるいはある特定集団・団体によるトップダウンで事が決定されるのではなく、重層的な合議・協議を通した自治により決せられる。したがって自治が可能なスケールということである。「生活と福祉」という内容の確保と、「自治」可能という二つの基本的要素を満たすスケールが課題となる。小さいとスケール的に自治は比較的容易であろう。しかし内容の確保が困難になる。大きいと内容の確保が比較的容易にはなるであろうが、自治が困難になるだろう。

「生活と福祉」の確保・保証と「自治」可能なヒューマン・スケールについての一定の結論は出しうるだろうか。それは現代の日本に即して言うならば、一般的には人口二〇—三〇万人程度の規模のものであろう。そして県レベルのものが、「地域自治コミュニティ」の最大のものだと思う。しかしこのレベルでは、事項の精査に不可能なものが出てくるに違いない。したがって、最大の地域自治コミュニティのいくつかを包括するもう一項が必要だと考える。それは地域自治コミュニティというカテゴリーを質量の両面で超えるものだ。これを例えば「地方政府」と名づけてもよい。そして実は、地域自治コミュニティとともに、地域自治コミュニティを包括するこの地方政府の有する意義は、急激にグローバル化し、そこから派生してきている難問題へ中央政府と連携し対応するという二重、三重のバリア機能の重要なひとつを成す点にあると言える。

したがって、〈地域自治コミュニティ—地方政府—中央政府〉関係を構築していくさい検討しておくべき重要な課題を公共福祉的要件として、次のように列挙しておきたい。

（一）生活と福祉に関わる基本事項において、地域自治コミュニティ、地方政府、中央政府、三者おのおのの役割と責任の分担を骨格において確定し、それに要する予算をどれだけ、どのようにして獲得あるいは配分するのか。中央政府が地方政府や地域自治コミュニティへ交付するというような、上からの交付金方式、つまり中央集権型は本来のあり方にふさわしくないと思う。むしろ地方分権型が望ましく、予算措置は例えば単純明快に中央五割・地方五割の平等二分割方式なり、少なくとも地方に必要な独立自主財源確保を認めねばならない。

（二）地域自治コミュニティおよび地方政府が包括し権限が及ぶ規模はどの程度のものがふさわしい

か。地理地形、風土、包括地面積や歴史的伝統などの多くの要素・要因から考慮されねばならない。しかし私はここで重視するのは、人口的規模である。人が生きていくうえで最も基本となるのは、必要な関係が取り結べる人（の数）だと考えるからである。この人の数が少なければ少ないほど互いに顔見知りになり、親密にはなる。しかし互いの欲求充足の範囲・程度は狭く少ないであろう。数が多ければ欲求充足は広範囲に大きくはなるが、互いに見知らぬ人となる。大きすぎもせず小さすぎもしない、欲求充足からして適正な、ヒューマン・スケールということの検討が必要である。

（三）中央政府はひとつである。しかし地方政府と地域自治コミュニティは複数である。複数の地方政府の適当な数とは一概にいえるわけではない。国土面積、人口規模、経済力、歴史的文化的伝統等からの総合的判断になるであろう。日本の私が暮らす愛知県を拠点としてひとつを例示するならば、東海三―四県、あるいは中部地方を区切りとした人口一千万前後が目安となるように考える。この一地方政府が当該地方に暮らす人々の政治・経済・文化等の基本的担い手であり、責任を負う当局となる。

地方政府に包括される地域自治共同体についての精密な議論が必要であろう。現在の日本の行政単位で言うならば、これは市町村ということになる。市といっても人口一〇〇万人以上の大都市から数万人の中小都市まで含み範囲が広い。町村は全体として過疎が急速に進行中である。したがって地域自治コミュニティは暮らしの核となり拠点となるところであるから、暮らしの過去からの繋がりという点を重視するなら市町村ということにはなる。だが、理想論を入れて考えるなら、合併再編ということも必要となろう。少子高齢化の強く大きな波が押し寄せてきている今日、医療・教育・福祉を中心とした課題を解決していくためにも、市町村を組み換え再編し、地域自治コミュニティの確立を必要な予算措置とともに実現することが緊急不可欠な課題である。

（四）統治や行政のあり方という点である。この点は地域自治コミュニティ内部、地域自治コミュニティ間、地域自治コミュニティと地方政府間、地方政府間、地方政府と中央政府間などにおいてそれぞれ問題となる重要なことである。今日、ガバメントとガバナンスの言葉が区別されて使用される。ガバメントは統治であり、上から下を治めるという傾向が強い。ガバナンスは、〈共治〉という当事者（個人、団体、組織、当局など）が対等に共同して執行・責任を負い、政治するというものである。この共治というあり方は、先に挙げた諸機関内部および諸機関間のいずれにおいても基本におかれるべきだと私は考える。

すでにヘーゲルが、統治・行政組織のあり方は本質的に「合議・協議」（Kollegium）であるべきだ、と主張したことを先に確認した。その内容は、下級から上級に至る行政・統治機構のどのレベルにおいても合議・協議を基本とし、トップの「内閣」に至るまでそうだというものである。さらに、内閣は仕事のために多くの合議・協議体をもつが、この内閣でさえ「内閣合議・協議」（Pöggeler, S. 214）が基本だとされたことからみると、ヘーゲルの言う〈Kollegium〉はガバナンスそのものと言える。

国民主権を貫き、自治を基本にして国民の福祉を実現していこうとすれば、暮らしの最も身近なレベルから国家の頂点に至るまで関係者・機関の合議・協議による共治が不可欠だと言える。身近なところを下、頂点を上とさしあたり表現したとしても、事柄の決定や執行にさいし機能するベクトルは下から上へ、あるいは上から下へと一方的に固定されるわけではない。上下は双方向であるべきだ。

この双方向を実質化するためにも、合議・協議あるいは共治のいっそう細密なルールづくりが必要であろう。それは例えば、地域自治コミュニティにおける議会と地方政府における議会との関係、また地方政府議会と国会との関係における諸点である（権限分野、選挙・被選挙権、議員の数や任期など）。

これまでヘーゲルの〈Kreis〉論の内容を検討し、その現代的意義を考察するうえで不可欠な課題を四点ほど指摘した。このなかで最も基本となり大事にされねばならないことは、言うまでもなく人々の生活と福祉を確保し実現することである。その点からみると、先の四点はすべて目的に対する手段である。では手段は目的に対して価値が低いだろうか。否、そうではない。目的実現にはそれにふさわしく適正な手段があり、その手段なくしては目的実現も覚束ない。手段のなかで最も基本となるのは、地域自治コミュニティの規模と必要予算の確保ということだと思う。それは、人々の生活と福祉に関わる社会サービスの基礎的部分（子どもや高齢者のケア、学校教育、雇用対策等、上下水道・エネルギーの供給、地域道路ネットワーク、諸文化施設など）が、この地域自治コミュニティにおいて提供されねばならないと考えるからである。

生活と福祉の確保にしっかりと根ざした地域自治コミュニティの確立、地域自治コミュニティの活性化に適正な役割と責任を遂行しうる地方政府の樹立、これらを力強くサポートする中央政府の設置は、現代の急激なグローバル化がもたらす弊害をなくす、あるいは緩和する二重、三重のバリアとして機能するに違いない。そしてこうした機構・制度を有する国家と他の諸国家とのインターナショナルな連携がまたもうひとつ大きな規模の、グローバル化への対応措置として求められるであろう。(15)

（1）三浦和男／樽井正義／永井建晴／浅見昇吾訳『法権利の哲学――あるいは自然的法権利および国家学の基本スケッチ』未知谷、一九九一年、四七五頁。
（2）高峯一愚訳『法の哲学――自然法と国家学』論創社、一九八三年、二四六頁。
（3）上妻精／佐藤康邦／山田忠彰訳『ヘーゲル全集9ｂ 法の哲学 下巻』岩波書店、二〇〇一年、四九六頁。
（4）藤野／赤沢訳『世界の名著35ヘーゲル 法の哲学』中央公論社、一九六七年、五四五頁。
（5）Hegel's *Philosophy of Right*, translated with notes by T. M. Knox, Oxford University Press, London, 1962, p. 189.
（6）G. W. F. Hegel, *Philosophy of Right*, translated by S. W. Dyde, Prometheus Books, New York, 1996, p. 299.
（7）三浦ほか訳、高峯訳、上妻ほか訳、藤野ほか訳、ノックス訳、ディド訳は、それぞれ前掲書のものである。
（8）Hegel, *Grundlinien*, S. 473. 藤野／赤沢訳、五六二頁。
（9）Ibid., S. 474. 同書、五六二頁。
（10）Ibid., S. 474. 同書、五六三頁。
（11）『要綱』の第三〇三節における〈Gemeinwesen〉を藤野・赤沢氏は「共同体」と訳しているが、前掲のノックスは〈communities〉（*op. cit.* p. 198）、ディドは〈the common existence〉（*op. cit.* p. 314）と英訳している。これらを参考にして私は「コミュニティ」とした。
（12）バイエルン王国の「一八〇八年憲法」（Konstitution für das Königreich Baiern. Vom 1. Mai 1808）の原文については、次の資料に所収のものを使用した。*Bayerische Verfassungsurkunden–Dokumentation zur bayerischen Verfassungsgeschichte*, bearbeitet von Dr. jur. Alfons Wenzel, Verlag Ernst Vögel, München/Stamsried 1990, S. 11-17. 引用および参照箇所については、本文中で（S.）と明記した。
（13）シュタインの「ナッサウ覚書」の原文資料は、次の文献所収のものを用いた。*Publikationen aus den Preussischen Staatsarchiven*, Bd. 93, Neue Folge, Erster Abteilung. Die Reorganisation des Preussischen Staates unter Stein und Hardenberg. Erster Teil: Allgemeine Verwaltungs- und Behördenreform, Herausgegeben von Georg Winter, Bd. 1,

Verlag von S. Hirzel in Leipzig/1931, S. 189-206.

(14)　シュタインの「都市条令」の原文資料は、次の文献所収のものを用いた。*Frei vom Stein, Briefe und Amtliche Schriften*, neu herausgegeben von Walther Hubatsch, [10Bd., 11 Hefte, 1957-1974] Bd. 2 (2) Kohlhammer Verlag, Stuttgart, S. 947-979.

(15)　〈地域自治コミュニティ―地方政府―中央政府〉関係の構築にあたっての検討課題を考えるうえで、以下の研究書を参照した。

一、山脇直司『〈公共哲学叢書9〉グローカル公共哲学――「活私開公」のヴィジョンのために』（東京大学出版会、二〇〇八年、一〇六―一〇九頁）は、グローバルな視点をもちつつローカルな課題解決に向けて努力するグローカル公共哲学の基本的考え、スタンス、課題等についてまとめており、特に福祉・雇用・開発の領域での地方政府におけるソーシャル・ガバナンス論の主張は重要である。

二、小池直人／西英子『福祉国家デンマークのまちづくり――共同市民の生活空間』（かもがわ出版、二〇〇七年、一二九―一四五頁）は、公的事業における地方（自治体・市と県）と国との役割や権限の分担、予算配分、地方の規模等についてのデンマークの現状をわかりやすくレポートしていて、たいへん参考になる。

三、山口二郎／宮本太郎／小川有美編『市民社会民主主義への挑戦――ポスト「第三の道」のヨーロッパ政治』（日本経済評論社、二〇〇五年、一三七―一六二頁）の特に第五章「刷新された社会民主主義と〈市民活動の将来〉」は、「個人的物質的利益の獲得を目指すものではなく、公共福祉志向の協力的活動」としての市民活動を通して社会関係資本を創出し、社会福祉の改善への寄与を企図する現代ドイツの状況をレポートした貴重なものである。

四、アンソニー・ギデンズ『第三の道――効率と公正の新たな同盟』（佐和隆光訳、日本経済評論社、一九九九年、一三六―一四九頁）は、特にその第三章「国家と市民社会」において〈アクティブな市民社会をつくる〉をスローガンにして、政府と市民社会の関係、コミュニティ（生活共同体）の再生、地域の公的領域の保全等について具体的に重要な論点を提出している。

第Ⅲ部　国家論

第五章　ヘーゲルの「国家」本質論素描

イェナ期以前の若いヘーゲルが理想とした国家観は共和制である（例えば『初期神学論集』参照）。しかし、『ドイツ国制論』（一七九九―一八〇三年）から最晩年までは「立憲君主制」論者であったと言ってよい。本章では、紆余曲折を経ながら「立憲君主制」論を成熟させていくヘーゲルの国家論の本質的特徴をスケッチしたい。(1)

第一節　「国家」本質規定

まず、国家の本質を構成する三要素についてのヘーゲルの主張を確認することからはじめていこう。

(一)「国家は具体的自由の実現態である。だが具体的自由とは、人格的個別性とそれの特殊的利益とが余すところなく発展して、それらの権利がそれ自身として独立に〔家族および市民社会の体系において〕

承認されるとともに、またそれらが一面では、おのれ自身を通して普遍的なものの利益に変わり、他面では、みずから了承し同意してこの普遍的なものを承認し、しかもおのれ自身の実体的精神として承認し、そしておのれの究極目的としてのこの普遍的なもののためにはたらくということにある」（『要綱』、第二六〇節）。

（二）「市民社会にまで——総じて、自由な自我がみずからの現存在において、すなわちみずからの欲求、自由意志、および良心においてみずからの無限性の意識にまで——自己を展開した国民においては、立憲君主制だけが可能である」（『一八一七／一八年講義録』、第一三七節）。

（三）「政治的心指し、総じて愛国心というものは、真理をふまえた確信（たんに主観的な確信は真理に由来するものではなくて、私的な意見にすぎない）であるとともに、習慣になった意志のはたらきであるから、国家において存立している諸制度の成果にほかならない」（『要綱』、第二六八節）。

前記（一）は国家本質論の第一の要素をなす国家目的・使命論であり、国家は誰の・何のために存立しうるのか、またいかなる状態にあることをいうのかについて述べられている。（二）は国家本質論の第二の要素をなす国家機構・権力論である。国家目的を実現するための理想的な国家機構とそれを裏づける国家権力はどのようなメカニズムにより成立し、構成されるべきかについて述べられている。理想的な国家機構＝立憲君主制が成立し、構成される前提条件として「市民社会」の成立を不可欠としている。（三）は理想的な国家のもとで生きる国民がいだく倫理的心構えであり、国家を支え国家と交流する国民の主体的エートスであって、これが国家本質論の第三の要素である国民倫理論である。

（二）の主張から明らかなように、ヘーゲルの考える理想的な国家機構・権力のあり方は「立憲君主制」であると端的に言いうる。だが最大の問題は、「市民社会にまで……自己を展開した国民」においてはとされる立憲君主制を構成する前提条件についての具体的検討ということである。この前提条件が未成立ないしは崩れていれば立憲君主制の意味あいが根本的に異なってくる。それほどまでにヘーゲルは、「立憲君主制」成立の前提に「市民社会」の存否を不可欠の条件として強調するのである。それはなぜだろうか。

この問題を解く主要な方法のひとつは、若いヘーゲルの最初の政治・国家論である『ドイツ国制論』、『人倫の体系』から、晩年の論文「一八一五年および一八一六年におけるヴュルテンベルク王国領邦議会の討論」（以下「領邦議会論文」と記す）に至る国家論の形成過程を考察することである。（この点は第三節において検討する。）

もうひとつの方法は、「領邦議会論文」に続く晩年の『一八一七／一八年講義録』と『要綱』とを比較しつつ考察することである。（この点は第四節において検討する。）前者でヘーゲルは、一八一七年刊行の『哲学的諸学のエンツュクロペディー』においてとともに、はじめて「市民社会」と「立憲君主制」をキー・ワードにして講述を行なっている。後者の『要綱』、前記（一）においてヘーゲルが特に強調するのは、国家の本質が「具体的自由の実現態」であること、つまり国家は国民に具体的自由を現実的に保証するところにその本質があることである。これは、「国家」が家族および市民社会の原理を継承し、それをいっそう豊かにしたうえで再獲得していることを表わしている。すなわち、国家における「具体的自由の実現態」とは、家族的な共同性のなかで個々人の主体性が存分に活かされ発揮される形で自由が実現していることを意味していると言える。こうしてヘーゲルにおいて、市民社会の原理と家族の原理が統一されて国家の原理になっている。

第二節　「市民社会」を基礎とした「立憲的国制」

「市民社会にまで自己を展開した国民」により希求され構築される「立憲君主制」こそ、ヘーゲルが考える理想的な国家機構・権力なのである。そして実は、この国家機構・権力の構築メカニズムのあり方に国家目的・使命が含まれている。この点を明らかにすることを目標にして、まず「市民社会にまで自己を展開した国民」の特性、言い換えると「自由な自我がみずからの現存在において、つまりみずからの欲求、自由意志、および良心においてみずからの無限性の意識にまで」至った人間と、こうした人間により成り立つ「市民社会」の特性について、『一八一七／一八年講義録』を中心にしてみておく。

まず、「市民社会」の特性的目的について確認する。『一八一七／一八年講義録』の第一一四節と第一一八節に注目したい。第一一四節で述べている——「市民社会は個々人の生命と所有の保護をみずからの基礎にもっており、そしてその点にみずからの存立がある」。ここでは、市民社会の目的は個々人の「生命と所有の保護」にあることが主張されている。続いて第一一八節で述べる――「市民社会に生まれたのであるから、個人は市民社会自体に依存して彼の権利の実現のために生きていかねばならない」。この主張に関連して、個人が「市民社会」に依存しながらみずからの「権利の実現」のために生きるとはどのようなことを意味しているのかについての補足説明が必要である。ヘーゲルは、同じ第一一八節「注解」において説明する――「各人は生きる権利をもっている。そしてその権利は保護されるだけのものであってはならない。各人はこの否定的権利だけでなく、肯定的権利をもっている。自由の実現は市民社会の目的である。人間が生きる権利をもつということのなかに、人間が肯定的な、実現された権利をもつということがある。自由の実現は本質的に存在すべきである。個人の生命と生計はそれゆえ普遍的な事柄である」。

この補足説明からわかるように、個人の「権利の実現」とは権利を護るだけではなく、各人の「生きる権利」を肯定的に「自由の実現」へと活かしていくことであって、ここに「市民社会の目的」があるとされる。こうして先の市民社会の目的とされる個人の「生命と所有の保護」（第一一四節）、「生命と生計」（第一一八節）の確保ということは個人が生きていくなかで「自由」を実現していくという視点で確認されている。それゆえに、市民社会における犯罪（者）への対応に主たる目的が向けられる「司法活動」（第一〇九節―第一一六節）も、また貧困者への措置をはじめとしてなされる多くの「福祉行政」（第一一七節―第一二二節）も、先の個人の「自由の実現」という視点から理解されるべきである。

次に、市民社会に生きる「市民」の特性とはどのようなものか。市民とは、市民社会の目的の中核に位置する「自由の実現」主体としての「個人」のことである。こうした個人＝市民としての人間をヘーゲルは次のように説明していた――「人間がみずからの特殊性と欲求の具体的な全体物として登場する」（第九〇節）、「市民は、みずからの諸欲求を通して普遍的なものに結びつけられている私的人格である」（第九一節）、「市民の本質的な活動は、その活動が端的に特殊な目的を有することによって、恣意と欲求とそしてその欲求充足に普遍性の形式を与える」（第九一節）。こうした説明から明らかなように、市民社会の市民＝人間とは、みずからの特殊な欲求追求を目的とする「私的人格」である。こうした私的人格を、「みずからの欲求、自由意志、および良心においてみずからの無限性の意識にまで」至った「自由な自我」（第一三七節）とヘーゲルは表現した。すなわち、みずからの「自由意志」を重視し、この自由意志のもとでみずからの特殊な欲求追求に向かうところに、本来の「市民社会にまで自己を展開した国民」（第一三七節）が成立しているとされた。

ところで、利己的利益追求者の各市民がそのままで健全な「市民社会」を形成しうるわけではない。各市民は自己の利益を追求すると同時に市民社会全体の利益を考えられるよう「教養」を積み、「形成・陶冶」（第一〇八節）を図る必要があることは言うまでもない。

これまで説明してきたような人間＝個人＝市民で構成される「市民社会」をベースにしてはじめて、国家機構・権力としての「立憲君主制」に意味があるとされる。では、この市民社会と立憲君主制の連関のあり方の詳細はどのようなものだろうか。

市民社会と立憲君主制の連関のあり方を問うことは、実は民主制（Demokratie）と立憲君主制との関係の仕方を明らかにすることになる。なぜなら、「市民社会にまで……自己を展開した国民においては、立憲君主制だけが可能である」（第一三七節）と言われる場合の「国民」は、「自由な自我」が「みずからの無限性の意識」（第一三七節）にまで至っているとされ、『一八一七／一八年講義録』の〈市民社会〉章に続く〈国家〉章では、こうした「自由な自我の無限性の意識」が民主制の原理になると強調されているからである。ところで、ヘーゲルは民主制を具体的にどう理解しているだろうか。

ヘーゲルはまず民主制の原理とは何かを問い、それは「各人がすべて、みずからの自由を顧慮するところのもの」とし、これは「意志の自由の始まり」だと答える。そしてこの原理が機能している「民主制において、直接的にあらゆる権力が崩壊しており、国民は最高の立法者、最高の裁判官である」（第一三五節）という。こうした状態の国民における意識は「自由な自我の無限性の意識」（第一三七節）に依存している。そして国民のこのあり方は「最高の形式」となり、これを具現しているとされる民主制がきわめて高く評価される。

だが、ヘーゲルは民主制には同時に次のような欠点が必然的に内在していると言う――「民主制は、組織づけられた国家においては存立しえない」（第一三五節）。なぜならば民主制が有する先の利点がそのまま欠点になり、国民は「自由な自我の無限性の意識」に依存し、どこまでも「個人の対自存在」（第一三七節）そのものとなるからである。すなわち、各人がすべてみずからの自由しか考えていないからなのである。

こうした事態が歴史上典型的に現われたのがギリシャ・アテネにおいてだという。そこでは諸芸術・学問、つまり「最高の教養のしるし」が花開いた。だが芸術家や学者たちは、「自由な自我」の「対自存在」として芸術・学問のためにのみ生き、「政治的利害に無関心」（第一三七節）であった。その結果、アテネの没落、「国家の崩壊」をまねいた。このようにヘーゲルはその原理を高く評価しつつも、民主制を過去の歴史的遺物として批判する。

しかし、ヘーゲルは新たに形成されるはずの「市民社会」において、民主制の原理の、つまり「自由な自我」の再生・復活を確認する。この再生・復活のシステムが「立憲君主制」にほかならない。この立憲君主制においてこそ、「自由な自我の無限性の意識」にまで達したもの、つまりみずからの欲求充足をもっぱら追求する「市民社会」の構成員が「組織づけられた国家」（＝立憲君主制）の成員へと位置づけられていくのである。

そうして、「組織づけられ」るメカニズム――「自由な自我」の特性を損なわず、同時に国家機構を構成し、そこで十分にみずからの働きを発揮する――、つまりは立憲君主制における国民の自由な意志の展開、主体性の発揮は、特に立法権のなかの「議会的要素」の重視のうちに明確に表現されているとされる。それは例えば、国民の意志反映としての議会、市民によって選ばれた代議士により構成される代議院（二院制）、議会の公開の必然性、それに密接に連関した言論・出版の自由などの重要性の強調（第一四六節―第一五五節参照）という『一八一七／一八年講義録』における一連の主張である。

第三節　初期から後期までの国家論の形成

「自由な自我」の特性を損なわずに国家を構成し、そこで十分にみずからの働きを発揮する、つまり

「組織づけられた国家」としての「立憲君主制」における国民の自由な意志の展開、主体性の発揮の形成メカニズムを精緻化することが、国家論をヘーゲルが生涯にわたって形成していくさいの中心課題のひとつであった。

一、『ドイツ国制論』（一七九九―一八〇三年）、『人倫の体系』（一八〇二／〇三年）

初期の代表的な国家論といえば、まず『ドイツ国制論』を取り上げなければならない。諸邦に分立し、統一国家の形態を整えない現状の「ドイツはもはや国家ではない」とヘーゲルは言い切り、しかし求められる国家の要件としては「共同の武力と国家権力とを形作る」（S. 166. 六五頁）[2]ということを強調するだけで、理想的な国家機構として君主制・貴族制・民主制のいずれにも特にこだわっていないようだ（vgl. S. 167. 六六頁参照）。

だが、貴族制に対して厳しい評価を最晩年まで行なうヘーゲルがこの時期にそれを肯定的にみていたとはとうてい考えられない。したがって三つの国家機構のうち他の二つ、君主制か民主制かのどちらかに重点を置いているはずである。この点の詳細をみておかねばならない。まず、君主制についてはどうか。ヘーゲルは言う――「国民から受ける畏敬により、……また自然の法則で誕生により即位する君主の人格において不易の神聖性をもつとすれば、国家権力は恐れることなく、また妬むこともなく、社会のうちに発生する諸関係の大部分を、また法律によるそれらの維持を下位体系と下位団体の自由裁量に委ねることができる」（S. 173. 七二―七三頁）。みられるように、「君主」が有する神聖性の由来と国民との関係についての強調点からすると、ヘーゲルは君主制の廃棄に賛成しているわけではない。かといって君主制の絶対性を擁護しているかというと決してそうではない。

では容認するが、その絶対性は認めない君主制とはどのようなものなのか。この問題を解くキー・ポイントはヘーゲルの次の主張にある――「社会のうちに発生する諸関係の大部分を、また法律によるそれらの維持を下位体系と下位団体の自由裁量に委ねる」。ここに明瞭なように、「自然的出生」により即位した君主でさえ、その権限はあくまで「法律」により規定され、そしてこの法律の立法行為に主体的に関わるのが国民であって、こうした国民により構成される社会の諸々の「下位体系」と「下位団体」の管理・運営等の維持は君主ではなく国民の「自由裁量」に委ねられてこそ本来の国家があるとされる。

このように、一方で君主制を受け入れ、他方で国民の「自由裁量」、つまり民主制を最大限尊重する――こうしたいっけん矛盾した二つの要素を抱えた国家とはいったいどのような国家なのか。そしてこの矛盾はいかにして解消されうるのか。これへの解答としては「立憲君主制」しかないのではないか。国民が立法する法律によって君主の権力行使は制限され、そして大切にされる国民の「自由裁量」も法律によって規定される。こうしたあり方をした国家が立憲君主制である。だがヘーゲルはこの『ドイツ国制論』では「立憲君主制」概念をまだ使用していない。

概念にまとめるまでには至らないが、立憲君主制にあたる内容は展開されている。この内容を検討するうえで重要なのは、君主と国民のあり方を根本的に規定する「法律」のつくられ方なのである。つまりは「立憲」のメカニズムはどのようなものかということである。この点が「立憲君主制」という国家機構・権力の構築メカニズムを解明するキー・ポイントをなし、同時に国民の「自由裁量」のベースをなす「下位体系」と「下位団体」の内容を明らかにすることにもなる。

まず、国家と社会の「下位体系」・「下位団体」に関わる事柄については、国民の権利擁護に関する法廷制度・組織の整備（上級から下級までの）、都市・村落の行政組織づくり、国税・地方税の収納方法や税金の合法的な使用方法等の検討整備などについて述べられている（vgl. S. 173. 七三頁参照）。そしてこれらの事項整備は、「おのれの領域に属する事柄をみずから実行し執行するという自由を楽しむ」（S. 173. 七三頁）というように、国民がみずからの「自由裁量」として楽しむ事柄だとしてヘーゲルは強調する。

次に問題となるのは、「法律」をつくる立法行為の機関とその組織化はどのようなものかということである。この点についてヘーゲルは、「議員の権力――代議制度について」の節を設け論じている。まず、立法機関として「国会」を位置づけ、そしてこの国会は代議制度によって構成されるとする。この確認のうえで、「あらゆる近代国家はこの代議制度によって存立している」とし、代議制度を高く評価する。さらにこの代議制度の主な社会的担い手として「市民階層」を位置づけて述べる――「代議制度は市民階層の発生とともに進展していく」（S. 115. 一四一頁）。

「市民階層」の形成との連関における代議制度の展開という観点は重要である。なぜなら、貴族層や僧侶階層ではなくて市民階層こそ近代以降の中心的社会階層であり、近代国家とそこにおける民主主義の主たる担い手であるからである。だが、この点から立法機関である国会、この国会の構成員である議員選出方法としての代議制度、代議制度の主な担い手としての市民階層、これら三者の関係についてのヘーゲルの考えを精査してみると大きな問題点も明らかになる。

ヘーゲルの次の主張に注目したい——「国会は国民の一部であって、一方貴族と僧侶とは討議にさいして各自個人的に発言し、他方第三身分・階層はその他の民衆の代表者である」(S. 111. 一三六頁)。国会の議員をなす、「貴族と僧侶とは討議にさいして各自個人的に発言」するとは、彼らが選挙によらずに自動的に議席を有することのようだし(金子訳、一二五頁参照)、その他の民衆である「市民階層」はいまだ「第三身分・階層」としての位置づけでしかない。付加するなら、貴族の気質の良さ、軍事上の勇気、国事運営力の優秀さなどにより、「貴族はあらゆる国家において卓越している」(S. 114. 一四〇頁)として高く評価している。ここには市民階層の高い評価で一貫しきれず、前近代的な観点をいまだ払拭しきれていないヘーゲルの一面をみてとることができる。

こうした市民階層の展開と国会・議会との関係等について、『ドイツ国制論』に続く『人倫の体系』ではどう説明されているだろうか。「国家体制」(Staatsverfassung) の大項目中の〈統治〉においてヘーゲルは述べる——「自由は形式のうちに、個々の部分が、全有機的組織〈国家〉にあって下位体系でも……自己活動的であるところに成り立つ」(S. 340. 一二四頁)(3)。この説明中の「下位体系」が「自己活動的」であることとの強調は、『ドイツ国制論』における「下位体系と下位団体の自由裁量に委ねる」との論述と同一のものである。ところで、国家の下位体系や社会の下位団体のあり方を国民の「自由裁量」のあり方との関わりでみる場合、国家機構および社会制度がどのように理解され、また両者の関係がいかに把握されているのかの検討が重要である。

まず、国家機構の中核をなす国家権力は立法権、司法権、行政権の三つに区分されて理解されている(vgl. S. 348. 一三九頁参照)。次に、社会制度の基礎として社会階層が三つに区分され、第一階層は貴族

（「絶対的階層」）、第二階層は市民あるいはブルジョワ（「公正・実直さ（Rechtschaffenheit）の階層」）、そして第三階層は農民（「不自由な、自然的な階層」）とされている（vgl. S. 334-340. 一一二—一一四頁参照）。ここで中心的に問われねばならないのは、両者の関係がどのようになっているのか、すなわち三つの国家権力がどのような社会階層に担われ、そしていかに執行されるのかということである。ヘーゲルによると、立法権は「長老」（Alte als Regenten）と「祭司」（Priester）という三つの社会階層から超然としたものによって担われる。ここに「君主政治の志向」（上妻訳注、二六五頁参照）をみてとることもできるであろう。ちなみに、司法権は裁判官によって、そして行政権は公務員によって担われる。

こうした点からみて最大の問題は、立法権が市民階層（とそして農民）によって担われず、したがって立法権の中核をなすはずの国会・議会の構築メカニズムが存在しない点である。すなわち、近代代議制についての展開がいまだなされていないことが指摘される。それゆえに、「下位体系」・「下位団体」の「自由裁量に委ねる」といっても、自由裁量を行なうにさいし準拠する法律そのものが市民階層を中核とする国民みずからの手によってつくられていないことになる。こうして近代社会の中核たるべき市民あるいはブルジョワ（第二階層）はいまだ、貴族である「第一階層に必要なもの（生活必需品）を供給する」階層でしかない。こうした理解は『ドイツ国制論』におけるものと変わりがなく、[4]以上の点からみて市民階層を基軸とした近代代議制の構築、国会・議会論の展開は後期ヘーゲルをまたねばならないのである。[5]

二、「一八一五年および一八一六年におけるヴュルテンベルク王国領邦議会の討論。一八一五年—一八一六年の議事録、三三節」（一八一七年）論評

ヘーゲルの故国、ヴュルテンベルク王国はドイツの他の諸王国・公国よりも議会制の長い伝統を有していた。それでもその議会制は旧態依然の性格が強く、一刻も早い近代的な制度への転換が求められていた。そして近代国家にふさわしい憲法作成の試みがなされ、一八一五年三月以降、紆余曲折を経つつ「憲法制定会議」が開催されていき、一八一九年九月二十三日に新憲法が成立することとなる。ヘーゲルが「領邦議会論文」で論評の対象にする資料は、当時のフリードリヒ王が一八一六年十月三十日に急逝するまでの、王と民会（議会）との「憲法」をめぐるこの間の激しいやりとりをまとめ、一八一七年九月に公表された経過報告書である。

この論評においてヘーゲルは、当時の「領邦議会」の有する特権を批判し、王の憲法案を支持する。ヘーゲルの民会批判は次の二点にまとめることができる。第一は、領邦議会は「ブルジョワ貴族政治」(S. 108. 一四八頁)(6)に成り下がっていると批判する。第二は、これまでの民会の議員選出には明確な規定がなく、都市のブルジョワにより独占されていたと批判する。この独占を打破して、議員選出に関わる「選挙法」（選挙人・被選挙人の資格の確定など）を明確にし、近代的議会の樹立を企図する。

第一の「ブルジョワ貴族政治」の批判に関して、ヘーゲルは主な特権所有者を「常任委員会」と「書記」であると明言する。民会議員のうちの十二名で常任委員会が構成され、そのなかの八名が「小常任委員会」を成す。最大の問題は、このごく少数の議員が有する特権内容なのである。その最たるも

のは課税徴収権に関してである。ヴュルテンベルク王国の人口六二万人（一七九〇年当時）において、八名の小常任委員会が君主側の十倍の課税徴収権を有していたと報告されている。(7) そのうえ小常任委員会は民会金庫の管理権をもっていた。こうした一国の財政・財源に関する主要権限を有する小常任委員会は国政の根幹を把握していると言ってよい。そしてこの委員の地位は終身なのであるから、彼らの身分は事実上貴族と同じであった。こうしたことをヘーゲルは、「ブルジョワ貴族政治」として厳しく批判し、その支配の打破を主張した。

もうひとつの特権所有者は「書記」である。彼らは行政司法の実務家であり、社会生活上の記録関係の業務を独占していた（例えば契約書、出納簿、徴税通告書、納税証書、財産登記書、婚約書、遺言書等々）。だからこそ専門特権集団になりうるのである。民会の議員の大多数はもと書記だということである。こうした議員が議会の幹部、つまり先の常任委員、特に小常任委員になるケースが多い。したがって「ブルジョワ貴族政治」は、「書記のブルジョワ貴族政治」（S. 110. 一五〇頁）と密に重なりあっていると言える。

第二の「選挙法」に関するヘーゲルの主張の詳細はこうである。これまで民会議員の選出に関する規定はなく、慣習で選ばれていた。これがブルジョワによる特権の温床になっているとしてフリードリヒ王は選出に関する規定を設けようとする。王はまず選挙人の資格について、二十五歳以上の男子、不動産の年収二〇〇フロリン以上、そして被選挙人資格について、国王に仕える公務員、聖職者、内科医、外科医を除く三十歳以上の男子と提案する（vgl. S. 35. 一七頁参照）。

この王案をヘーゲルは基本的に支持するが、同時に議員に求められる「能力」と「団体主義」を考慮して王案に一定の変更・修正を要求する。その主な点のひとつは、最もよく「国家的センス」(S. 39. 二四頁)が鍛えられているとされる公務員にも被選挙人資格を与えること、もうひとつは個人ではなく自治団体や職業団体の役職にある人物(「役職」に「ひとかどの人物」という証がある。S. 44. 三三頁)に被選挙人資格を認めるべきだとされる。こうしてこそ特権所有者による議会ではなく、「公法の支配」(S. 42. 三〇頁)する近代的な代議制度が構築されるのであり、そして「民会の地位は、君主と国民との間を媒介する機関」(S. 80. 九七頁)になるという。つまりは、「国家と国民との媒介機関」(ちなみに、後述の『一八一七/一八年講義録』第一四七節・第一四八節・第一五一節にも同じ表現あり)としての本来の「議会」が確立される。

このように、「領邦議会」における特権批判から始めて、新たな選挙法の確定による議会制度の構築を通し「理性的な君主制度」(すなわち「立憲君主制」)が確立されるとヘーゲルは言う。このことは、「領邦議会」の近代的な議会への構造転換が「立憲君主制」の基礎にあるということにほかならない。

第四節　「立憲的国制」論の展開と「国民の自由」

一、『一八一七／一八年講義録』と『要綱』における〈民主制―立憲君主制〉関係理解

第二節において確認したように『一八一七／一八年講義録』で、「各人がすべて、みずからの自由を顧慮するところのもの」、「自由な自我の無限性の意識」という民主制の原理が、立憲君主制へと引き継がれて発展させられている。では、本講義を終了して二年九ヶ月後に刊行された『要綱』で、先の民主制の原理と立憲君主制の関係はどのように理解されているだろうか。『一八一七／一八年講義録』の場合と比較しながら以下で確認したい。

まず指摘できるのは、『要綱』において君主権の権限の強さが際立っているということである。「最終意志決定としての主体性の権力」と定義される君主権は、「憲法および法律」に関わる立法権、および「審議」に関わる統治権をも包括するところに「最終意志決定」としてのその意義がある（第二七五節参照）。これに対して、『一八一七／一八年講義録』では、君主の決定にさいし大臣の「副署権」（君主の決定のさいには当該大臣の署名を必須とすること）（第一四〇節）が主張される。大臣に副署権があると、君主の有する最終的決定・判断の権限が形式的なものになる。したがって、『一八一七／一八年講義録』では大臣に副署権を与えることによって、実質的な最終決定権を統治権と立法権に付与した。

これに対して、『要綱』で大臣の副署権が消失してしまっているのであるから、君主権が最終意志決定権を有していることになる。『要綱』におけるこうした君主権の権限の際立ちは、それと反比例して、『一八一七／一八年講義録』で強調される立法権の主要な要素である「議会」の意義を小さくさせる。実際、議会は『要綱』では、「最終意志決定」権力としての君主権に搦め捕られて、その独自性を希薄にさせられていた。

それは次のような諸点に集約され、確認することができる。(一) 公務員の権力濫用等に対する議会の監視権限の弱さという点である。統治権の執行者としての公務員の任命権は、『一八一七／一八年講義録』・『要綱』ともに君主権に与えられていた。しかし、公務員の権力濫用等に関する監視権限が『一八一七／一八年講義録』では議会に与えられていたのに対して、『要綱』では「諸官庁および公務員の位階制と責任制」(第二九五節) に主に求められ、こうして議会の権限が弱められている。(二) 議会の議員を選挙する意義づけに対する評価の低さという点である。「選挙」について『要綱』ではこう述べられている——「選挙するということはそもそもなにか余計なことであるか、それとも私見と恣意との取るに足りない遊びに帰着する」(第三一一節)。(三) 言論・出版の自由に対する過小評価という点である。議会 (における討論) の「公開」の重要な意義については『一八一七／一八年講義録』・『要綱』ともに国民にとっての「最大の陶冶手段のひとつ」(第三一五節) と確認する。しかし、本来「議会と議会の (討論の) 公開の存立と直接連関」しつつ国家諸要件に関する「言論・出版の自由」としてその有する重要性が強調されねばならない (『一八一七／一八年講義録』) にもかかわらず、その自由が「自分の欲することを語りかつ書く自由」と一般化されたうえで、それは「無限に多種多様なかたちで述べられる私見の、束の間の、極めて特殊的な、極めて偶然的な面」(第三一九節)を有していると矮小化され理解される。(四)議会の有する本質的契機・要素とされる「与野党の対立」(『一八一七／一八年講義録』)は『要綱』では論じられていない点である。

二、『講義録』／『要綱』の相違と「国民の自由」

前項でみたように、『一八一七／一八年講義録』では君主権の絶対的決定性という主張が否定ないし緩和されており、その現われとして君主権と立法権(の議会)とのバランスある関係や、君主権と大臣という統治権との相互依存などが確保されていた。これに対して、『要綱』では君主権に権限が集中し、その結果、君主権と立法権(議会)とのバランスある関係が崩れている。したがって『要綱』における「立憲君主制」は、〈立憲〉より〈君主制〉に力点の置かれた立憲君主制であると言える。そしてこの〈立憲〉か〈君主制〉かのいずれに重点があるかによって、国家本質の重要な一要素をなす国家目的・使命の中心内容である「国民の自由」の実現方法に大きな相違が生じることになる。

同じ立憲君主制といっても、『一八一七／一八年講義録』に比して『要綱』におけるこのような議会的契機の減少、位置づけの低さ――市民社会を基礎とした民主主義的原理の弱さ――は、この契機ないしは原理の展開・形成の主体である国民の「自由と権利」への顧慮の軽視――「市民社会」の重視よりむしろ「国家」自体の存続の強調――を如実に表現していると私は考える。このような重大な変化には、一八一九年九月にドイツ連邦議会で可決された「カールスバート決議」に代表される旧体制維持のための自由主義弾圧という、苛酷な政治的社会的状況が色濃く影を落としていると思われる。(8)

ところで、立憲君主制というとどこか胡散臭いイメージがあるのは否めない。(9) だがヘーゲルは、「展開した理性の像」(『一八一七／一八年講義録』、第一七〇節)、「理性性の理念」(『一八一八／一九年講義録』、第一二一節)、「新しい世界の発明品」(『一八一九／二〇年講義録』Henrich-Ausgabe, S. 238)、「理性の象形文字」(『一八二四／二五年講義録』、第二七九節)、また「近代世界の業績」(『要綱』、第二七三節)と立憲君主制をよび、これを最高度に尊重している。もちろんヘーゲルも立憲君主制をまるごと容認しているのではない。すなわち、どのような形態の立憲君主制も高く評価しているわけではないのである。

では、立憲君主制を高くも低くも評価しうるメルクマールは何なのか。それは〈立憲〉ということがどれだけ確固と根づいている〈君主制〉かどうかということである。そしてこのことは、実は市民社会がいかに発展し、成熟しているかの証立てにほかならない。市民社会にしっかり根づいた立憲制とは、第二節においても確認したように、まず国民の意志が反映される(国民の選挙によって選出された議員による議会を中心とした)立法権があり、具体的な統治行為に関わる内閣、そして政府と国家権力や国家機能が分割・分化されているということである。となると、国家意志の最終的な発露となる君主による最終的決断の行為の内容も、そこで君主の恣意が働く要素がなく、まさに「署名」以外の何物でもない。そして、こうした確固たる立憲制を支える主柱は成熟した市民社会の市民のほか存しない。

みてきたように、本来の立憲君主制は絶対君主制とは絶対的に区別されて、理性的できわめて近代的な体制だとヘーゲルは絶えず強調している。そう主張できる根拠は、繰り返しになるが、成熟した市民社会が土台にあるからである。成熟した市民社会の成員の最大の特性は、「無限性の意識」にまで達した「自由な自我」、つまり自由を自覚した人間の主体性の意識を有しているということであろう。そしてこの主体性の意識こそ、国民の自由の実現を目指す（国家目的・使命）国家体制（国家機構・権力）を確固として支える国民の主体的エートス（国民倫理）にほかならないのである。

（1）本章では国家本質を、国家目的・使命論、国家機構・権力論、国民倫理論の三要素とまとめ論じるが、ほかに主権論、国土論、対外関係論など国家本質に関わる大切な事項がある。これらのうち特に主権論は重要である。この「主権」についてヘーゲルは『要綱』で述べている——「国家にこそ主権は属すべきであるということが明らかにされていさえすれば、主権は国民に存するといってもいい」（第二七九節）。ここからみて、立憲君主制における主権の帰属として国家主権か国民主権かは必ずしも一義的ではない。また、こうした国家本質論について本章で検討するさいのヘーゲルの原文テキストとしては、ヘーゲルが存命中に刊行されたものを中心に取り扱うべきであるが、本章では一八二〇年刊行の『要綱』との関連で講義録（「法・権利の哲学」関係の）に言及せざるをえなかった。七回行なわれたもののうちの特に第一回講義（一八一七／一八年冬学期講義）がヘーゲルの「法・権利の哲学」についての本音が語られ、その原形の意義を有していると私は考えている。

（2）Hegel, *Fragmente einer Kritik der Verfassung Deutschlands*, G. W. F. Hegel, Gesammelte Werke, hrsg. von der Nordreinisch-Westfälischen Akademie der Wissenschaften, Felix Meiner Verlag, Hamburg 1998, Bd. 5. 金子武蔵訳『ヘーゲル政治論文集（上）』（岩波文庫、一九六七年）所収の「ドイツ憲法論」を参照した。引用の当該箇所については、原文（S.）、邦訳（頁）を本文中に明記した。

（3）Hegel, *System der Sittlichkeit*, G. W. F. Hegel, Gesammelte Werke, hrsg. von der Nordreinisch-Westfälischen Akademie der Wissenschaften, Felix Meiner Verlag, Hamburg 1998, Bd. 5. 上妻精訳『ヘーゲル人倫の体系』（以文社、一九九六年）を参照した。引用の当該箇所については、原文（S.）、邦訳（頁）を本文中に明記した。

（4）この点については、『ドイツ国制論』から『人倫の体系』、『イェナ実在哲学II』までの国家論を検討した久田健吉

『ヘーゲル国家論の原理――「市民自治」と「市民倫理」』（晃洋書房、二〇〇九年）の第一章―第三章を参照した。

（5）『要綱』では第一階層（農民）、第二階層（商工業市民）、第三階層（普遍的階層としての公務員）となっており、『人倫の体系』の場合とは第一階層と第三階層が逆になっている。そして『人倫の体系』の場合の「貴族」の位置に「公務員」がすえられ、この公務員により統治＝行政権が執行される。さらに『要綱』では第一・第二階層による立法機関・議会が構築される。全体として『要綱』の方が、立法権・統治権を主とした国家機構の構築――その担い手を含めて――が近代化されてきているといえる。

（6）Hegel, *Verhandlungen in der Versammlung der Landstände*, G. W. F. Hegel Gesammelte Werke, hrsg. von der Reinisch-Westfälischen Akademie der Wissenschaften, Felix Meiner Verlag, Hamburg 1998, Bd. 15. 金子武蔵訳『ヘーゲル政治論文集（下）』（岩波文庫、一九六七年）所収の「一八一五年および一八一六年におけるヴュルテンベルク王国地方民会の討論。一八一五―一六年の議事録、三三節」を参照した。引用の当該箇所については、原文（S.）、邦訳（頁）を本文中に明記した。

（7）金子訳、前掲書、三〇七頁（「解説」）参照。

（8）この点についての詳細は、拙著『自由と権利の哲学――ヘーゲル「法・権利の哲学講義」の展開』（世界思想社、二〇〇二年）第Ⅰ章、第Ⅳ章を参照されたい。

（9）『要綱』における立憲君主制論について、復古王政下のフランス立憲主義および西南ドイツの憲法闘争との深い繫がりにおいて成立したことを理解したうえで、その積極的意義をみなければならないことを強調した、滝口清栄「憲法闘争と『法（権利）の哲学』の成立」加藤尚武編『ヘーゲル哲学への新視角』（創文社、一九九九年）は、当該問題に関するひとつの到達点を示す貴重な研究成果である。

第六章　バイエルン改革とヘーゲルの国民主権論

ここに一通の書簡がある。差出人はイェナに住む哲学者ヘーゲル、受取人はドイツ人でヘーゲルの友人・ニートハンマー、日付は一八〇六年十月十八日――ここまでは通常の体裁の書簡である。だが奇妙なことに、受取人であるニートハンマーに関わる部分が、ドイツ語ではなくフランス語で書かれているのである。その原文はこうだ。[1]

A
Monsieur le D. Niethammer
Conseiller de la direction du Pays
au service de Sa Maj. Bavar.
à Bamberg

〔訳：バイエルン王治下地方行政顧問官　バンベルク在　学士ニートハンマー様〕

イェナから一八〇六年十月十八日に、バイエルンの一小都市・バンベルクに住むニートハンマーに向けたヘーゲルのこの書簡が、なぜフランス語で宛名書きされねばならないのか。この理由を明かす鍵は、イェナ／一八〇六年十月十八日／バイエルンの三点にある。

まず、一八〇六年十月十八日のイェナで何があったのか。実は、五日前の十月十三日に歴史的大事件が発生していた。それは、「イェナがフランス軍に占領され、その城壁に皇帝ナポレオンが足を踏み入れた」（十月十三日付、ヘーゲルのニートハンマー宛書簡(2)）という事態である。フランス皇帝ナポレオン——彼をヘーゲルは「世界精神」(Weltseele) とよぶ。このナポレオンがいまや、「世界を鷲づかみにして、これを支配しています」（同書簡(3)）とヘーゲルはニートハンマーに書き送っている。

ナポレオンを「世界精神」と表現しているのであるから、ヘーゲルのナポレオン評価は至上のものと言ってよい。だが、こうしたナポレオンといえども強大な軍隊を擁し、ドイツ軍との激しい戦火を交えたうえでのイェナ占領である。だから、ヘーゲルの心境は複雑であったはずだ。当面は、戦火による身近な人々への被害が懸念される。しかし、イェナが占領されて五日後の十月十八日には戦火はしだいに鎮まってきており、傷病兵と少しばかりの守護隊が留まっているだけだとし、「フランス語を話し家に踏み止まっていた人々は掠奪を免れました」（ニートハンマー宛書簡(4)）と、大きな不安を超えて安堵した心情をヘーゲルは吐露している。そしてヘーゲルは、イェナに近いワイマールに住むゲーテからもイェナの様子を尋ねる回覧状が届き、ゲーテ自身は無事であること、ワイマールの被害は大きくなかったことなどを知り、安堵したと同書簡で書いている(5)。

翌一八〇七年の早々に、バンベルクのニートハンマーとミュンヒェンに住むシェリングからヘーゲルに職を斡旋する書簡が届く。二人が住むバンベルク、ミュンヒェンはともに言うまでもなくバイエルン王治下の都市である。ニートハンマーは冒頭でみたように、地方行政顧問官という要職に就いており、シェリングは学生時代からのヘーゲルの友人で、いまやミュンヒェンを拠点とするバイエルン科学アカデミーの中心メンバーになっている。こうした二人からの職の斡旋である。それにしてもヘーゲルはなぜ求職しなければならないのか。イェナ大学の教員スタッフではなかったか。確かにヘーゲルは当時イェナ大学の助教授であった。だが、先の戦役によりイェナ大学は閉鎖されてしまったのである。新たな就職先の確保はヘーゲルの差し迫った課題にほかならなかった。

ヘーゲルは一八〇七年二月二十日付のニートハンマー宛書簡で、「親切なお申し出、ともあれありがたく存じます。お受けする決心です(6)」と述べ、『バンベルク新聞』の編集長への就任の決意をお礼とともにニートハンマーに伝えている。研究教育職ではない新聞の編集というジャーナリズムの仕事である。多少異色の分野ではあるが、「世界の事件には好奇心をもっている」から、「この仕事自身は小生の興味を惹くと思います(7)」と書き送っている。そしてヘーゲルは決心するやすばやく、翌三月にはバンベルクの地を踏んだ。

ところで、バイエルン王国の首都ミュンヒェンに住むシェリングからの誘いにヘーゲルはどう対応したのだろうか。ヘーゲルはシェリングに、「昔と変わらぬ好意で僕に接してくれているのを知って心からうれしかった」と礼を述べたうえで、「政治的なバンベルク新聞の編集」に携わり、「少なくとも当分のあいだバイエルンの土地に根を下ろす(8)」決意をきっぱりと表明している。これは、先のニートハンマーの申し出を受けたことを伝える書簡の三日後、二月二十三日にシェリング宛に書かれたへーゲルの書簡においてである。

このシェリング宛の書簡で私が注目するのは、ミュンヒェンではなくてバンベルクで新聞の編集を行なうと決めたことではない。そうではなくて同書簡でヘーゲルは、ミュンヒェンに本拠を置くバイエルン科学アカデミーの内部状況――人事や機構の改革状況と絡めて、バイエルン王国の政治的、社会的な状況認識についてシェリングに書き送っている次の部分だ。すなわち、バイエルンは「旧いものから新しいものへの移行の状態(9)」にあるとヘーゲルは認識しているのである。

では、バンベルクやミュンヒェンを含めたバイエルン王国が、いまや新しいものへ移行しつつあるとは具体的にどのようなことを意味しているのだろうか。そして、このことは本章の冒頭で指摘したヘーゲルからのニートハンマー宛書簡(一八〇六年十月十八日付)の宛先部分がフランス語で書かれていたことと関連があるのだろうか。

第一節　バイエルン改革の進行

一七九七年のカンポ＝フォルミオの講和によってライン左岸地帯をフランスへ併合したナポレオンは、続いてライン左岸から西南・中部ドイツへ向かい、そこでオーストリアやプロイセンに敵対する。それと同時にナポレオンは、みずからに従属する君主権力の樹立を企図する。これはライン河とエルべ河とのあいだにはさまれた地域一帯諸邦との「ライン同盟」(Rheinbund)の結成によって一八〇六年に確立される。バイエルン王国はヴュルテンベルク王国やバーデン公国とともにライン同盟の中心を構成する国家にほかならなかった。

書簡の宛名がフランス語で記されねばならないほどに、フランス当局の強い影響がライン同盟諸国に及ぼされていたと言ってよい。だが、こうしたナポレオン・フランスの厳しい監視の眼を意識しながら、バイエルンの近代的改革がドイツのどの地域よりも早く着手され、そして急速に進行していくのである。こうした事態が、「旧いものから新しいものへの移行の状態」(先の二月二十三日付、シェリング宛書簡)の意味するものである。

バイエルン王国の近代的改革についてみる場合、まず注目しなければならない人物は、開明派国王のマックス・ヨーゼフに寄り添い、彼の庇護のもとで実権を握り、改革を主導したマクシミリアン・モンジュラである。モンジュラの父親はフランスとイタリアの境界のサヴォア公領出身の貴族で、母親はバイエルン人であるからモンジュラはフランス系ドイツ人である。彼はフランス領内のストラスブール大学で法学を学び、フランス語を日常語とした。ストラスブール大学修了後、さらに彼はバイエルン領内のインゴルシュタット大学で一年間学び、そしてバイエルン宮廷顧問官の採用試験を受け、十八歳で任官した。モンジュラは、フリーメーソンに類する「光明会」あるいは「啓明団」という啓蒙主義の秘密結社に属していた、と伝えられている。(10) 開明派国王のマックス・ヨーゼフとモンジュラは年齢も近く、二人には啓蒙主義とフランス文化の強い影響下で育ったという共通点があった。

モンジュラは国王ヨーゼフと力を合わせて、一八〇八年にバイエルン最初の成文憲法を策定する。

この内容は、ヴュルテンベルクやバーデンなど他のライン同盟諸国での憲法制定や国内改革のモデルになっただけでなく、プロイセンのいわゆるシュタイン＝ハルデンベルク改革の先駆にさえなった重要なものである。(11)

一八〇八年憲法の内容の核をなすものはしかし、実はモンジュラがすでに一七九六年に国王ヨーゼフに提出した近代国家の骨格の構想そのものであった。この構想は「アンスバッハ覚書(12)」とよばれている。この覚書のタイトルは〈Mémoire présenté à M[onsei]g[neu]r le Duc le 30 septembre 1796〉であり、全文フランス語で書かれている。本覚書がモンジュラの改革事業にとってもつ意義についてエーベルハルト・ヴァイスは、「一八〇七年のナッサウ・プログラムがシュタインの仕事にとって、また同年のリガ・プログラムがハルデンベルクにとってもったものと対比できる意義を有している(13)」と強調している。

本覚書は次の九つの部分から成り立っている——（一）省庁機構の一般原則と法定立・公務員の選抜、（二）外務省（les affaires étrangères）、（三）財務省（les finances）、（四）法務省（la justice）、（五）精神・文化省（les affaires ecclésiastiques）、（六）軍事省（la guerre）、（七）枢密院（Conseil d'État）、（八）国家最高首脳の人事案、（九）中級公務員の俸給。これら九つの部分の概要を検討した結果、以下の五点が重要だと考える。

第一に、国家機構の中核となる中央政府を外務省、財務省、法務省、精神・文化省、軍事省の五省に編成し、各省に大臣を配置する。各大臣はおのおのの省の決定に独自に責任を担う。また、各省の意見の統一や中央政府全体の組織化のために「枢密院」（Conceil d'État——ドイツ語の Staatsrat にあたる）を設置する（各大臣と各省の次官等により構成）。この会議は週三回開催する。

第二に、国家行政にとって特に重要な役割を果たすのは公務員であり、彼らに給料を支給し、その身分と地位を法的に保証する。国民すべてに、そして特に公務員には「国家への奉仕」（service d'État）――君主への奉仕ではなく――を求める。

第三に、身分制議会を改革し、そして中央政府と連携する新たな地方行政区を導入する。

第四に、国民税制を確立し、貴族などの財政的特権を廃し、教会財産への監督権を確保する。

第五に、精神・文化省の管轄に関わる事項のひとつとして強調されている点であるが、カソリック・プロテスタント等に関わる宗教的寛容を保証し、出版・印刷・意見発表の自由を保証し、インゴルシュタット大学（のちのミュンヒェン大学）を頂点とした大学と学校教育制度を改革する。特に、大学と学校教育制度の近代的改革と整備は、「国民精神」を陶冶する「国民教育」の推進と、良質の公務員の養成という点から重視された。

覚書に盛り込まれた主な内容の多くは、一七九九年以降モンジュラ政府によって実行に移されていく。そしてこのモンジュラ政府の一七九九年以来の改革を総括し、それ以後の改革の方向性と内容上の骨格を示したものが一八〇八年の憲法（五月一日発布）にほかならない。この憲法によってバイエルン王国は近代的な統一国家へ確実に進むことになった。本憲法は全体でも六章四五条にすぎない。しかし、この憲法は新たな国家体制の骨格を定めており、その有する意義は重要であるので、以下でその要点をみておきたい。(14)

第一章「基本諸規定」(Hauptbestimmungen)(全八条)

第一条―バイエルン王国はライン同盟(rheinische Föderation)の一部を構成している。

第二条―おのおのの州(Provinz)で効力を有している様々な法律や制度、また地域的な職業団体等は廃止される。バイエルン王国全体が国民代表機関により代表され、王国全体が同一の法律により治められ、同一の原則に基づいて行政がなされる。その結果、同一の税制度が王国全体で効力を有するはずである。

第三条―人身的隷属性がまだ残存しているところでは廃止される。

第四条―これまで州に区分されていたものに代わり、バイエルン王国全体に管区(Kreis)という地方行政区を導入する。

第五条―貴族はその称号とともに領主としての権利が保持される。しかし、貴族も国家への負担・責任という点ではほかの国家公民(Staatsbürger)と全く同一に扱われ、いかなる特権をも有さない。

第七条―国家はすべての国家公民に身体(Person)と財産の安全、完全な良心の自由を保証する。

第八条―二十一歳以上のすべての国家公民は、みずからの管区での行政官の前で、憲法と法律に従うという宣誓を行なう義務を有する。

第二章「王室について」(Von dem königlichen Hause)(全一一条)

第一条―王位は男系の長子相続制によって継承される。

第二条―男性の後継者が存在する限り女性王位(Prinzessin)は除外される。

第一一条―国家財産と王室財産とは区別されるべきで、王室の世襲制のもつ属性は認められるが、それ以上のいかなる期待権の付与はない。国家財産は王室の世襲財産ではない。

第三章「王国の行政について」（Von der Verwaltung des Reichs）（全七条）

第一条―内閣は外務関係、法務、財務、内務、軍事の五部門（省）から成り立つ。諸省の大臣は一人の人物〔国家宰相や首相〕において統一されうる。

第二条―王国の内政上の最重要案件についての相談・審議機関として枢密院（der geheime Rath）が設置される。諸大臣のほかに、一一人以上最大一六人で構成される。枢密院のメンバーは、最初は国王によって一年間任命されるが、それから六年間の任務遂行以後は永遠継続とみなされる。枢密院はその職務遂行にあたって、民法・刑法関係、財務関係、内務関係の三行政部門に分かたれる。

第三条―枢密院はその特性上、たんなる助言機関にすぎない。

第四条―州に代わり新たに設置される地方行政区としての管区（Kreis）のおのおのの長には中央派遣長官がなり、この長官に少なくとも三人の、多くても五人の管区顧問官が従う。各管区には総会と総代が置かれる。総会は国民代表機関の議員を選出する。総代は国王によって管区総会のメンバーから選ばれる。総会メンバーの地位は国王によって終身委託される。彼らは管区内の四〇〇人の多額納税の土地所有者・商人・工場主のうちから住民一〇〇〇人に一人の割合で国王により指名される。総会は最高で八日間開催される。管区総代は毎年三分の一ずつ更新される。総代会は年に最高で三週間開催される。

第五条―地方裁判所は中央派遣長官の監督の下で職務を遂行する。また各都市や地域共同体のために地方自治体（Lokal-verwaltung）が設置される。

第七条―すべての行政公務員は一八〇五年一月一日施行の基本法〔国家公務員の特に地位と俸給に関する命令〕と一八〇七年六月八日施行の基本法〔国家公務員の寡婦および遺児年金〕の諸規定に従う。

第四章「国民代表機関について」（Von der National-Repräsentation）（全七条）

第一条―おのおの管区において、二〇〇人の多額納税の土地所有者・商人・工場主のなかから七人の代表が選ばれ、国民代表機関を形成する。

第三条―代表の任期は六年とする。しかし六年後の継続は可能である。

第四条―国民代表機関は少なくとも一年に一回は開催し、国王によって開会・閉会が宣せられる。

第六条―国民代表機関は、三人多くとも四人のメンバーからなるいくつかの委員会をつくる。その委員会は、財務、民法・刑法、内務、国債の償還等に関係する委員会である。これら委員会は、枢密院の関連セクションと対応して法律の起草や年度予算等について審議する。

第七条―そのようにして用意された法律は枢密院において、多くとも三人のメンバーによって国民代表機関へ持ち込まれる。国民代表機関〔議会〕は秘密の取扱い方法により絶対多数決に従って法律を決める。

第五章「司法について」（Von der Justiz）（全七条）

第一条―司法・裁判機構はふさわしい数の上級および下級の裁判所によって機能せられる。王国全体に対して、最高裁判所をひとつだけ設置する。

第三条―裁判所の裁判官は国王によって生涯にわたり任命され、その職は形式に則った決定・評決によってのみ解かれうる。

第七条―王国全体に適用される新たな民法典と刑法典が制定されるべきである。

第六章「軍事情況について」(Von dem Militär-Stande)(全五条)

第一条―国家の防衛と、ライン同盟規約によりもたらされた諸責務の遂行のために、常備軍が維持される。

第二条―軍隊は徴兵制によって補充される。

第三条―軍隊は外敵に対してのみ出動する。国内問題に関しては、軍隊は国王が特別な場合に明確に命令したとき、あるいは市民生活関連当局により形式に則って要請されたときにのみ出動する。

第五条―市民警察組織が認可される。戦時の治安維持のために国民衛兵が設置され、そして平時の治安維持のために武装警察隊が設置される。

以上が一八〇八年の憲法によって規定された国家体制の概要である。バイエルンにおける本格的な近代国家の最初の姿である。この憲法に裏打ちされたバイエルン王国の、国家としての性格の特徴をみる場合、憲法のとりわけ第二章、第三章、第四章が重要である。それは、第二章で国家の基本が貴族制でも共和制でもなくて長子相続の世襲君主制と規定されており、ただしその君主制は専制君主制ではなく、国民代表機関を備えた国家であることが第四章で確認されているからである。君主は無制約な権限と特権を有するのではなく、財産においても王室の財産と国家財産とは区別される。すなわち、国家そのものは君主の所有物ではない、ということが確認されている。この点は近代国家成立の基本前提であろう。では、君主の権限の制限・限定等はどこが行なうか。それは国民代表機関の役割・使命にほかならない。要するに、国民代表機関は文字通り国民の代表により構成される立法機関にほかならない。この立法機関で法律が策定・決定され、その法律に基づいて政治がなされ、国家全般が運営・管理されていくことになる。君主の権限も法律に基づいて決められ限定されることになる。これが立憲君主制ということであろう。

国制としての立憲君主制——この質の良否を決定するのは国民代表機関のあり方だと言える。国民代表機関が、本来の意味で国民を代表した機関になっているか否かということである。この視点から憲法の第四章をみてみると、一方できわめて数少ない多額納税の土地所有者のなかから選ばれた少数の人物により国民代表機関が構成されているという不十分さが指摘されるが（第一条）、他方で国民代表機関内につくられる各種委員会において、法律の起草や年度予算等について審議し、そしてそれら法律（案）は国民代表機関（議会の全体会）へ持ち込まれたあと、多数決で決定される（第六条、第七条）という近代民主主義の基本が規定されている。だが決定的に重要な失敗は、一七九九年から一八一七年までの、モンジュラが政権の中枢を担った期間全体を通して、この近代民主主義の基本的措置が実行されなかったこと、つまり国民代表機関が一度も開催されなかったことである。[15]そして、一八〇八年憲法の第三章第三条における「枢密院はたんなる助言機関にすぎない」との規定とは裏腹に、「枢密院」が国民代表機関に代わって、立法行為や予算確定の実質を執り行なったのである。

このような国民代表機関が十分な権限と機能を発揮できないところで、その国家の近代性は何によって担保されうるのだろうか。それは憲法第三章に明記される行政機構の組織化によってである。合理的な行政機構の構築と、行政機構を運用し執行する有能な公務員の養成は不可欠なのである。

第三章の第一条において、内閣は外務、法務、財務、内務、軍事の五部門から構成されることが明記されていた。この内閣＝中央政府のもとで、地方行政区として管区が設けられ、この管区に中央から長官と顧問官が派遣されることになる。そして管区のもとに地方裁判所と自治体が置かれることが逐条文で規定された。こうして司法機構・制度も組み込んだ中央集権型国家行政機構が目指されたのである。

最大の課題は、この行政機構を運用し執行する公務員制度をいかに確立するかということである。この公務員制度に関しては、実はすでに一八〇五年「国家公務員の特に地位と俸給に関する命令」および一八〇七年「国家公務員の寡婦および遺児年金」が法制化されていた。したがって一八〇八年憲法もこれらを引き継ぐことが明記されたのである（第三章第七条）。では、これら公務員に関する法律はどのような内容のもので、いかなる特徴を有していただろうか。

ここで私は一八〇五年の「国家公務員の特に地位と俸給に関する命令」を中心にして検討してみるが、この命令・法律は明らかにモンジュラ政府が施行した重要政策のひとつである。では、これにより公務員像がどう大きく変わり、公務員の「地位」と「俸給」に関して、どのような特徴づけや意味づけの変化が明らかになるだろうか。

まず公務員像の変化ということで言えば、ベハント・ブンダーが簡潔に指摘するように、公務員の最も重要な役割は「君主への義務」ではなくて、「国家への義務」(Pflicht auf Staat) を遂行する点にあるとした点があげられる。そうすることによって、公務員は「君主への奉仕人」から「国家への奉仕人」(Staatsdiener) へ役割と意味の転換が図られた(16)。君主という上位の特定個人に奉仕するのではなくて、国家という公的なものへの奉仕が公務員の基本的役割だとする公務員像の根本的な転換である。

次に、では「国家への奉仕人」としての公務員へ役割・意味転換が図られることによって、公務員の「地位」がどのように変化し、「俸給」という言葉にみられるように、その処遇にいかなる特徴が確認できるだろうか。十九世紀ドイツ公務員制度の研究で著名なハンス＝ヨアヒム・ヘンニングは、公務員の「地位」と「俸給」に関する変化の特徴をこうまとめている——「〔公務員の〕解雇の裁判による以外での禁止(17)」。

このヘンニングの指摘は、公務員像の変化と公務員の地位上の変化・特徴とに関する核心を衝いたものである。すなわち、公務員が君主の個人的な奉仕人であり使用人であるなら、そうした公務員の解雇は君主の恣意でなされる可能性も十分に考えられる。しかし、国家という公的なものに関わる公務員の解雇は、もはや君主といえども彼の自由意志のままにはなしえない。なんらかの理由で公務員の解雇が問題となる場合、それはあらかじめ決められた法律、つまり裁判による以外に遂行されえない。ここには近代以降の法治国家の基本姿勢が鮮明に浮き彫りにされうるのである。

したがって、解雇禁止ということに象徴的にみられるように、公務員の「地位」、そして「身分」は法律によって保証されている（君主をはじめ、権力者、特権身分にある者、有力者たちの恣意的な取扱いから独立し、護られているということ！）。ただし、ヘンニングの言う公務員の「解雇」の問題は、いま少し立ち入って詳細に検討される必要がある。それは、「解雇」以前に「採用」があり、昇進・降格等の問題があるからである。さらに、一定期間勤務して「退職」後の年金に関わる点、そして公務員の在職期間全体を通したところでの「俸給」の特徴はどうかという点がある。

公務員生活に入る出発点をなす「採用」上の特徴はいかなるものか。「解雇禁止」という事態に象徴的にみられるように、公務員の「地位」は法律により保証されているということは、「解雇」以前の公務員としての「採用」の点でも、恣意的な――有力者、特権者などによる口利きや、彼らとの縁故による――採用であってはならないのではないか。ここはやはり、資格者として市民全体に開かれており（年齢等の資格要件有り）、そのなかの応募者による自由競争試験での「能力」判定選抜（国家試験）しかありえない。実際バイエルンでは、一八〇五年の法律以前の一八〇三年にすでに競争試験による公務員採用が制度化されていたのである。

したがって、採用・昇格・退職等はすべて法律により規定され明確化され、全体として公務員の「地位」・「身分」は保証されていたと言える。この流れのなかで退職後の年金も、在職中の死亡等による本人の地位・身分喪失と関わる寡婦および遺児に対する年金も法律により規定され制度化されていた。

最後に、公務員の在職期間全体にわたる「俸給」のあり方に関わる興味深い規定を紹介しておきたい。「俸給」は当然ながら、君主からの礼・恵み・賜物等ではない。法律により地位の保証された公務員の「国家への奉仕」に対する対価として、国家から支給されるものが「俸給」と言われるものである。

この俸給に二種類あることが明記され、この点が興味深い。先に示したヘンニングの整理によると、二種類の「俸給」のひとつは「勤務給」(Dienstgehalt)であり、もうひとつは「身分・職給」(Standesgehalt)である。そして、この二種類のものの、「俸給」全体に占める比率が、勤務年数に応じて異なるとされる。すなわち、勤務年数が長くなるほど「身分・職給」の比率が大きくなるのである。勤務年数の長さは三区分され、それら区分に応じて「勤務給」と「身分・職給」の比率が次のように変化する。勤務年数一〇年以下の場合＝「勤務給三〇％」・「身分・職給七〇％」、一〇年―二〇年までの場合＝「勤務給二〇％」・「身分・職給八〇％」、二〇年以上の場合＝「勤務給一〇％」・「身分・職給九〇％」という具合である。(18)

このように勤務年数が長いほど、公務員という地位・身分に対する価値づけが大きくなることが理解できる。このような措置に対する評価という点では、論者によって意見が異なるであろう。それにしても、これは公務員という身分に対する国家による「地位」保証の具体的あり方として注目しておく必要がある。

以上みてきたように、モンジュラ政府は統治機構を近代国家に適合的なものに改革すると同時に、統治機構の要所を担い、行政の中心となる公務員を近代国家の重要な担い手として確立させようとした。このため、公務員の採用から退職後の年金に至るまで、また解雇という重要事態の処理についても規定する新たな規則・法律を制定することになったのである。

第二節　ヘーゲル「自然法および国家学」講義の国民主権論

近代的な統一国家の建設に向けた国制改革が急ピッチで進行しているバイエルン王国の一小都市・バンベルクの新聞編集長の職から、ヘーゲルはまたも友人のニートハンマーの助力により、王国内のニュルンベルクにあるギムナジウムの校長職を一八〇八年十一月から得た。校長として、また哲学教師としてその任にあたったが、その間にあの大部で難解な『論理学』（一般に「大論理学」とよばれている）を二巻、三冊の体裁で刊行したことは周知の通りである。

それから八年後、ニュルンベルクのヘーゲルに、一八一六年七月三十日付で、ハイデルベルク大学総長代理のカール・ダウプから教授として招聘したい旨の次のような書簡が届いた――「もしあなたがこの招聘をお受け下さることになれば、あなたを迎えるハイデルベルク大学はいまこそ創設以来はじめて（おそらくご存知のように、かつてスピノザが招聘を受けましたが〔辞退により〕実現しなかったので）一人の哲学者をもつことになるでしょう(19)」。スピノザの招聘は実現しなかった。ヘーゲルの招聘が実現すれば、ハイデルベルク大学は「はじめて一人の哲学者をもつ」――「はじめての哲学者」とは最高の哲学者、哲学者中の哲学者という意味であろう。まさに最高の殺し文句だ。ヘーゲルは八月六日に承諾の返事を書いた。

そしてヘーゲルは一八一六年十月十九日にハイデルベルクへ到着し、十月二十八日から講義を開始した。翌一八一七／一八年の冬学期には、「自然法および国家学」という題目の講義を行なっている。講義は午前十時―十一時の一時間、週に六回実施されたことが記録に残されている。[20] この講義こそ、一八二〇年十二月に刊行された『要綱』の原型になったものにほかならない。

講義と『要綱』との関係で確認しておきたいことがある。ヘーゲルは一八一七年以降、死去する一八三一年に至るまでほとんど毎学期、「自然法および国家学」ないしは「自然法および国法」なる題目の講義を行なっている。要するに、ヘーゲルの法論、政治論、国家論のエッセンスに関する講義なのである。『要綱』についても、その序文において当該書刊行の直接の動機を、聴講者向けの「講義のための手引書」の出版だと明記している。『要綱』刊行後は、「自然法および国家学」に関する講義（四学期間）はテキストである『要綱』内の各節を読み上げ、そして口頭説明を加えるかたちで行なった。

では、『要綱』刊行以前の講義はどうであったか。正確に言えば、(一) 一八一七／一八年冬学期、(二) 一八一八／一九年冬学期、(三) 一八一九／二〇年冬学期の三学期分である。この三学期のものをそれぞれ第一回・第二回・第三回講義とよぶことにする。当然ながら、この時期にはまだテキストが刊行されていないのであるから、ヘーゲルがみずから作成した講義ノートに従って講義がされたに違いない。実はおおよそ一五〇年後の一九七〇―八〇年代になって、聴講者が作成した講義筆記録が発見され、専門研究者により編集されて公刊された。

私がここで特に注目するのは、一八一七／一八年の冬学期に行なわれた第一回講義なのである。それはこの第一回講義だけがハイデルベルク大学で行なわれているからである。この大学はバーデン公国内にあるドイツ最古の大学である。ヘーゲルは一八一八年十月にベルリン大学の教授に就任しているから、一八一八／一九年の冬学期からの第二回講義以降のすべて（一八三一年冬学期の第七回講義まで）はプロイセン王国内のベルリン大学で行なわれている。

「自然法および国家学」に関する第一回講義に注目する場合、その内容の理解が最も重要であることは言うまでもない。だが、内容は編集された講義筆記録（以下、講義録ないしは第一回講義録とよぶ）の文字面を読み理解するだけでは十分に摑みえないように思われる。『要綱』の序言においてヘーゲル自身が「理性的なものこそ現実的であり、現実的なものこそ理性的である」[21]と述べているように、現実の動きへの鋭敏な反応の仕方がどうであったかがヘーゲル理解の重要な結節点のひとつと言える。まして「自然法および国家学」を題目とする講義であるから、現実は当時の政治や国家の状況であるはずだ。この状況認識が本講義のエッセンスといくつかの点で強く深くリンクしていると私は考える。

この点を考慮してまず注目すべきはハイデルベルク周辺の政治状況である。ヘーゲルがハイデルベルクに来るまで住んでいたバンベルクやニュルンベルグはバイエルン王国内の都市であった。では当時、バーデン公国とバイエルン王国とはどのような関係にあっただろうか。

両国はともにライン同盟に加盟しており、ナポレオン・フランスの厳しい監視下にありつつ自国の近代的改革を急速に進行させていた。バイエルンにおけるモンジュラの役割を、バーデンではライツェンシュタインという開明派貴族出身の官僚が担い改革の旗手となっていた。そしてバイエルンでの国制改革をほんの短時間の差で後追いする形でバーデンも続いていった。先に述べたバイエルンでの一八〇五年「国家公務員の特に地位と俸給に関する命令」の内容に近いものをバーデンでも一八〇九年から実施し、また一八一八年バイエルン新憲法制定（五月二十六日）にあたってもその三ヶ月後にバーデン憲法を制定（八月二十二日）しているのである。[22] 要するに、ハイデルベルク大学のあるバーデン公国は、ヴュルテンベルク王国とともに、バイエルン王国と東南部で地理的にも隣接し、国制の近代的な改革の点でもほぼ軌を一にして存立していたと言ってよい。

こうしたバイエルン王国、バーデン公国の政治的、国家・国法的状況を現実の姿として認識したうえで、ヘーゲルの「自然法および国家学」第一回講義を検討し、その内容の特徴を明らかにすることにしたい。

第一回講義録[23]の第三部「人倫」（Sittlichkeit）、第三章「国家」（Staat）の「国内法」箇所が主な検討対象である。全体が三二節で構成されているが、そのうちの約三分の一の一一節分が国家論の概説にあてられている。残りの二一節を通して国家の三権力（君主権・統治権・立法権）が考察されている。国家論のなかでは、この三権力論の分析が最も重要であるが、そこへ踏み込むに先立ち、「概説」に注目しておかねばならない。それは、この箇所でヘーゲルは国家の本質規定を行なっているからである。本質規定とは、（一）国家の目的、（二）国家権力の分立の意味と理由、（三）本来の国制の形、（四）本来の国制と市民社会との関係などについての基本的考えのことである。

まず、（一）国家の目的について、ヘーゲルはどう規定しているだろうか。国家とは「自由の有機体」（Organisation）を意味し、国民の「普遍的で自由な意志」（S. 177）の現われである。したがって国家権力は国民の自由を護り発展させ、実現しなければならない。こうして国家目的は国民の自由実現にあり、その象徴的存在が「憲法」（Verfassung）なのである。（二）国家目的を実現するための手段的役割を担う国家権力は、なぜ分立する必要があるのか。ヘーゲルはこの分立こそ、「自由のための絶対的保証」だという。なぜなら、「自由の現存在は規定と区別においてのみ存在する」(S. 183) からである。権力の集中は国民の自由を絶対に保証しえない。(三) 本来の国制＝「理性的な国制」としてヘーゲルが指摘するのは、「立憲君主制」(S. 199) である。君主制といっても専制的、絶対的君主制ではない。国民の代表により構成された議会 (二院制) により立法行為がなされ (法律の制定)、その法律の限度内に君主の権限が制限され規定されることになる。(四) こうした立憲君主制が国制として確定され、真に結実するには、成熟した市民社会が成立していることが必要である。こうした市民社会に基礎をおく立憲君主制についてヘーゲルはこう述べている――「市民社会にまで――総じて、自由な自我がみずからの現存在において、すなわちみずからの欲求、自由意志、および良心においてみずからの無限性の意識にまで――自己を展開した国民においては、立憲君主制だけが可能である」(S. 199)。

これら(一)から(四)までのヘーゲルによる国家に関する本質規定(ヘーゲルの叙述では項目的にわかりやすく整理されているわけではない)には詳細な説明が加えられていない。この詳細な説明に関わる部分が、「概説」のあとに考察されている国家三権力論にほかならない。以下で、国家権力の分立(君主権・統治権・立法権)に関するヘーゲルの叙述上での重要な特徴について、次の三点にまとめ検討していくことにする。第一は、国家権力のなかで立法権が最も重視されているという点である。第二は、国民主権の立場が鮮明にされているという点である。第三は、公務員の使命と役割が強調されているという点である。

ヘーゲルの権力分立論

(一) 立法権の重視　第一の立法権が最も重視されているという点について。このことは量と質の両面から指摘できる。まず量の面からとは、国家三権力論に関するヘーゲルの叙述のうちで立法権についてのものが量的に最も多いということである。第一回講義録の「国内法」に関する部分が全体で三二節割り当てられているが、この割り振りは概説（一一節）、君主権（三節）、統治権（五節）、立法権（一三節）となっている。立法権は君主権の四倍、統治権の二・五倍。君主権と統治権の合計よりもさらに多いものが立法権に割り当てられているのである。しかし問題は質の点、すなわち内容上で立法権がどう重視されているのかということである。

立法権の主要契機は「議会」であるが、この立法権は「国家権力の本質的な一部」（S. 221）だと、まずヘーゲルは確認する。そうして、こうした立法権の有する権限・役割は枢密院（Staatsrat）や内閣（関係する諸官庁）、また統治・政府委員会に「委任（überlassen）されない」（S. 221）と言われる。枢密院も「決議権」（Stimmen）をもたず、たんに「提案し、説明し、解説する」（vorschlagen, auseinandersetzen, erläutern）（S. 226）だけである。決議権はどこまでも立法権＝議会の権限だとされている。こうした主張は、君主権が行なうとされる「最終決定」も、どこまでも「形式的な最終決定」（S. 201）にすぎないとのヘーゲル自身の考えと対応し、一貫していると言える。

ともすれば、ヘーゲルの国家権力論においては君主権が最高のものだと理解されがちであるが、第一回講義録では決してそうではないことに特に留意しておく必要がある。たとえ最高のものと言われても、それはどこまでも形式的なものにすぎないのだ。実質的な最高権限は立法権＝議会にある。「君主は一切の統治行為に対して責任がない」（S. 203）、「君主権の責任は大臣（Minister）に帰せられる」（S. 205）、「君主のすべての決定は当該の大臣によって署名され（unterzeichnet）ねばならない」（S. 205）――こうした君主の無答責性、大臣の副署権というヘーゲルの説明が君主権の有する形式性の確認を如実に表現していると言ってよい。（立法権＝議会を重視する考えは、第一回講義を開始する直前に、『ハイデルベルク文芸年報』に掲載した政治的論評「一八一五年および一八一六年のヴュルテンベルク王国領邦議会の討論。議事録三三節」において鮮明である。「ブルジョア貴族主義」に陥っているとして当時の議会の状況を批判し、議員選出の仕方から改めて、本来の近代的議会にする必要性を強調したヘーゲルの、一八〇四／〇五年の「イェナ実在哲学」以来ほぼ十年ぶりに表明した政治的見解・文書として本論評は重要である。）

（二）国民主権論　第二の、ヘーゲルにおいて国民主権の立場が鮮明であるという点についてである。このことについて私は次の三つの視点から確認することにしたい。

（一）先の第一において指摘したように、君主権の実質的な権限を薄め、それを有名無実化し、翻って立法権の位置を高めていること自体が国民主権の立場の表明だと言ってよい。立法権の主要契機は議会であった。議会はのちに詳しくみるが、代議の議員で構成される。代議とは言うまでもなく国民の代議であり、代表である。だから立法権＝議会を重視することは、間接的にしろ何にもまして国民を重視しているのである。しかし、この主張だけでは断定にすぎない。重要なことは、国民主権がなぜ必要であり、この国民主権を確保し実現する具体的メカニズムがしっかりと提示されているか否かという点である。このことについてのヘーゲルの説明を次に詳しく丁寧にフォローしておきたい。

（二）ヘーゲルは国民主権がなぜ必要かという最も基本的な問いに、立法権は言うまでもなく、国家（権力）はそもそも国民の「福祉」を確保し保証する点にあるからだと明快に答えている。国家目的は国民の福祉実現にあり、ということである。では、この国民の福祉の確保・実現のメカニズムについてヘーゲルはどう説明し提示しているであろうか。国民の福祉の実現に関する立法行為が立法機関でなされ、法律が策定されても、この法律を具体的に活かし、運用し、その実を挙げていくのは統治、ないしは行政の仕組みであると言える。すなわち、この点は統治・行政権のあり方に深く関わる問題なのである。このことの特徴について私は次の三点にわたり指摘しておく。

一、統治権の対象についてである。対象とは基本的な関心事ということである。ヘーゲルは「自治集団」(Kreis) の「福祉」(Wohl) の確保・維持が統治権の対象だとズバリ指摘し強調する (vgl. S. 210)。

二、自治に委ねられる地域・地方的諸組織と行政との密な連携が強調される。地方諸団体、同業組合、職業協同団体 (Korporation) などが「自治集団」とよばれるように、それらの組織原則は「自治」(S. 210) である。自治を通して、それら組織・団体はおのおの「特殊な所有、目的、利益」を追求するが、同時に普遍的な要件——「国家への結びつき、国家にたいする活動、利益」(S. 210) をもつとされる。自治による特殊な利益追求が、「共同の利害関心」をもち、ひいては「全体」、すなわち国家に関わる普遍的な利益追求に結びつけられる必要があるということである。

三、統治・行政組織のあり方は本質的に「合議・協議」（Kollegium）だと強調される。地域や地方の諸組織・団体の自治は重要であるが、この点ばかり主張されるとそれらの組織・団体はともすれば無秩序になりかねない。そこでこれを回避するためにヘーゲルは、それらの組織・団体と連携する固有の行政官庁をもつ必要があるという。ただし、行政官庁の行為が強制的な指導・監督・統制になってしまっては組織・団体の自治は窒息死してしまう。そこでヘーゲルは主張する――そもそも官庁は「統治権の代理者・議員や国家公務員や、より上級の官庁の合議・協議体として本質的に構成されている」（S. 213）。合議・協議であるから、強制的管理や統制ではない。下級から上級まで行政・統治機構のどのレベルにおいても合議・協議を基本とし、トップの「内閣」に至るまでそうだとヘーゲルは言う。さらに、内閣は多くの仕事のために多くの合議・協議体をもつとされ、この内閣でさえ「内閣合議・協議」（Ministerialkollegie）（S. 214）が基本だと言われる。そして大きく国家レベルでの結論としてヘーゲルは、「国家の危機」ではなく「平和の時代」には、「一人に権力を委譲しない」という「中央合議・協議体」（Zentralkollegium）（S. 214）が行政・統治のあり方として最善だと述べるのである。

(三) 立法権を有する議会は国民の代議機関である。それゆえに、議会と国民との不断の結びつきのあり方は国民主権論の良否を判断し評価する場合に決定的に重要な視点のひとつである。議会と国民との連結が国民主権の確保・保証であるとするヘーゲルの主張を五項目ほど確認しておく。

一、諸階層の代表者である議員により議会は構成されるため、その議会は階層（身分）議会である。したがって、議員はみずからの出身母体である階層の「特殊性と個別性」の利益を追求する立場にある。しかし、議員はこれだけに固執してはならず、「普遍的な利益」追求も義務づけられているとへーゲルは言う（vgl. S. 225）。

二、議会は二院制をとり、こうした二つの審議機関により決議が成熟していく。安定した土地所有者（世襲貴族）は貴族院（上院）を、市民社会の第二階層、すなわち市民の代表が代議院（下院）を構成する。後者の場合、被選挙権者としての市民は資産条件に無関係であり、したがって全市民（年齢制限有り、女性は除く）誰一人として除外されないとのヘーゲルの指摘は重要である（vgl. S. 234f.）。

三、議会は閉鎖的空間であってはならず、公開（öffentlich）を基本とする。議会と議員は世論（öffentliche Meinung）により監視される必要がある（vgl. S. 237）。国民は選挙が終わればおしまいではなく、選挙後も議員の言動にしっかりと注目しておかねばならないということだ。国民から議員へ向ける関心のベクトルが強くなくてはいけないという主張であるが、このベクトルは逆へも機能すべきだとヘーゲルは言う。逆のベクトルとは、議会から国民へのものである。すなわち、議会は「国民のための最大の陶冶・教育手段（Bildungsmittel）のひとつ」（S. 237）であるということだ。

四、議会と国民とのあいだのよき緊張関係をも含んだ相互関係をいっそう実のあるものにするには、国民一般に言論・出版の自由（Pressefreiheit）の確保・保証が不可欠であるとヘーゲルは言う（vgl. S. 238）。特に「国家諸要件」についてのものが肝要という点がまさに重要だ。瑣事には言論・出版の自由があっても、ある「国家諸要件」に関しては言論・出版規制をするということがあってはならない。国家諸要件に対しての自由こそ大事だとヘーゲルは強調する。なぜなら、その自由の確保こそ、すべての人々、一般公衆（das allgemeine Publikum）に国家諸要件に対する共同決定への「直接参加の可能性」（S. 238）を保証することになるからである。

五、議会は内閣を支持する、いわゆる与党・多数派だけでよしとする翼賛になってはならず、むしろ「野党・反対党派」(S. 240) を擁してはじめて現実に活動的であるという。与野党の真剣な議論を通してこそ国民のための本当の法律が策定されるということであろう。したがって、「内閣が重要な案件で多数を制することができなければ、内閣は取り替えられねばならない」(S. 241) との主張にまでヘーゲルは行き着くのである。必ずしも本格的な議員内閣制が構想され、確定しているわけではないが、ヘーゲルの野党論、内閣交代論などは現代にまで展望しうる理論だと評価できる。これらの基本的な考えは、どれも国民の権利擁護、国民の利益保証の観点が基礎にある証だと言える。こうしたあり方を基本とする議会の本来の業務と課題について、ヘーゲルは次のようにまとめている――「法的、政治的領域に関する法律や市民生活の様々な領域での法律の策定。統治権に関わる公務員や行政諸官庁の処置・苦情・不平の調査。大臣の起訴。税・予算の年度ごとの可決承認。王位継承の監視など」(vgl. S. 242)。

以上、三つの視点から、国民主権論に関わる特徴を指摘できるであろう。

(三) 公務員制度の整備　第三は、公務員の使命と役割などについての強調ということである。これに関して以下でヘーゲルの主張を四点にわたり指摘しておきたい。

(一) 公務員の本来の使命と性格についてである。公務員は決して君主のたんなる廷臣や従僕や使用人であってはならない。国家公務員という言葉が頻繁に使われているように、彼らは国家のために仕事をする人、国家の使用人でなければならない。このことについてヘーゲルは国家ではなく市民と言い換えて、「市民全体・市民のための公務員」(Beamte der Bürgerschaft)(S. 217) だと明確に述べている。こうした使命にたってこそ国家の巨大な悪のひとつである「公務員身分の逸脱」(Entfernung und Entfremdung)(S. 217)、例えば汚職・職務怠慢・地位利用なども制御されるという。

(二) 公務員の権限と地位の保証についてである。公務員が国民・市民の名においてもつ権限は無制約で絶対的だろうか。公務員の地位は独自の法律により規定され、保証されるのであるから、公務員権限の制約も立法権限をもつ議会が行なうといえる (vgl. S. 216)。そして官僚の権限は、特に「市民に直接関わる行政公務員の権力はさしあたり監督、審議、形式的な決定に限られる」(S. 216f.) という。こうして公務員権限の無制約性は否定される。この点は、先にみた国民主権論の (二) —三で述べた「合議・協議」論とリンクしている (様々な「自治集団」をも含めたものとの合議・協議であるから)。

(三) 公務員の選抜方法についてである。公務員としての採用は縁故や有力者の推薦などでなされるのではない。公務員は、「能力」(Befähigung) をみる「試験」(Prüfung)(S. 215) により選抜される。そしてその機会はすべての市民 (Bürger) に開かれているとする (vgl. S. 215)。上級公務員は「大学」(Universität) 出身であること、その大学に対しては権力による強制はなくすべきこと、大学教員も裁判官も公務員であって、やはり「客観的側面」(能力) からのみ任用されるべきこと、任用された個人は「地位に基づく権利」をもつ (地位保証) べきこと (vgl. S. 215)、など、現代にもほとんど通用する一連の重要点が指摘されている。

（四）公務員の位置づけの特徴についてである。位置とは、公務員が国家機構のなかでいかなる位置を占めているかということである。これに答えてヘーゲルは言う――公務員は「中間・媒介身分」(Mittelstand)（S. 217）である。中間とは言うまでもなく、君主と国民・市民とのあいだのことであり、媒介とは君主と国民・市民との仲介役を担っていることを意味している。「中間・媒介身分」との表現は多少あいまいな、中途半端な性格づけではある。だが、専制的絶対君主（時代）にあっては官職は完全に君主の従僕であり、使用人であった。ここからヘーゲルは、先に確認したように「市民全体・市民のための公務員」観を主たるものとして提示した。したがって、専制的絶対君主制ではなく立憲君主制を理想の国家体制として志向したヘーゲルにあって、公務員の位置と役割に関わる主たるベクトルは、君主の方を向きつつも国民・市民の方をも向いていると言える。さらに、国民・市民の方を向いた公務員のうちの良き教養ある公務員は国民の「知性」(Inteligenz)、「自由の意識」、「権利（Recht）の意識」（S. 217f.）の現われであるとの公務員観にまでヘーゲルは行き着く。一種の公務員エリート論である。この考えには肯定・否定の二面的評価が成り立つであろう。

以上、ヘーゲルの国家権力分立論の特徴を立法権の重視、国民主権論の強調、公務員の使命・役割の明確化の三点を中心にまとめ検討した。では、こうした特徴を有したヘーゲルの国家論を、十九世紀初頭にあってドイツで最も早く近代的国家への改革に着手したバイエルン＝モンジュラ改革と比較しながら、両者の異同を明確にしつつ、ヘーゲルはバイエルン改革の何を継承し、どの点でさらに一歩前進しえたのかについて次に検討しておきたい。

第三節　二つの「近代国家」類型

モンジュラが主導した十九世紀初頭のバイエルン王国における近代的改革は、本章の冒頭でみたように、次の三点が国家体制構築のさいの特徴をなしていた。第一は立憲君主制を国制の基本とすること（一八〇八年憲法、第二章）。第二は国民代表機関を設置すること（一八〇八年憲法、第四章）。第三は行政機構を構築するため近代的な公務員制度を整備すること（一八〇八年憲法、第三章および一八〇五年「国家公務員の特に地位と俸給に関する命令」）。

このバイエルン＝モンジュラ改革の三点の特徴と、前節で検討したハイデルベルク大学でのヘーゲルの「自然法および国家学」に関する第一回講義における国家権力分立論の特徴とを比較してみると、次のような異同が明らかになる。国家体制の基本を立憲君主制とする点は、当時のドイツばかりか多くのヨーロッパ諸国の近代改革にあって前提であったことは周知のことである。この前提のもとでいかに近代国家を構想し樹立するかが、改革に関与する人物の知恵の絞り所と言ってよい。したがって、モンジュラもヘーゲルもこの点ではなんら相違ない。では、バイエルン憲法第四章で明記された国民代表機関の設置と、同憲法、第三章および「国家公務員の特に地位と俸給に関する命令」における近代公務員制度の整備をヘーゲルの考えと比較するとどうか。これらの点についてのヘーゲルの構想は、前節で私は国家分立論における第一の特徴（立法権の重視）および第三の特徴（公務員制度の整備）として指摘した通りである。

このようにみてくると、バイエルン改革の三点の特徴はヘーゲルの考えに引き継がれ、そのなかに包含されていると言える。では逆に、ヘーゲルにおける特徴点の第二、すなわち国民主権論はバイエルン＝モンジュラ改革ではどのようになっているのかが問われねばならない。バイエルン改革ではこの視点はなかったのだろうか。もしそうなら、ヘーゲルの国民主権論は独自のものとなる。そして国民主権論の有る／無いという二つの近代国家とは何を意味しているのであろうか。

バイエルン＝モンジュラ改革における国民主権の視点の有無に関わる問題は、突き詰めれば、一八〇八年憲法の第四章「国民代表機関」の役割と権限の内容に帰着する。立憲君主制といえども、国民を代表するメンバーで構成する機関＝立法行為をなす議会の権限が強く本来の機能を発揮するのであれば、国民主権の立派な証立てになる。一八〇八年憲法の第四章第一条および第三条に明記されているように、各行政管区において二〇〇人の多額納税の土地所有者のなかからおのおの七人の代表が選ばれ国民代表機関を構成する。代表の任期は六年。代表を選ぶ権限をもった、いわゆる選挙権者・有権者については第三章第四条に記されているように、各管区の四〇〇人の多額納税の土地所有者のなかから国王によって住民一〇〇〇人につき一人の割合で指名される。

ここにみられるように、憲法で規定された国民代表機関には、一方で代表の選考・選出に関わる選挙権者および被選挙権者ともに、多額納税の土地所有者のうちのさらにその一部に限られており、全国民・市民に権利が付与されていなかったという不十分さがあることは明白である。だが他方で、国民代表機関内の各種委員会において審議された法律案や年度予算は、代表機関の全体会へ提案され、審議されて最後に多数決により決定される（第四章第六条および第七条）、というきわめて近代民主主義的原則が明記されている。

こうした近代民主主義的な基本が憲法で確認されているにもかかわらず、バイエルン王国ではモンジュラの政権在位中（一七九九―一八一七年）、憲法規定に反する二つの重要な政治的行為がなされたのである。ひとつは国民代表機関が一度も召集されなかったことであり、もうひとつは「助言機関にすぎない」とされた「枢密院」（憲法の第三章第三条）が、その規定とは裏腹に国民代表機関に代わって立法行為と予算確定の要件を担ったことである。この二つのことは実はひとつの事柄の両面にすぎない。すなわち、本来なら国民代表機関の最も重要な権限であるはずの立法行為と予算審議・決定権が、国王に対する助言機関として設置されたはずの「枢密院」に委ねられたがゆえに、国民代表機関の開催は不必要とされたのだ。

したがって、バイエルン改革では国民代表機関と直結する国民主権は実効性をもたなかったと言える。ただし、だからといって国民へ向くベクトルが全くなかったといえるのだろうか。この点では、専制的絶対君主制を国制の基本にすえていたのではなく、国民の方へも政治の眼を向けていたことは間違いない。それは、立法権限と予算決定権を有する「枢密院」により策定され決定されたものを実際に執行していく行政機構の整備と、その行政を中核となって担う近代公務員制度の確立ということに、主として確認することができる。

前項で詳しくみたように、公務員はもっぱら君主に奉仕するのではなく国民・市民に奉仕する（国家という公的団体の使用人）という確認からはじまり、公務員の採用は縁故によるのではなくあくまで個人の能力選考により行ない、資格が全市民に開かれた競争試験による点、採用だけでなく解雇、昇進、降格また給与や年金の支給、そして身分・地位は独自の法律で保証されている点などきわめて近代的であり、現代においても通用する内容のものである。こうした内容が意味していることは、行政機構とその担い手の近代的整備を通したところでの国民の権利・生活等の擁護と保証を意図しているということである。この点では国民へ向く視点が皆無というわけではない。しかし同時に留意しておく必要があるのは、行政・公務員中心の国家機構づくりの場合、それ自体が自己目的化してしまう危険性を絶えず孕むということだ。

だが、ライン同盟というナポレオン・フランスの直接ないしは間接の厳しい圧力と監視のもとで、このようなかたちをとってでもバイエルンは一刻も早く統一的な近代国家を構築する必要性に迫られていたと言える。国民主権論を前面に掲げるのではなく、名目的にせよ君主を頂点とする国家主権論を重視した近代国家を現実に構築するということに主眼が置かれたのであった。ここにはひとつの典型的な「近代国家」類型を確認することができる。

こうしたバイエルン＝モンジュラ改革とヘーゲルの国家構想は基本的に相違している。これは、国民主権論の重視として先にまとめてきたことである。象徴的なことを一点だけ指摘しておきたい。それは、「枢密院」(Staatsrat) の位置づけと権限の点での両者での根本的相違ということである。「枢密院」は、バイエルンの現実政治では法律の策定、予算決定の権限を有し、これがただちに行政権限・行為に結びついていた。しかしヘーゲルの第一回講義では、「枢密院」は立法権とは別の統治権に属し、立法権限はなく、法律をたんに「提案し、説明し、解説する」(S. 226)だけであった。法律を審議し、決定する権限は、ヘーゲルにあってはどこまでも「立法権」である議会に本来固有のものとされていたのである。法治国家たるもの、その根本にあるはずの法律策定・立法行為が国民の代表により構成される議会に権限があるのは基本であろう。また国民の年度ごとの生活のあり方が基本的に決まる収入・支出の問題、つまり国家予算に関する決定権も議会になければならない。ヘーゲルの構想はこの点でも真っ当なものであった。だから第一回講義録におけるヘーゲルの国制論の基本は、国民主権論にありと私は特徴づけたのである。国民主権を軸にした近代国家の構想である。これはバイエルン型とは異なった、もうひとつの「近代国家」類型と言える。

現代的視点から言えば、つまり民主主義の展開という点からみてみると、バイエルン型よりもヘーゲルの国民主権型の方が当然ながら高い評価を得られるであろう。しかしそもそも、これまで検討してきたようなバイエルン型を代表するモンジュラの政策と、国民主権型のヘーゲルの主張との比較は可能かとの疑問が提出されそうだ。この問題は、政治家と思想家を比較検討するさいに必ず遭遇する基本問題であろう。モンジュラ、ヘーゲルともに政治家、ないしは思想家なら比較も容易である。だが、いまはそうではない。

モンジュラは思想を政策でもって実現しようとする政治家であり、ヘーゲルはこの時期(ニュルンベルクとハイデルベルク期)はどこまでも教師であり思想家でしかない。ともすれば、政治家の場合、思想と政策実現とは乖離する、あるいはもともと思想がない、などの特徴がしばしばある。その点からみるとモンジュラはハイレベルの思想家であり、思想実現を目指した政治家である。「アンスバッハ覚書」と「一八〇八年憲法」の基本理念をおおよそ政治で実現させているからである。問題は、憲法等で強調した国民代表機関＝議会の設置とその有効機能化を実現できなかった点である。国民のための立法と政策実現を議会を通してではなく、官僚制度の整備を通して行なったということだ。

ここには当然ながら後世からみて、批判点も集中するし、彼のなかでの理念と現実とのズレという事柄が存在する。真っ当な政治家の場合は必ず直面する問題である。理念というものは完全に実現しないのが常だからである。（モンジュラの場合、議会が開設できなかったのは明らかにバイエルン王国において近代的市民階層が議会運営が可能なまでに成立し、成熟していなかったということだ。）たんに思想家でしかない場合は、思想の実現はそもそも問題にならない。だから理念と現実のズレは問題外であろう。

このようなことを考慮したうえで、政治家モンジュラと思想家ヘーゲルを比較検討することが可能か否かを問うなら、可能であると私は考えている。モンジュラはすぐれた思想家でもあるし、ヘーゲルはたんに思想家に止まらない（思想の現実化の志向が強い）からだ。しかしこの問題への解答は、ヘーゲルがハイデルベルク大学からプロイセン王国の首都にあるベルリン大学へ転任したところで本格化すると言える。

ヘーゲルの第一回講義は一八一七／一八年の冬学期にハイデルベルク大学でなされたものである。ヘーゲルはこの講義を終えた年の秋にベルリン大学へ移っている。そして第二回講義を一八一八／一九年、第三回講義を一八一九／二〇年、それぞれの冬学期に当大学で行なったあと、あの著名な『要綱』を一八二〇年末に刊行した。実は、この『要綱』の国家論の基本特徴は、バイエルン＝モンジュラ改革の内容（国民代表機関や「枢密院」の位置づけと権限など）とほぼ同一なのだ。

わずか三年の間にヘーゲルのなかで、なぜこのような大きな変化が生じたのであろうか。プロイセン文部大臣アルテンシュタインからの招聘により、一八一七年末にヘーゲルのベルリン大学教授就任が正式に決定し、翌一八一八年十月に赴任している。以前には、上意下達の官僚国家・軍事大国としてプロイセンを批判していたヘーゲルが、ハイデルベルク大学在任二年目にして、「ベルリンへ行って天職に就く」（一八一八年八月五日付、V・クーザン宛書簡）[24]と、気持ちを変化させたのはなぜなのか。プロイセンにおけるシュタイン＝ハルデンベルク改革に代表される当時の政治的、社会的な状況への評価の変化が背景にあるのは間違いないであろう。[25]

この詳細な検討はここでの課題ではない。しかし、ヘーゲルが「法・権利の哲学」に関する第一回講義をハイデルベルク大学で終えた一八一八年から、翌年のベルリン大学での第二回講義と第三回講義を経て、そして『要綱』を刊行する一八二〇年末までの期間は、シュタイン＝ハルデンベルク改革の成果がプロイセンの政治的・社会的状況に影響を及ぼし始める時期である。したがって、ハイデルベルク大学での第一回講義の内容上での特徴をいっそう浮き彫りにするためにも、ヘーゲルにプロイセンの中核都市・ベルリンへ行って「天職」に就く決意をさせたと考えられる背景と、そこで執筆・刊行された『要綱』の基本特徴に多少言及しておくことは無駄なことではあるまい。

シュタイン＝ハルデンベルク改革は、一八〇七年に作成された二人の改革に関する基本理念の提示（シュタイン「ナッサウ覚書」とハルデンベルク「リガ覚書」）からはじまり、この理念の実現としての政策遂行が社会の多分野にわたり実施されていくというものである。農民・農業改革、経済・通商改革、行政機構改革、軍制改革、教育改革などの分野にわたる改革内容は次の三点に集約することができるようだ。第一は「人格と所有の自由」の獲得・承認＝自由権の確立（農民の解放、居住の自由、土地売買の自由、職業選択の自由、結婚の自由、営業の自由など）であり、第二は地方自治制度の改革（都市の自治）、第三は国家機構の改革（内閣制度の改革、軍制改革、教育制度の改革）である。[26]総じて、近代社会、近代国家を構築するに必須のものばかりである。これらが実現すると、社会や国家の前近代性が払拭されて近代の輝きに満ちるはずだった。こうしたシュタイン＝ハルデンベルク改革と連携し、軌を一にして形成されたヘーゲルの『要綱』の国家観も近代的であるはずである。

だが歴史の進行は一筋縄にいかないものである。学生団体（ブルシェンシャフト）のなかの急進派の一人であったイェナ大学の学生カール・ザントによる作家コッツェブ（ロシアのスパイと目されていた）殺害事件（一八一九年三月）を契機にして、オーストリア宰相メッテルニヒを中心にして反動政策が進められていく。一八一九年八月六日—三十日のカールスバート決議（メッテルニヒ主導のドイツ連邦大臣会議、十ヶ国参加）における自由主義弾圧のための評決、同年九月二十日の連邦議会でのカールスバート決議の採択、一八二〇年のウィーン最終規約における連邦各邦国の議会制の制限と君主制の維持などである。

この一連の流れのなかでヘーゲルの『要綱』の刊行に直接大きく関わったのはカールスバート決議（連邦議会採択）における出版規制・検閲法（事前検閲の義務化、出版の自由の不承認）である。ヘーゲルは、友人のクロイツァーに宛てた一八一九年十月三十日付の書簡で「連邦議会の決議が出たとき、私はちょうど印刷に出そうとしていた」[27]と書いた。「印刷に出そうとしていた」原稿とは『要綱』なのだ。これが実際に刊行されたのは翌二〇年の末である。ここには約一年の遅れがある。この遅れの主要原因に一八一九年秋に施行された先の出版規制・検閲法があることは疑う余地がないであろう。だが、この刊行の遅れよりもいっそう重要に思えるのは、この法律に代表され象徴されるような当時の厳しい政治状況のもとでの検閲を通過して刊行された著書である『要綱』にバイアスがかかっていないかどうか、という点である。

立憲君主制はヘーゲルの構想でも、また現実政治――メッテルニヒの反動体制――においても共通の承認事項である。だが同じ「君主制」でも、立憲に重点を置いたものとそうでないものとでは国制のあり方としてはきわめて大きな相違があると私は考える。本章での中心的論点のひとつとして確認したように、ヘーゲルの第一回講義では、君主制を前提にしたものではあったが立法権としての議会の権限がきわめて強い構想が提示され、これをもって「国民主権」重視の展開と私は特徴づけた。一方、『要綱』では立法権が後景に退き、君主権が最高のものとして前面に出て、そして実際の統治・行政は公務員ないしは官僚（高級の中央公務員）が担うとされている。これはモンジュラが主導したバイエルン改革（「国家主権」重視）と同一のものといえる。(28)

こうしたヘーゲル自身のなかでの国家構想上での変化――国民主権型から国家主権型へ――には、一方に近代的なシュタイン＝ハルデンベルク改革があり、他方にカールスバート決議に象徴されるメッテルニヒ主導のウィーン体制（王制復古推進）という反動攻勢がある、といった当時の複雑な政治的、社会的状況が深く関わっているようだ。この点の詳細な検討が次章の課題である。

（1）*Briefe von und an Hegel*, Bd. 1, hrsg. von Johannes Hoffmeister, Felix Meiner Verlag, Hamburg 1952. S. 124.
（2）Ibid., S. 119.
（3）Ibid., S. 120.
（4）Ibid., S. 123
（5）Vgl. ibid., S. 123.
（6）Ibid., S. 145.
（7）Ibid., S. 145.
（8）Ibid., S. 148.
（9）Ibid., S. 149.
（10）成瀬治／山田欣吾／木村靖二編『〔世界歴史体系〕ドイツ史2』山川出版社、二〇〇一年（第二刷）、一九四頁、および谷口健治『バイエルン王国の誕生――ドイツにおける近代国家の形成』山川出版社、二〇〇三年、二一―二三頁を参照。
（11）例えばE・フェーレンバッハは、一七九六年の「アンスバッハ覚書」から出発し、ナポレオン法典を受容しつつ一八〇八年憲法と一八一八年憲法の制定に近代的改革の内容を集約していったモンジュラの主導したバイエルン改革を、「ライン同盟改革期の古典的模範」と高く評価している（vgl. Elisabeth Fehrenbach, ***Traditionale Gesellschaft und revolutionäres Recht–Die Einführung des Code Napoléon in den Rheinbund-staaten***, Vandenhoeck & Ruprecht, Göttingen 1983, S. 133-145）。
（12）以下の本文中で紹介するモンジュラの一七九六年「アンスバッハ覚書」（Das Ansbacher Mémoire）については、E・ヴァイスの次の論文に資料として付された原文（Montgelas' Mémoire）を使用した（Eberhard Weis, Montgelas' innenpolitisches Reformprogramm: Das Ansbacher Mémoire für den Herzog vom 30. 9. 1796, in ***Zeitschrift für bayerische Landesgeschichte***, Band 33, C. H. Beck'sche Verlagsbuchhandlung, München 1970, S. 243-256）。
（13）Ibid., S. 219.

（14）バイエルン王国の「一八〇八年憲法」（Konstitution für das Königreich Baiern. Vom 1. Mai 1808）の原文については、次の資料に所収のものを使用した（*Bayerische Verfassungsurkunden–Dokumentation zur bayerischen Verfassungsgeschichte*, bearbeitet von Dr. jur. Alfons Wenzel, Verlag Ernst Vögel, München/Stamsried 1990, S. 11-17）。

（15）成瀬／山田／木村編、前掲書、一九五頁参照。

（16）Vgl. Bernd Wunder, *Privilegierung und Disziplinierung–Die Entstehung des Berufsbeamtentums in Bayern und Württemberg (1780-1825)*, R. Oldenbourg Verlag, München/Wien 1978, S. 16.

（17）Hansjoachim Henning, *Die deutsche Beamtenschaft im 19. Jahrhundert–Zwischen Stand und Beruf*, Franz Steiner Verlag Wiesbaden Gmbh, Stuttgart 1984, S. 123.

（18）Vgl. ibid., S. 128.

（19）*Briefe von und an Hegel*, Bd. 2, hrsg. von Johannes Hoffmeister, Hamburg 1953, S. 95.

（20）加藤尚武編『ヘーゲル哲学への新視角』（創文社、一九九九年）所収の「資料ヘーゲルの講義活動」（一九頁）を参照。

（21）Hegel, *Grundlinien*, S. 24. 藤野／赤沢訳、一六九頁。

（22）バーデン公国の近代的改革のポイントとなる一八一八年憲法の制定にあたって、バイエルン王国の一八〇八年および一八一八年の憲法制定とそれに至る諸改革の動き・成果が大きな影響を及ぼしたことについては、次の研究書が詳しい（*Die Badische Verfassung von 1818–Südwestdeutschland auf dem Weg zur Demokratie*, hrsg. vom Ernst Otto Bräunche/Thomas Schnabel, Verlag Regionalkultur 1996）。また、バーデン公国やバイエルン王国をはじめとしたライン同盟諸国における十九世紀初頭の近代的改革を「国家主権」の問題に統括して、その主権概念の形成史——十七世紀中期に〈受容〉し、一八〇六年の神聖ローマ帝国解体期に〈再生〉し、一八二〇年前後に〈定式化〉した——を丹念にフォローした貴重な最新の研究成果として、次の論文がある（権左武志「帝国の崩壊、ライン同盟の改革と国家主権の問題」『思想』岩波書店、二〇〇六年十一月号、四—二八頁）。

（23）第一回（一八一七／一八年）講義録に関するテキストとして、Pöggeler 版を使用した。引用箇所については、ヘーゲルによる説明にあたる各節の記述が複数頁にわたる場合がしばしばあり、当該箇所の特定を比較的容易にするため、本文中において該当の節ではなく頁を（S.）として明記した。

(24) *Briefe von und an Hegel,* Bd. 2, S. 193.

(25) 十八世紀から現代までのドイツにおける「福祉国家」の形成史を綿密に辿る過程に、バイエルン王国に代表される西南ドイツ諸国の近代的改革、プロイセン改革そしてヘーゲルの改革構想を位置づけた斬新かつ壮大な研究書として、木村周市朗『ドイツ福祉国家思想史』（未來社、二〇〇〇年）が注目される。ただし、ヘーゲルの位置づけはプロイセン改革との関連においてだけであり、本章で私が眼目としたバイエルン改革との関連・異同については言及されていない（特に、同書一八〇—一九二頁参照）。

(26) 成瀬／山田／木村編、前掲書、一九八—二一二頁参照。

(27) *Briefe von und an Hegel,* Bd. 2, S. 220.

(28) 「法・権利の哲学」におけるヘーゲルの国家論の形成について、プロイセン改革による強い影響関係という視点からの「脱却」を主張し、むしろライン同盟諸国の改革との関係に注目した早瀬明氏の論考は貴重である。しかし氏は、ライン同盟のバイエルン王国やヴュルテンベルク王国の改革の影響のもとで構想されたヘーゲルの第一回講義の国家論（私のいう「国民主権論」）と、プロイセン改革およびウィーン体制との様々な影響関係において形成された『要綱』の国家論（私のいう「国家主権論」）との相違については言及していない（早瀬明「一八一七・一八年、一八一九・二〇年講義とヘーゲル国家論」加藤尚武／滝口清栄編『ヘーゲルの国家論』理想社、二〇〇六年、一一七—一三六頁参照）。また、滝口清栄氏もライン同盟諸国中の西南ドイツにおける立憲運動とヘーゲルの一八一七／一八年第一回講義における国家論（特に「立憲君主制」の意味づけ）の連関に注意を向けている。しかし氏の注目点は西南ドイツといってもバイエルン王国ではなくヴュルテンベルク王国にあり、また中心論点は第一回講義の基本線が『要綱』に通じているということであって、二つの事項で私の考えとは異なる（滝口清栄『ヘーゲル「法（権利）の哲学」——形成と展開』御茶の水書房、二〇〇七年、特に第八章参照）。だが滝口氏のこの最新著作は、イェナ期（『精神現象学』も含む）から最晩年（「イギリス選挙法改正論文」）までの、ヘーゲル「法（権利）の哲学」の形成と展開に関する我が国での研究の到達点を示す好著だといえる。

第七章　近代プロイセン改革の推移とヘーゲル国家論の変容

ヘーゲルは一八一八年十月に、二年間勤めたハイデルベルク大学の教授を辞して、ベルリン大学教授に就任した。ベルリン大学は、プロイセン王国の首都に設立（一八一〇年）された新興の大学である。この大学は、近代科学の研究の推進をその設置目的とすると同時に、プロイセンの近代的改革を担う官僚の養成を目指したものであった。ヘーゲル自身もベルリン大学において、赴任後まもなくから数多くの種類・分野の講義を担当し、そして一八二九年十月には大学の総長に選出され、プロイセン改革の文教分野において深い関わりをもつことになった。この点では、ヘーゲルだけでなく大学での彼の同僚や、友人、教え子たちも多数プロイセン改革に関与したのである。このプロイセン改革は一般に、シュタイン＝ハルデンベルク改革とよばれている。

では、このシュタインとハルデンベルクにより進められたプロイセン改革はどのような内容上の特徴をもっているだろうか。両者に共通の考えは、君主制を維持したうえでの国制の民主主義的改革だと言ってよい。この点については、ハルデンベルクがみずからの国制改革の理念をまとめたとされる「リガ覚書」（一八〇七年九月十二日付）で言う、「君主制内の民主主義的原則」（Demokratische Grundsätze in einer monarchischen Regierung）という文言にズバリ表現されている。

このテーゼは十九世紀初頭のドイツにあって、近代への過渡期における改革スローガンとしてこのうえなくピッタリだと言える。しかしながら、このテーゼは多義的なのである。なぜなら、まず民主主義的原則には多くの未定のものがあり、次にその原則の実現方法も複数存在しうるゆえに、その結果として承認されるべき前提としての君主制のあり方も決して一義的に規定できないであろうからである。

実際のところ、シュタインとハルデンベルクにあっては国制の基本的な考えにおいて大きな違いがあるようだ。必要な資料・文献の分析を通しての検討はあとにすることにして、あらかじめ両者における相違点の柱にあたる事項だけを記しておくと次のようになる。第一に、国務における最高の指導体制についてである。「大臣会議・合議」（シュタイン）か「一人の強力な国家宰相・大臣」（ハルデンベルク）かという点と、「枢密院」（Staatsrat）の役割・機能の点においてである。第二に、国民・市民による自治の重視（シュタイン）か官僚の役割重視（ハルデンベルク）かという点である。

両者の考えにおける主な相違点と思われるものをあらかじめ二点指摘したが、詳細な検討後にはほかにも挙げることができるかもしれない。その結果、シュタイン＝ハルデンベルク改革と一般にいわれ、また私も先にそのように記したが、同時にシュタイン＃ハルデンベルク改革という観点からも考えてみる必要が生じるかもしれないのである。

以下において、シュタインとハルデンベルク、両者のプロイセン国制改革の基本的構想から実際の主な政策実行に至るまでの推移の概要を原資料に基づき検討する。そのうえで、一方でプロイセン改革と密に関わり、他方でメッテルニヒに主導され強化されるウィーン体制に翻弄されながら、ハイデルベルク大学からベルリン大学への移行期に大きく変容するヘーゲル国家論の特性と、その政治的社会的背景などについて考察する。

第一節　シュタインの理念と政策

一、「ナッサウ覚書」（一八〇七年六月）

シュタインの国家改革構想をみるうえでまず重視しなければならないのは、「ナッサウ覚書」と言われているものである。シュタインが故郷のナッサウにおいて、理想の国家像をもとにして現状の国家の改革構想をまとめ、プロイセン国王に上奏したものだ。この覚書には、「プロイセン王国における最上級官庁ならびに地方・財政および行政官庁の目的に適った組織編成について」(Über die zweckmäßige Bildung der obersten und der Provinzial-Finanz- und Polizeibehörden in der Preußischen Monarchie)(1)という題名が付されている。

「覚書」冒頭の一、二行に、シュタインの国家改革の基本的考えが端的に表明されている。「一八〇六年四月（二十七日）ベルリンで書いた草稿は、内局・国王官房(Kabinett)の廃止と枢密院(Staatsrat)の創設の必要性を証拠だてた」(S. 190)。「枢密院」には、「周知された、確実な責任をもち、国王のもとで直接機能する、国家行政の様々な部門の究極の集中統一点である最高官庁」(S. 190) だとの説明がされている。「ナッサウ覚書」の一年余り前にすでにベルリンでものした文書に「内局・国王官房」の廃止と「枢密院」の創設を提案したことが記され、したがって、「ナッサウ覚書」では「枢密院」たる国家行政の最高官庁の機構や、最高官庁にまで至る様々な下級官庁・部門の組織化のあり方が具体的に構想されているであろうことが予想される。

予想通り、「ナッサウ覚書」は三つに区分されている。第一には最高行政機構としての各省の設置、第二には地方自治の導入、第三にはポーランドの行政問題となっている。第三のポーランド問題はいまのところ除外するとして、第一の各省設置は最高官庁の機構創設に関することであり、第二の地方自治の導入は下級統治機構の組織化に関わる事項である。

まず国制のあり方として、内局に代わり各省の設置が最高行政機構としてなぜ必要とされるのか。内局は国王官房とも言われるように、国王を取り巻くごく一部の人物で構成されている。彼らが国王の名を騙って行なう一種の専制政治が内局統治であり、シュタインはこういう政治の仕方を不正常なものとして厳しく批判した。シュタインは対案として、内局に代わり各省を設置して各省の大臣の提携・合議するかたちのものを提案した。

具体的に、現存の地域別の省 (die Provinzialdepartements) は地域・地方分断の恐れがあり、国家の統一性の観点から欠陥があるとして廃止する。それに代えて事項種別ごとの省の設置を提案した。その事項は大きく二つに区分される。第一には「公的収入管理」(Verwaltung des öffentlichen Einkommens) であり、第二には「最高国家行政管理」(Verwaltung der obersten Landespolizei) である (vgl. S. 193f.)。

第一および第二の事項には業務内容別にそれぞれ四省ずつ配置される。「公的収入管理」事項は、(一)「王領地および林野」省、(二)「租税(直接および間接税)」省、(三)「郵政」省(郵便、銀行、造幣、鉱山、塩)、(四)「国庫会計」省で構成される。そして「最高国家行政管理」事項は、(一)「一般行政」省、(二)「産業経済」省、(三)「厚生」省、(四)「文部」省で構成される。各四省ずつの計八省であるが、通常含められる軍事、外務、司法に関する省については言及されず、八省のうちの四省を統括する「公的収入管理」事項を設けて、いわゆる財務分野をきわめて重視していることがわかる。

この点は、「プロイセン王国における金庫制度(Kassenwesen)の創設」の必要性を訴え、フランスの「中央金庫(Haupt-Staatskasse)は合目的的であり、考慮するに値いする」(S. 196)として、中央金庫制度の創設を強調していることからも理解することができる。この中央金庫とは、「収入総体がそこへと入り、支出総体がそこから出る」(S. 196)ものだ。これは近代国家の基盤をなす財政上の統一性を確保する必要性の主張にほかならない。

「ナッサウ覚書」の半分以上を占めているのは、地方自治の導入についてである。最高官庁の制度改革は、地方官庁をはじめとした地方行政機構の再編成を必要とするのは言うまでもないであろう。この点についてシュタインは言う――「雇用された役人から成る地方官庁においては、ともすれば通常雇われ者根性(Miethlingsgeist)が入り込む」(S. 197)。雇われ者根性とは、形式や慣例を重んじて機械的に事務をこなすだけの日々の仕事ぶり、みずからの仕事の守備範囲である地域についてよく知らず、また無関心な態度、事務仕事が増えるとして改革に対して恐怖心を懐くあり方などである(vgl. S. 197)。

したがって、まず要になる地方の議会を重視して、地方から公共へと、国家を信頼することへと全国民を向けさせる。この方向は、地方自治を育む「適切に形成された世論機関」(ein gut gebildetes Organ der öffentlichen Meinung) を保持するための、有力な方策だとして特に強調される (vgl. S. 199)。

こうした筋道において、地方自治のなかでもとりわけ都市自治制に注目し、その具体的な構想が次のように展開される。「都市はなるほど有給で終身の、選挙権をもった、選挙により選ばれた参事会 (Magistrat) を有しているが、しかし彼らは有給職員のあらゆる欠点をもっている」(S. 199)。その欠点というのは、先の「雇われ者根性」といったものであろう。したがって、「彼らに代わって、家屋と財産とを所有する市民たちから選ばれて六年ごとに改選される、無給の参事会が組織されるであろう。」(S. 199)。

市参事会メンバーの数は都市の人口に応じて決められ、また市参事会の他に市民代表員 (Bürgerschaftsdeputierte) が置かれ会計検査や土地相続等の特別の審議に関与するとされる。

ところで都市と国家との関係はどう考えられているだろうか。「選挙された市参事会メンバーは国家によって承認される。また国家は、人口三〇〇〇人以上をもつ都市において、市民により選ばれた三人の候補者の中から有給の市長 (Stadtdirector) を任命する」(S. 199) ——このように都市行政の基本事項は市参事会メンバーを中心として自治としてなされるが、国家に監督権や承認権を認めている。

さて、シュタインは市民の市政への参画の意義を総括して次のような重要性をもっているという——「公共精神 (Gemeingeist) また市民意識 (Bürgersinn) を振興させ、眠っている、あるいは誤って導かれている諸力や散在している諸知識を利用し、国民の精神すなわち国民の意見や要望と国家官庁のそれらとの関係を調和させ、祖国や独立や国民的な誇りに対する感情を蘇生させるということである」(S. 202)。都市に対する国家の最終的な監督権は認めつつも、都市は基本的に自治である。自治を通して市民は利己心の塊になるのではなく、むしろ公共精神を涵養し、国民的な誇りをもって祖国の自主独立の気概を高めるのだと強調される。

以上のような「ナッサウ覚書」の基本的な考えに基づいて、シュタインは一年余という短期間であったが政権の中枢にあって、国制改革に努力を傾注した。そのなかで注目すべきは、「十月勅令」による隷農制の廃止と「都市条令」による地方自治制の導入であった。

二、「十月勅令」（一八〇七年十月九日）

シュタインは一八〇七年十月九日に、「土地財産の保有簡素化と自由使用および農村住民の人格関係に関する勅令」(Edikt den erleichternden Besitz und den freien Gebrauch des Grundeigentums sowie die persönlichen Verhältnisse der Land-Bewohner betreffend)[2] を公布した。一般に「十月勅令」と言われる法律である。前文と全一二条から構成されている。

前文では、戦争によって低下した人々の「福祉の急速な立て直しと向上」の必要が強調され、「正義」の観点からしても、また「国家経済」の原則からしても、「各人がその能力に応じて獲得しうる福祉」(Wohlstand) に到達することをこれまで阻害していた一切を除去することは正当である」(S. 8) とする。そして具体的に、ひとつには「土地財産の保有と受容」において、もうひとつには「農村労働者の人格的関係」において現存する諸制約を除去する必要性を指摘する。

第一条は土地（所領）交換（売買および譲渡）の自由について次のように規定している――「我が国のすべての住民は、国家に関連する一切の制限なしに、あらゆる種類の土地不動産の所有および抵当所有（Pfandbesitz）の資格がある。したがって貴族は、たんに貴族の財産だけでなく、非貴族、市民、および農民のあらゆる種類の財産もまた所有することができる。そして市民および農民は、市民、農民およびその他の非貴族の土地だけでなく、貴族の土地もまた所有することができる。たとえ相変わらずおのおのの土地の移動が当局に報告されねばならないにしても、ある種の財産取得にあたって誰も特別の許可を必要とすることはない。土地相続にあたって貴族が市民の相続財産に対し保有してきた一切の特権、およびこれまで所有者の個人的身分に基づいて存在した一定の領主的諸権利の制限と停止は、完全に廃止される。住民がみずからの市民的義務の全範囲を果たすことが宗教の考えによって妨げられるといった住民の相続能力を考慮して、特別の法律のもとに置かれたままにしておかなければならない」（S. 9）。

第二条は職業選択の自由について次のように規定している――「すべての貴族は、その身分をなんら損なうことなく市民的営業活動を営むことができる。またすべての市民ないしは農民は、農民から市民へ、市民から農民へと身分を変えることができる」（S. 9f.）。

第三条は先買権（優先買取権 Vorkaufs- und Naher-Recht）について規定している。

第四条は土地の分割、譲渡の自由について規定している。

第五条は私的領地（Privatgüter）の世襲小作化の自由について規定している。

第六条は農民の土地の併合（Einziehung）（領主の直営地にすること）および統合（Zusammenschlagung）について規定している。

第七条は農民保有地の保護について次のように規定している――「農民保有地が、世襲、永小作あるいは永借地的に保有されている場合には、その併合ないしはそれに属する土地に関して変化がなされる以前に、従来の保有者の権利が、領主への譲渡によってであれ、または他の立法的手段によってであれ、消滅していなくてはならない」（S. 11f.）。

第八条、第九条は永代借地領（Lehnsgüter）および不分割世襲領（信託遺贈領）（Fideikommißgüter）の廃止および質入れの自由について規定している。

第一〇条は個人間の隷属的関係の廃止について次のように規定している――「この勅令の公布の日以降、出生によっても、また結婚、隷属的地所の引受け、契約によっても、一切の隷属的関係は生じない」（S. 12f.）。

第一一条は隷農制の廃止について次のように規定している――「この勅令の公布とともに、農民地を世襲、所有、永借地、あるいは永小作的に保有する隷農およびその妻、子の間における従来の隷属的関係は、相互に完全に廃止される」（S. 13）。

第一二条は自由民宣言と彼らの責務について次のように規定している――「一八一〇年の聖マルチン祭〔十一月十一日〕をもって、我が王国全体におけるすべての所領隷農制は廃止される。一八一〇年の聖マルチン祭以降、全州の王領地においてそうであるように、ただ自由民（freie Leute）だけが存在する。しかしその場合自明のことであるが、土地の所有により、あるいは特別の契約により、自由民としての彼らに課せられているあらゆる責務は引き続き有効である」(S. 13)。

以上、特に重要だと思われる第一条(土地交換・売買・譲渡の自由)、第二条(職業選択の自由)、第七条(農民保有地の保護)、第一〇条(個人間の隷属的関係の廃止)、第一一条(隷農制の廃止)、第一二条(自由民宣言)は全訳し、他の条文は土地取引等に関する細かい規定のためポイント説明だけに留めておいた。

三、**「都市条令」**(一八〇八年十一月十九日)

シュタインは、一八〇八年十一月十九日に都市における自治制度を定めた法律を公布した。これが、「プロイセン王国の全都市に対する条令」(Ordnung für sämtliche Städte der preußischen Monarchie)(3)であり、前文と二〇八条から構成されている。一般に「都市条令」とよばれているものである。

前文では、都市における自治制度確立の意義について、市民を「共同体」(Gemeinwesen)の行政に積極的に参加させることによって、「公共心」(Gemeinsinn)を喚起させ確保させると強調する。そして全二〇八条の条文では、都市自治制度のあり方、具体的仕組み、制度構築上の重要点などについて規定している。ここでは、一、都市および市民の定義、二、市民の代表である市議会議員の選出の仕方、選挙権など、三、市議会および市議会議員と市行政の関係、四、市・都市行政と国家行政との関係、の四点の概要について確認する。

一、都市および市民はどう定義されているだろうか。都市(近郊を含む)の行政区には全住民と土地全体が属する（第四条）。都市住民はもっぱら二つの階層から成り立っており、ひとつは市民権をすでに獲得している市民（Bürger）であり、もうひとつは市民権をまだ獲得していない居留民（Schutzverwandte）である（第五条）。市民権とは都市での営業に従事し、そして都市行政区内に土地を所有することができる権能をいう。市民権を有した市民は市議会議員（Stadtverordnete）を選挙することができ、そして市の役職・公職への被選挙権を有しうる（第一五条）。同時に市民は、公課負担や役職担当などの様々な義務を負う（第二六条―第二八条）。都市は住民数によって大・中・小都市に区分される。大都市は一万人以上、これ以下から三五〇〇人までは中都市、三五〇〇人以下は小都市である（第九条、第一〇条）。

二、市議会議員の選出の仕方、選挙権の詳細はどうなっているだろうか。都市の立法機関をなす市議会議員の選挙権は、先に確認したように市民しか有していない。しかし市民のなかでも次のものには選挙権はない――市参事会（Magistrat）メンバー（任期中）、女性市民、年純収益二〇〇ターラー未満（大都市）・一五〇ターラー未満（中小都市）の者（第七四条）。市議会議員数は、小都市で二四―三六人、中都市で三六―六〇人、大都市で六〇―一〇二人である（第七〇条）。彼らは任期三年（第八六条）、無給である（第一三六条）。市議会議員の選挙は行政区単位で行なわれるため（第七二条）、ツンフトやコーポラツィオーンといった団体選出は完全に廃止される（第七三条）。

三、市議会および市議会議員と市行政との関係はどう規定されているだろうか。市民が選挙で選出した市議会議員により、都市の立法機関である市議会が構成される。この市議会が、まず市の行政機関にあたる市参事会のメンバー（市長と有給・無給の参事官より構成――第一四二―第一四四条）を選出する（第七六条）[4]。このメンバーは国家機関である州行政当局（Provinzial-Polizeibehörde）により承認される（第一五二条）。

大都市の市長は市議会推薦の三人の候補者のなかから国王により任命される（第一五三条）。市の行政組織は市長をトップとし、ほかに参事官により構成された市参事会が上級機関としてあるが、この下に下級機関としての行政区が置かれる。各行政区（先にみた市議会議員の選出母体）のトップが区長（Bezirksvorsteher）である。区長は当該区に住む家屋所有者でなければならず、市議会によって六年に一回選出され、市参事会により承認される（第一六二条）。各行政区には、教会・学校・救貧・防火・保健・土木建設などの業務ごとに関係部署が設けられ、市参事会メンバー、市議会議員、市議会によって選ばれた市民が協同して当該業務にあたる（第一七九条—第一八〇条）。

四、都市行政と国家行政との関係はどう規定されていただろうか。第一条において、「都市とその制度、その財産に対する最高監督権は国家に存する」と記している。より詳しくは、都市財産管理の監督、市民の不服申立ての判定、新たな条令の承認、市参事会メンバー選出の承認などが国家の監督権として規定されている（第二条）。国家の監督として直接関わる機関は、国に直属する州行政当局（Provinzial-Polizeibehörde）である（例えば先にみた第一五二条）。

以上のように、「都市条令」においては市民（Bürger）と居留民（Schutzverwandte）との区別が行なわれ、選挙権は市民のみにあるといった問題点がみられる。しかし居留民も条件を満たせば市民権を獲得することができる。それは年収で二〇〇ターラー以上（大都市）、中小都市で一五〇ターラー以上という条件だ。これは低額だからほぼ普通選挙に近いと言えそうである。都市条令において高く評価できるのは、圧倒的多数の市民が市政に参加し、そしてその市民による自治を基本として制度化している点である。それは市議会議員の選出、市議会の構成、市議会の権限と任務、市参事会メンバーの選任、市民の市政への直接参加等々のあり方に確認することができる。

第二節　ハルデンベルクの理念と政策

一、「リガ覚書」（一八〇七年九月十二日）

この覚書には、「プロイセン国家の再編成について」(Über die Reorganisation des Preußischen Staats)(5) という題名が付されている。

ハルデンベルクはまず、フランス革命を高く評価して次のように書く——「フランス革命はフランス人の間に全く新しい飛躍を与えた。眠っていた一切の力は目覚めさせられ、悪いもの、弱いもの、時代遅れの偏見、疾患は打破された」(S. 305)。これを受けて我々ドイツ人の決意を述べる——「我々の指導精神は、正しい意味の革命をすすめること、すなわち内的であれ外的であれ、暴力的な爆発によるのではなく、政府の英知によって人間性の高貴化という偉大な目的に達することである」(S. 306)。そのさいの原則はこうだ——「君主制内の民主主義的原則」の実現。「これこそ現下の時代精神にふさわしい形態であると私には思われる」(S. 306)。この実現方法は、フランス人が下から行なったことを上から行なうやり方だとして、良質の官僚政治の遂行を企図する。

「国内の基本体制を真に目的に適ったように構築することにいまや、プロイセン国家の希望と将来の存亡がかかっている」(S. 313)。こうハルデンベルクは主張するのではあるが、官僚政治を推進していく元締めになる政府の構成についてあまり言及していない。もちろん国家財政、税制等を中心とした財務関係、保健・衛生・厚生・救貧等を包括した内務関係、外交、軍事、司法等について論じてはいる。だが、国家機構の全体像の提示としてはぼんやりとして拡散的な印象を受ける。ただし、最後の箇所——「IX 国務管理」(Geschäftspflege) において首相の必要性、国民代表制、官僚制について論じているところはインパクトの強いものである。特に首相が必要であることの強調は、ハルデンベルクの主張の特色と言える。これは何を意味するのか。この点から詳しくみていきたい。

(一) 首相の設置　「国務の最高指導体制」として、「一人の大臣」を重視するか「合議制」(Konseil) を採用するか、いずれをとるかはきわめて重要な問題であるとし、ハルデンベルクは国家の現状から考えると、「全体のために働く一人の大臣をこそ欲しい」と主張する (S. 357)。もちろんこの大臣のほかに専門別の大臣——財務・内務・外務・軍事・司法等に関わる——が置かれるが、一人の大臣に権限が集中する考え方である。

ハルデンベルクが否定的あるいは消極的にみる「合議制」とは、例えば先のシュタインが強調した「枢密院」(Staatsrat) のことである。このことについてハルデンベルクはこう述べる——「同等の権能を有した多くの大臣からなる枢密院の設置がより良いものとみなされるにしても、それは機械の故障なしに間もなく機能しないままになるであろう」(S. 358)。このようにハルデンベルクは合議制をとる枢密院には否定的なのである。

では、「一人の大臣」、強力な大臣の必要性を強調するハルデンベルクは、この大臣と国王との関係をどう考えているか。ハルデンベルクは、シュタイン内閣を引き継ぎ、短期間ではあるが内閣を主導している「アルテンシュタイン氏によってこの点について正しく提起されている」として、次のように説明する。「国王は中心点に立っている。様々な手段・方策が、国王に万事を全体において見渡し、十分な知識に基づいてみずからの決定を容易に行なうようにさせる。すなわち、国王の命令遂行にとっての主要機関である第一大臣（der erste Minister）が、十分な見通しと枢密顧問官（Geheimer Staatsrat）による必要な援助でもって、任務遂行に必須の権力を確保している。一方、国王は、枢密顧問官や他の大臣たちの上奏を通して首相（Premierminister）自身を統制する権限が与えられている」（S. 358）。

このハルデンベルクの主張には重要な点が多く含まれている。まず、「一人の大臣」が「第一大臣」とか「首相」と言い換えられている点である。「首相」には欄外で、「国家宰相（Staatskanzler）という名称が非常に目的に適っているようにみえる」と注記もしている。ここからみてハルデンベルクの言う「一人の大臣」、「第一大臣」とは多くの大臣のうちのたんなる一人とか、名簿からみて最初に登録されているとかを意味する「一人」、「第一」を指すのではないことが明らかだ。それは最高の権力保持者、国家最高実力者のことであろう。そうでなければ「国家宰相」ではない。

そうなると国家の「中心点に立つ」国王との関係はどうなるか。先にみたように、国政の最高権力者である「首相」を、首相の下僚にあたる他の大臣たちや枢密顧問官からの上奏により「統制する権限」が国王に与えられているとするのであるから、国王の位置・役割は首相を通して国家全体の統治を行なうことにあると言える。

首相への権力の集中は、他の大臣たちが首相の下僚となることを意味するのは言うまでもない。まして、枢密顧問官は大臣の下僚でしかないであろう。枢密院については詳しく説明されていないが、枢密顧問官の位置づけから察しても、おそらく首相の下部機関、諮問・相談機関でしかないであろう。これらから判断しても枢密院の役割・機能の点で、ハルデンベルクの考えはシュタインの考えと異なると言える。

(二) 国民代表制の導入　「国民との結びつきは代表者・代議員を通してうまくなされ、公共の信頼と世論はいっそう獲得され、そうすることによって各業務が容易にされる。下級諸官庁はわかりやすく簡素に、目的に適って配置され、そして民衆ともいっそう密接に関係づけられる」(S. 358f.)。このように国政と国民とのよき関係を代議制を通して確保すると一般的に述べるだけで、国民代表制の詳細な機構や仕組みについては論じていない。関連して述べているのはただ、国民代表制のモデルとしてのベルリンに代表される首都や大都市における自治の形態――代議制による――の重要性だけである。「次のような注目点が問題解明に役立つようにみえる。すなわち、ベルリンに対して一人の特別な首長(Oberpräsident)、あるいは市民総督(Zivilgouverneur)を選任するという考えを、私は非常に正当だと思う。この大きな首都の利害・関心は州の利害・関心とは全く異なっており、したがって特別の管理原則と特別の配慮が必要である」(S. 359)。「特別の管理原則」や「特別の配慮」が必要とは、「市固有の当局」(S. 359)の必要性のことであり、代表制で構築された自治を指す。

こうした代表制の理念の強調、しかし代表制の細密な機構構築のなさは、他の叙述箇所でも同じである。例えば、こういう主張だ――「国民を国家行政との密接な関係にもたらすことはもちろん有益であり、必要なことである」、「国民代表制の理念は、アルテンシュタイン氏によって理解されたように、君主制の破壊がなければ、美しくしかも目的に適っている。危険な国民議会の概念は、国民代表性にふさわしくない」(S. 318)。「危険な国民議会」とはフランス国民議会のことだ。これを明らかに批判している。それではなく「君主制の破壊」に行き着かない「国民代表制」とは何か。それについてこう説明する――「コミュニティのすべての階層・身分から選挙がなされる」(S. 318) と述べるだけで、選挙で選出された議員から議会の構成、国家権力の構成、国と地方との関係等の詳細な叙述はここでもない。だから、フランスとは異なる新たな全国的な国民議会をハルデンベルクが構想しているようには明確に理解しがたいのである。

(三) 官僚制の確立

リガ覚書の最後の「Ⅸ国務の管理」において、「官庁や国家官僚にいっそうふさわしい名称問題は、重要でないことではないように私には思われる」と述べて、当然ながら行政官庁やその官庁による行政の中心を担う国家官僚に注目している。だが、行政官庁、官僚組織の全体機構図は描かれないままである。先にもみたが、国民代表制の重要性を強調しながらも全国的な立法機関としては具体的に構想されていなかった。だからといってハルデンベルクの考えが旧い専制的、封建的な国制構想であるわけでは決してない。だが近代的な立法権・議会を有した近代国家構想でもない。一言で言えば、権力集中型の国家宰相を中核とした考えだ。となると近代的国政は国家宰相の指導のもと、具体的には官僚によって担われていくことになる。これがドイツ近代官僚制の基盤づくりと言われる理由や背景の説明ということになる。リガ覚書における官僚制論に関わって、国家行政、国家重要事項についての説明分量の多い順に挙げると次のようになる。(一)財務、(二)軍事、(三)内務、(四)外交関係・外務、(五)法務であり、財務の多さは内務や外交関係・外務の約二倍、法務の七倍の量である。ここからみてもおおよそ見当がつくように、ハルデンベルクはリガ覚書の時期からプロイセンの国政上——近代国家に改革するにあたってとりわけ財務関係の改革を必須と考えていたことがわかる。そしてこのことは、彼が国家宰相になり第一次ハルデンベルク内閣(一八一〇—一四年)を構成したとき、財務大臣と内務大臣の二つを兼務したことの理由になるだろう。

ハルデンベルクによると、国家行政管理のなかで最も重要なもののひとつが財政運営である。だが、残念ながらこれまでのプロイセンでは、私的家計(Privathaushaltung)と国家財政(Staatshaushaltung)との大きな相違にも気づかない旧来の人たちが国家財政を担ってきた。今日、大事なのは「若い財政家」を養成し国家財政の原則を転換することである。この方向での代表的指導者の一人は間違いなく、「シュタイン卿」であるとハルデンベルクは言う(vgl. S. 338f.)。

ハルデンベルクの財政政策の特徴は次の二点にまとめることができる。第一に、国家財政は一元管理のもとに運営されねばならない。多数の独立した会計の集合体で国庫を形成してはならないということだ(シュタインが「ナッサウ覚書」において強調した次の点と同一だ——「中央金庫」制度=「収入総体がそこへ入り、支出総体がそこから出る」)。第二に、新たな租税収入の増大策として特に間接税の活用を考えるとする。この間接税は、「シュタイン氏がもっぱらアクツィーゼ(Akzise)と呼んだものである」(S. 343)。このアクツィーゼのもとでシュタインは、「関税や輸入税等をも含めたあらゆる間接税」を理解した。「商業の自由」の拡大は言うまでもなくアクツィーゼの増大をもたらす。したがって、シュタインの考えを引き継いでハルデンベルクは次の政策遂行を主張する。すなわち、従来、輸入が禁止されていた外国商品にも貿易の自由を許可し、それに関税を課すことである。それに加えて、従来、都市に限定されていた営業や商業の自由を全国的に拡大し、農村へも認めるようにすることが重要な政策になるという(vgl. S. 344)。

二、第一次ハルデンベルク内閣（一八一〇―一四年）の政策

「リガ覚書」を基本理念とするハルデンベルクの改革構想が、一八一〇年十月二十七日の法律(「プロイセン王国における一切の最高国家官庁の組織改革に関する命令」Verordnung über die veränderte Verffasung aller obersten Staatsbehörden in der preußischen Monarchie vom 27. 10. 1810) により実現した。この法令でハルデンベルクを国家宰相とした新しい中央官庁機構が定められた。

国家宰相の権限が絶大で、一切の行政機構への命令・監督を国王の命により発し実施することができる。国王への上奏権も独占的に掌握する。したがって、シュタインが特に重視した各省の合議制に基づく審議決定制度（一八〇八年導入）は廃棄された。国家宰相ハルデンベルクは、第一次内閣（一八一〇―一四年）において内政上特に重要とされる財務大臣と内務大臣の二つを兼務した。

また国王の諮問機関として「内局」が正式に導入されたが、国家宰相が当然ながらそこでも責任者となり、全省を掌握し、全行政機構を管理下に置くに至る。国家宰相を頂点とする強力なヒエラルヒ

ー的官僚制の確立と言える。近代ドイツ官僚制の基盤を構築したのはハルデンベルクとされるのは、こうした理由からである。(6) このような事態は国家宰相の独裁として批判的に当然みておかねばならないが、同時に「シュテンデ〔旧身分〕的反対派や宮廷内の反改革派に対抗して改革事業を推進していくうえで必要な一方策であったと考えられる(7)」との末川清氏の指摘にも注目しておく必要がある。旧体制への回帰とその維持のための独裁ということでは決してなく、官僚制の確立を通した社会と国家機構の近代的改革を遂行するために必要な一方策であった、ということである。

ハルデンベルクの政策でもう一点強調しておきたいのは、自由主義的営業政策を遂行したことである。すでにシュタインの「十月勅令」で基本的に告知された内容のものを、さらに徹底する意味でハルデンベルクにより出された「営業税令」(一八一〇年十月)――ハルデンベルクが一八二〇年にも同じような内容の法令を公布――が重要である。これはハルデンベルクが「リガ覚書」で原則的に表明していた「商業の自由」拡大に関わる具体的政策のための法令である。この営業税令により、すべての人が営業証書を購入さえすれば自由に各種営業を営むことができるようになった。言うまでもなく都市と農村の営業上の区別もなくなるのである。(8)

この営業税令のもつ重要な意義と大きな影響についてラインハルト・コゼレックは以下のように述べている。農業大国であるプロイセンは当時、人口六千人以上、二万人以下の中規模都市総計と、人口二万人以上の一八の大規模都市とを合わせても住民総数は一〇〇万に足らず、全人口の一五分の一以下であった。したがって、この法令により、都市と農村の区別が撤廃になり、「社会の流動化と社会不安が始まるひとつのきっかけともなり、……革命勃発の最も重要な原因のひとつとなった(9)」とまで指摘している。

こうした二点を、「リガ覚書」の直近でなされた、さしあたりの重要な改革政策の実施として確認しておきたい。

三、「カールスバート決議」(一八一九年)への対応

ハルデンベルクは一八一九年一月に第四次内閣を発足させた。憲法制定の約束を実現させるべく、議会問題担当大臣(Minister für Ständische Angelegenheiten)のポストを設置し、フンボルトが当該大臣に就任した。だがハルデンベルクはフンボルトの任命と同時に、憲法問題に関する主要な権限が自分にあると主張し、二人の対立がはじまった。当然ながらフンボルトはこのハルデンベルクの主張に反対する。国王がハルデンベルクの側に立ったため、事態はほどなく収束した。

しかし、時を待たずしていっそう深刻な状況が発生した。ハルデンベルクが一八一九年九月二十日、ドイツ連邦議会において採択されたカールスバートの決議に賛成したからである。その経緯はこうだ。一八一九年三月に、ブルシェンシャフト員でイェナ大学学生のカール・ザントがロシアのスパイと目されていた作家のコツェブーを暗殺したのを巧みに利用して、メッテルニヒは八月にカールスバートに十の主要邦国の大臣を集めてカールスバートの決議を行なった(九月のドイツ連邦議会で採択、発効)。学生の秘密結社の禁止や大学教員の教授活動への厳重な監督、扇動者取締りのための中央捜査委員会の設置、また出版にあたっての検閲の義務化等を取り決めたものである。プロイセン国王ヴィルヘルム三世はメッテルニヒと会見し、その反動計画に完全に身を投じることとなった。ブルシェ

ンシャフトは解散させられた。それまでブルシェンシャフトを支持していたベルリン大学教授のシュラエルマッヒャーは取調べを受け、ヘーゲルも嫌疑の眼を向けられた。

カールスバート決議による取締りや弾圧は全国的に厳しく行なわれ、ブルシェンシャフト急進派の理論的支柱のイェナ大学教授フリースや、ドイツ統一の思想運動の代弁者として著名なボン大学教授アルントらが大学から追放され、「体操の父」ヤーンは逮捕された。

こうしたカールスバート決議の主導者は言うまでもなくメッテルニヒであったが、彼の一連の動きに追随しようとしたハルデンベルクに対して、フンボルトらは激しく対立した。

フンボルトはこの決議に反対し、二年間の時限立法にとどめようと試みた。自由主義者として著名な司法大臣バイメと軍務大臣ボイエンがこれに同調した。彼ら三人の大臣の意見書が国王に提出されてしばらく経過してから、ハルデンベルクは彼らを罷免した。シュタインと同じく、国家宰相の独裁を批判し内閣各大臣の合議制を主張し、そしてカールスバート決議をめぐってハルデンベルクと鋭く対立したフンボルトら改革派は、一八一九年末の時点ですべて閣外に追放された。憲法委員会の活動も停止された。こうしてプロイセンの国政改革は一八二二年のハルデンベルクの死とともに、官僚絶対主義を完成させるところで終わったといえる。(10)

第三節　ヘーゲル国家論の変容

一、ヘーゲル国家論の展開

シュタインの施政を引き継いだハルデンベルクの主導により遂行されてきたプロイセン改革の真っ只中の一八一八年十月に、ヘーゲルはプロイセンの首都・ベルリン大学の教授として着任した。ヘーゲルはさっそく、「エンツュクロペディー」とともに「自然法と国家学〔法・権利の哲学〕」について講義を精力的に開始した。

この「法・権利の哲学」については、その最初のものをヘーゲルがベルリン大学へ移る一年前の一八一七／一八年の冬学期に、ハイデルベルク大学で講義している。この講義の受講生による筆記録が、『第一回講義録』である。ちなみに、「法・権利の哲学」に関するヘーゲルの著書として著名な『要綱』は一八二〇年末に刊行されたものであり、ベルリン大学に赴任してからの二回（二学期間）の講義後に出版された。したがってヘーゲルの「法・権利の哲学」を検討する場合、『要綱』は必須のテキストであるのは言うまでもない。同時に、『要綱』の原型にあたるともいえる『第一回講義録』も合わせ検討する必要がある。両者の内容に基本的な点での相違があるなら見過ごすわけにはいかない。

ヘーゲルは一八一九年三月二十六日付書簡で、友人のニートハンマーにこう書き送っている——

「教授として私は仕事を始めたばかりです。私自身のことでも本分の仕事（Sache）においてもなさねばならないことがまだ多く残っています。……ライプツィヒの見本市までに私はさらに一冊本を（私の自然法・権 Naturrecht をパラグラフに区切って）書かねばなりません」[11]。この「自然法・権」に関する本とは『要綱』（一八二〇年末）にほかならないのであるが、はじめての刊行予告から一年半以上もの長い時間を要したのはなぜなのか。この間に最初の内容上の構想から変化が生じてはいないか。

実は大きな相違が生じ、両者に差異がみられるのである。この原因は何なのか。ここにはプロイセン改革の進展のなかでの大きな転機ともみられる、深刻な、ヘーゲルも巻き込まれていく新たな政治的状況が関係している。これらについての検討が必要である。

（一）『第一回講義録』[12]における国家論の重要点　まず、本講義録における国家論の重要な特徴点を確認することからはじめたい。

第一は、三つの国家権力のうちで立法権が最も重視されているという点である。立法権・議会の有する権限と役割は枢密院や内閣（関係する諸官庁）、また統治・政府委員会に「委任されない」（S. 221）。枢密院も決議権をもたず、たんに「提案し、説明し、解説する」（S. 226）だけである。決議権はどこまでも立法権・議会の権限なのだ。君主権が行なう最終決定も、どこまでも「形式的な最終決定」（S. 201）にすぎない。「君主は一切の統治行為に対して責任がない」（S. 203）、「君主権の責任は大臣に帰せられる」（S. 205）、「君主のすべての決定は当該の大臣によって署名されねばならない」（S. 205）――こうした君主の無答責性、大臣の副署権ということが、君主権の有する形式性の確認を表現している。

第二は、国民主権の立場が鮮明であるという点である。このことについて次の二つの視点から確認できる。

(一)国家目的は国民の福祉実現にあるが、その実を挙げていくのが行政の仕組みである。

この仕組みのところに国民主権の立場が鮮明なのだ。ア、国民自身の「自治集団」(Kreis)による「福祉」の確保・維持を重視している(vgl. S. 210)。イ、自治に委ねられる地域・地方的諸組織と行政との密な連携を強調する。地方諸団体、同業組合、職業協同団体(Korporation)などが「自治集団」とよばれるように、それらの組織原則は「自治」である。自治による特殊的な利益追求が「共同の利害関心」をもち、ひいては「全体」、すなわち国家に関わる普遍的な利益追求に結びつけられる。ウ、統治・行政組織のあり方は本質的に「合議・協議」(Kollegium)である。下級から上級に至る行政・統治機構のどのレベルにおいても合議・協議を基本とし、トップの「内閣」に至るまでそうだ。さらに、内閣は仕事のために多くの合議・協議体をもつが、この内閣でさえ「内閣合議・協議」(S. 214)が基本である。

(二)立法権を有する議会が国民の代議機関である。それゆえに、議会と国民との不断の結びつきのあり方は国民主権論の良否を評価する場合に決定的に重要である。議会と国民との連結を国民主権の確保・保証という点からみて重要な主張を以下の点に確認しうる。ア、議会は二院制をとり、こうした二つの審議機関により決議が成熟していく。安定した土地所有者(世襲貴族)が貴族院(上院)を、市民社会の第二階層、すなわち市民の代表が代議院(下院)を構成する。後者の場合、被選挙権者としての市民は資産条件に無関係であり、したがって全市民(年齢制限有り、女性は除く)誰一人として除外されない(vgl. S. 234f.)。イ、議会は閉鎖的空間であってはならず、公開を基本とする。議会と議員は世論により監視される必要がある（vgl. S. 237）。同時に、議会は「国民のための最大の陶冶・教育手段のひとつ」（S. 237）である。ウ、議会と国民との間の良き緊張関係をも含んだ相互関係をいっそう実のあるものにするために、国民一般に言論・出版の自由の確保・保証が不可欠である（vgl. S. 238）。エ、議会は内閣を支持する、いわゆる与党・多数派だけでよしとする翼賛になってはならず、「野党・反対党派」（S. 240）を擁してはじめて有効に機能する。与野党の真剣な議論を通してこそ国民のための法律が策定される。したがって、「内閣が重要な案件で多数を制することができなければ、内閣は取り替えられねばならない」（S. 241）。

第三は、公務員の使命と役割などについて以下のように強調されている点である。

（一）公務員の本来の使命と性格について。公務員は決して君主のたんなる廷臣や従撲や使用人であってはならない。国家公務員という言葉にじかに現われているように、全体である国家のために仕事をする人、国家の使用人でなければならない。

（二）公務員の権限と地位の保証について。公務員の地位は法律により規定され保証されるのであるから、立法権限をもつ議会が行なう。そして公務員の権限は、「監督、審議、形式的な決定に限られる」（S. 216f.）。公務員権限の無制約性が否定される。

（三）公務員の選抜方法について。公務員としての採用は縁故や有力者の推薦などでなされるのではない。公務員は、「能力」をみる「試験」により選抜される。そしてその機会はすべての市民に開かれている（vgl. S. 215）。

（四）公務員の位置づけの特徴について。公務員は「中間・媒介身分」（S. 217）である。中間とは君主と国民・市民との間のことであり、媒介とは君主と国民・市民との仲介役を担っていることを意味している。国民・市民の方を向いた公務員のうちの良き教養ある公務員は国民の「知性」、「自由の意識」、「権利の意識」(S. 217f.) の現われである。

(二)『第一回講義録』との比較における『要綱』の国家論の特徴[13]　先のような特徴をもつ『第一回講義録』の国家論と、おおよそ三年後に公刊された『要綱』のそれとを比べてみると、以下の点が明らかになる。

まず指摘できるのは、『要綱』において君主権の権限の強さが際立っているということである。「最終意志決定としての主体性の権力」と定義される君主権は、「憲法および法律」に関わる立法権、および「審議」に関わる統治権をも包括するところに「最終意志決定」としてのその意義がある(第二七五節参照)。これに対して、『第一回講義録』では、君主の決定にさいし大臣の「副署権」(最終決定のさいに当該大臣の署名を必要とすること)(S. 165) が必須であった。大臣に副署権があると、君主の有する最終的決定・判断の権限が形式的なものになる。『第一回講義録』では大臣に副署権を与えることにより、実質的な最終決定権を統治権と立法権に付与した。これに対して、『要綱』で大臣の副署権が消失してしまっているのであるから、君主権が最終意志決定権を有していることになる。

『要綱』におけるこうした君主権の権限の際立ちは、それと反比例して、『第一回講義録』で強調される立法権・議会の意義を小さくさせる。実際、議会は『要綱』では、「最終意志決定」権力としての君主権に絡め取られて、その独自性を希薄にさせられていた。それは次のような諸点に集約され、確認することができる。

（一）公務員の権力乱用等に対する議会の監視権限の弱さという点。統治権の執行者としての公務員の任命権は、『第一回講義録』・『要綱』とも君主権に与えられていた。しかし、公務員の権力濫用等に関する監視権限が『第一回講義録』では議会に与えられていたのに対して、『要綱』では「諸官庁および公務員の位階制と責任制」（第二九五節）に主に求められ、こうして議会の権限が弱められている。

（二）議会の議員を選挙する意義づけに対する評価の低さという点。「選挙」について『要綱』ではこう記述されている――「選挙するということはそもそもなにか余計なことであるか、それとも私見と恣意との取るに足りない遊びに帰着する」（第三一一節）。

（三）言論・出版の自由に対する過小評価という点。議会（における討論）の「公開」の重要な意義について、『第一回講義録』・『要綱』とも国民にとっての「最大の陶冶手段のひとつ」（第三一五節）と確認する。しかし、本来「議会と議会の〔討論の〕公開の存立と直接連関」しつつ国家諸要件に関する「言論・出版の自由」としてその有する重要性が強調されねばならない（『第一回講義録』）にもかかわらず、『要綱』ではその自由が「自分の欲することを語りかつ書く自由」と一般化されたうえで、それは「無限に多種多様なかたちで述べられる私見の、極めて束の間の、極めて特殊的な、極めて偶然的な面」（第三一九節）を有している、と矮小化され理解される。

（四）議会の有する本質的契機・要素とされる「与野党の対決」（『第一回講義録』）は『要綱』では論じられていない点。

二、ヘーゲル国家論の変容――シュタイン／ハルデンベルクの理念・政策との関連

（一）ヘーゲルにおける国民主権論から国家主権論への変化

ヘーゲルの『第一回講義録』では、立法権＝議会の権限が三つの国家権力のなかで最も強い。君主権でさえ形式的なものだ。枢密院は決議権をもたず、たんに提案し、説明し、解説するだけである。したがって、立法権に直接つながる国民の立場の擁護がきわめて鮮明だと言える。選挙の重視は言うまでもなく、国民の自治を尊重し、地方自治団体、職業協同団体等の自治組織においてだけでなく、下級から上級までの行政組織、そしてトップの内閣に至るまで、国民福祉の実現には構成員たちの合議・協議で遂行していくのである。ここには国民主権論の立場がみごとに表明されているといえるようだ。

これに比して『要綱』では、立法権＝議会の位置と権限が低く弱い。これに関連する選挙や言論・出版の自由の意義づけも弱く低いことは言うまでもない。立法権の権限が弱いことと裏腹の関係で、君主権が最高の決定権を有することになる。形式的にも、実質的にも最高の国家権力として君主権がある。この君主権に含まれるかたちで、「最高審議職」が大きな権限をもつ。最高審議職とは「君主に接する最高首脳たち」（第二八九節）のことであり、彼らの職務は「諸々の決定根拠、これに関連する法律」（第二八四節）などを君主に提出し、その決定を仰ぐことにある（シュタインやハルデンベルクの言う「枢密院」と同じもの）。彼らは最高権力者の側近であるから権力者なのであるが、しかしその選任・解任権は君主にある（第二八三節参照）。このように君主権は絶対的なのである。こうして、立法権の権限が低く君主権（最高審議職を含む）の権限が高いことは、君主を頂点とした国家主権論の強調

を意味していると言える。

以上により、『第一回講義録』から『要綱』への推移の過程で、ヘーゲルの立場は国民主権論から国家主権論へと変化したと私は考える。

(二) シュタインにおける合議制論と都市自治論　こうしたヘーゲルの国家論の変化は、シュタインやハルデンベルクの国家理念、およびそれに基づく政策遂行とどのように関連しているであろうか。まずシュタインの理念と政策の要点を確認しておきたい。

シュタインにおいては、隷農制の廃止とすべてのひとが「自由民」であることの宣言、職業選択の自由と営業活動の自由を核とした「人格と所有の自由」の近代的宣言(「十月勅令」)を基礎にして、国家行政改革が構想され、また政策化された。そのなかで私が特に注目しておきたいのは、国家最高官庁に関わる内局(Kabinett)の廃止と枢密院(Staatsrat)の創設(「ナッサウ覚書」)および地方行政に関わる都市自治の推進(「都市条令」)についてである。

まず内局の廃止と枢密院の創設については、「ナッサウ覚書」の冒頭で強調されている。内局とは国王の側近に仕えていた書記役である(国王官房)。彼らが国王の権威を笠に着て、各大臣を差し置き国政を牛耳るといういわゆる「内局統治」が改革前に支配していた。シュタインはここにメスを入れ、これに代えて枢密院の創設を提案したのである。枢密院は、「国王のもとで直接機能する、国家行政の様々な部門の究極の集中統一点である最高官庁」(「ナッサウ覚書」)と説明されているように、立法と行政の最高決議機関である。国王も臨席し、王家の皇子、各省大臣、上級官僚、枢密顧問官等による合議制を原則とする。多数決による決議に国王が裁決を下す。本来の立法機関＝代議制国民議会が設置されていない時代には一種のミニ議会と言ってもよいのではないか。「ナッサウ覚書」では、八省による責任内閣制を確立し、国務最高の事案については先にみたような八省の大臣を含めた枢密院での合議により決定するとの構想なのである。

次に、「都市条令」における特徴点をまとめておくとこうである。都市においては市民がどこまでも主体であり、その市民による自治が行政の基本であることがきわめて鮮明にされている。その証し立てとして以下の三点を指摘しておく。

第一に、市民権を有した市民がみずからを代表するところの、都市の立法機関である市議会を構成する議員（無給、任期三年）を選出する（地域的な各選挙区単位で市民による直接、普通、秘密選挙）。

第二に、市議会の権限を次のように定めている。

（一）都市（市）の行政を担う上級機関としての市参事会メンバー（市長〔有給〕と参事官〔有給・無給〕）を選出する（ただし、大都市の市長は市議会推薦の三人の候補者のなかから国王が任命する）。

（二）市参事会のもとに行政単位として区が設けられるが、各行政区の区長を選出する（その後、市参事会で承認）。

第三に、市民の市政への積極的参加を呼びかけ、また参加促進のための制度化を図っている。市民の「最高に活発で力強い協働参加」（第一六九条）を要請し、同時にその制度化を次のように構築している。すなわち、各行政区には教会・学校・救貧・防火・保健・土木建設などの業務ごとに関係部署が設けられ、市参事会メンバー、市議会議員、市議会によって選ばれた市民らが協同して業務にあたる

（一七九条―一八〇条）。特に注目しておくべきこととして、救貧組織については「市民の手と公共心と都市住民の慈善とに委ねる」（第一七九条）とまで強調し、市民自身による解決とそのための組織化の必要を求めている。

（三）ハルデンベルクにおける首相＝国家宰相論と官僚制論　次に、ハルデンベルクの理念と政策の基本的特徴の要点を確認しておきたい。

ハルデンベルクの「リガ覚書」における国家改革構想の基本原則は、「君主制内の民主主義的原則」の追求、実現ということであった。この原則に関わると思われる重要事項を、第二節で（一）首相（国家宰相）の設置、（二）国民代表制の導入、（三）官僚制の確立、の三点から、その内容の概要を検討した。

これら三点のなかでも、「国民を国家行政との密接な関係にもたらす」という必要かつ重要な点からみて、（二）の「国民代表制の導入」ということは最も大切な事項である。したがってハルデンベルクは、「国民代表制の理念・考えは……君主制の破壊がなければ、美しくしかも目的に適っている」(S. 318)[14]と述べた。これは、国制改革のさいの基本原則そのものである。「君主制の破壊がなければ」とは「君主制内」のことにほかならず、したがって「君主制内の民主主義的原則」とは、「君主制の破壊」を伴わない「国民代表制」を構想しているのは疑う余地がない。だが先にみたように、国民代表制の詳細な機構や仕組み、ひいては「君主制の破壊」に行き着かない全国的な国民議会の青写真が提示されない。

国民代表制、国民議会において、「君主制内の民主主義的原則」が具体的に示されないとなると、先の重要事項の（一）と（三）の組合せによるしか方法がなさそうだ。すなわち、国家最高官庁は当然ながら設置されたうえで、諸官庁・省・大臣を束ねる首相＝国家宰相の権限強化、権力集中による広範かつ強固な官僚制の構築という構想である。この場合どこまでもこだわるのは、「民主主義的原則」ということである。国政の中核となる首相＝国家宰相の識見と政治的、行政的手腕が厳しく問われ、また国民代表制に代わって行政を具体的に遂行する官僚制の質の高さがチェックされることになる。

さて、この首相＝国家宰相という国家最高管理体制のあり方についての考えの点で、ハルデンベルクとシュタインは決定的といえるほどの相違をみせる。すなわち、シュタインは合議制の枢密院をとり、ハルデンベルクは合議制よりも首相への権力と権限の集中をとるのである。

(四) シュタイン／ハルデンベルクのヘーゲルへの影響

「君主制内の民主主義的原則」の実現――これはハルデンベルクの「リガ覚書」のなかの有名なテーゼである。君主制を維持したうえでの国制の民主主義的改革を定式化したものである。立憲君主制の確立ということだ。このテーゼの主張は直接的にはハルデンベルクのものである。しかしシュタインとヘーゲルにおいても共通のものである。したがって検討を要するのは、立憲君主制といっても様々な形態があるということである。大きく分けると君主制に重点をおいたものか立憲制を重視したものかの二種類である。両者においては民主主義的改革といっても、その内容と手法において大きな相違がみられると言える。

これまでみてきたように、ヘーゲルの『第一回講義録』においては君主権よりも立法権・議会の権限が強く、国民主権論の立場が鮮明であった。これに対して、『要綱』では立法権・議会が後退し、君主権に搦め捕られるかたちが強くなり、ここでは君主を頂点とした国家主権論がきわめて優勢になっていた。したがって、ヘーゲルにおける『第一回講義録』から『要綱』への推移は国民主権論から国家主権論への変化ととらえることができた。

ヘーゲルの国民主権論をシュタインおよびハルデンベルクの理念や政策と比較してみると、ハルデンベルクのものよりもシュタインのものに近似していると言える。シュタインの内局統治の廃止と枢密院の創設、および都市自治論の構想とその政策化のなかに、国民主権論の立場が鮮明に現われている。国民議会がまだ設置されていない時期に、責任内閣制と合議制を原則とした最高立法・行政機関としての枢密院の意義は大きいこと、また全国土に亘るとまではいかないが都市という行政区域におけるほぼ徹底した市民自治の制度化ということ等は、国民主権の重要な具体的発露として注目すべきである。

一方、『要綱』における君主権を核とした国家主権論はシュタインよりもハルデンベルクの構想と政策に近いと言える。ヘーゲルの『要綱』執筆中およびその刊行前後は、シュタインはすでに中央政界を退き、まさにハルデンベルク執政の真っ只中であった。したがって学者ヘーゲルと政治家ハルデンベルクはベルリンを舞台にして様々に関わりあっている。

だからヘーゲルの国家主権論がハルデンベルクの国家再編構想やその具体的政策と近似しているのは、当然ありうることである。問題は、国民主権論から変化したヘーゲルの国家主権論において何が重要視されているのかということである。すなわち、国家主権論において、国民のことを全く無視した前近代の専制的君主国家を意味しているのかどうかということだ。それはもちろんそうではない。国家の使命は国民の「自由の実現」にあり、そのために君主権に権力を集中させ、具体的な行政はしっかりした官僚組織・制度によって遂行していくという考えだからである。

この考えは、ハルデンベルクの権力集中論としての首相＝国家宰相論、および具体的政策実行方法としての官僚制論とほとんど同一だといえるのである。先にみたように、ハルデンベルクも各省・大臣制を採用する。しかし、各省・大臣の権限を首相へ集中させ、国王への上奏権も実質的に首相だけにありというかたちである。国政への実質的影響・権限という点で、君主よりも首相の方が強いといえるようだ。この首相の命により官僚組織による国民への行政がなされることになる。

以上のように、ヘーゲルの国民主権論から国家主権論への変化は、シュタインの理念・政策からハルデンベルクの理念・政策への移行と相即することになる。では、ヘーゲルにおけるこの変化の理由(15)は何なのだろうか。そしてシュタイン＝ハルデンベルクだけでなく、シュタイン≠ハルデンベルクがなぜ生じ、それは何を意味しているだろうか。

第四節　国家論変容の背景

一、「カールスバート決議」から「ウィーン最終規約」へ

ヘーゲル国家論における構想上での変化の原因、ハルデンベルクをはじめとしたプロイセン改革当事者間における軋轢の理由、いずれにも根本において一八一九年の「カールスバート決議」から、翌年の「ウィーン最終規約」の確定に至る当時の政治的社会的状況が深く関わっていると私は考えている。

前節のハルデンベルクに関するところで、カールスバート決議に対する関係者の対応について簡単に述べたが、この決議からさらに翌年にまで時期を拡大し、関係者たちの動向についてここでより詳しく検討しておきたい。一八一九年のカールスバート決議に対して、シュタインはこの時期にすでに政治の表舞台から退いているから、特にヘーゲルとハルデンベルク、そして彼らを取り巻く重要人物たちがいかに評価し、どのように対応したか、また対応せざるをえなかったかが重要である。

まずカールスバート決議がなぜなされ、そしてこの決議によりどのような政治的措置がとられ、これによりいかなる政治的社会的状況が生じたのかについて、一八一九年春から翌年末までの重要事項を時系列でまとめておく（ヘーゲルの著作関連も含む）。(16)

一八一九年

三月二十三日　イェナ大学学生でブルシェンシャフト員K・ザント、ロシア公使館顧問（ドイツにおけるロシア皇帝の密偵）の作家、コツェブーをマンハイムにて暗殺。

三月二十六日　ヘーゲル、ニートハンマー宛の書簡で、『法・権利の哲学要綱』の刊行を予告。ヒンリッヒス（ハイデルベルク大学時代のヘーゲルの教え子）、ハイデルベルクからコツェブー暗殺のニュースをヘーゲルに報告。

四月八日　イェナのブルシェンシャフト員G・アスヴェルス（父がイェナ時代のヘーゲルの弁護士、ベルリンのヘーゲル家に出入り）、イェナ時代の決闘を理由に逮捕・有罪判決。彼の保釈のためにヘーゲル奔走。

五月二日　ベルリン郊外にて開催されたブルシェンシャフトの祭りに、ヘーゲル（シュライエルマッヒャー、デ・ヴェッテとともに）参加。

七月八日　カローヴェの後任の補習教師として採用されたフォン・ヘニング、義母からの手紙内容を怪しまれ警察に逮捕（十週間投獄）。

七月十四日　「体操の父」ヤーンとともにベルリンのブルシェンシャフトの指導者ウルリヒ（ヘーゲルとも交流）逮捕。

七月十五日　アスヴェルス、デマゴーグ容疑で再逮捕され（訴訟は以後七年間続く）、ヘーゲル、フォン・ヘニング、フェルスターらとの交際を自白。

八月六日　メッテルニヒ、この日から三十日まで、主要十カ国の政府代表者をカールスバートに招集し、大学法・検閲法・審問法を含むカールスバート決議を確認。
九月二十日　フランクフルトの連邦議会でカールスバート決議が採択され、連邦決議として発効。
九月末　ザントの母親に同情的な手紙を送ったベルリン大学神学教授デ・ヴェッテ、国王により解任。
十月十八日　カールスバート決議に基づいてハルデンベルクが出版・検閲法を立法化。
十月三十日　ヘーゲル、クロイツァー宛の書簡で、『法・権利の哲学要綱』の原稿を間もなく印刷すると書く。
十一月　「コツェブーの殺害について」という論文を発表したヘーゲルの弟子・カローヴェへの捜査開始。
十一月初旬　教授を解任されたデ・ヴェッテに対し、同僚たち一年間の給与を保証しようとして秘密裏に募金、ヘーゲルも二五ターレル拠出。
十一月三日　カールスバート決議の立法化に批判的な意見書を提出したフンボルトら三大臣は閣議で少数派に。
十一月十三日　昼食の席で、デ・ヴェッテに対する政府の解任措置をヘーゲルが是認する発言、シュライエルマッハーと激しく口論。
十一月十八日　ハルデンベルクが大学法を立法化。
十二月　警察当局の嫌疑、シュライエルマッハーとヘーゲルにもおよび、文部大臣アルテンシュタインがこれを晴らす努力。

十二月三十一日　国王がフンボルトら三大臣の解任を承認。

一八二〇年　一月一日　ハルデンベルク内閣改造にあたり憲法問題担当大臣であったフンボルトはじめ改革派を選任せず。フンボルトは中央政界から退く。

五月五日　コツェブー事件のザント処刑。

五月十五日　メッテルニヒ主導のもとウィーン最終規約の確定（自由都市を除き君主主権の絶対化、国民代表制極力排除、騒擾鎮圧のため約三〇万の連邦軍編成）。

六月七日　ヘーゲルによる五〇〇ターレルの保釈金で、アスヴェルス釈放。

六月二十五日　『法・権利の哲学要綱』〈序文〉（Vorrede）完成。

十月十日　アルテンシュタインに『法・権利の哲学要綱』見本刷り献呈。

十月中旬　ハルデンベルクに『法・権利の哲学要綱』見本刷り献呈。

十二月末　『法・権利の哲学要綱』、ベルリンのニコライ書店より刊行。

この年譜から以下のことを確認しておきたい。

第一に、ヘーゲルが一八一九年三月二十六日付の書簡で『要綱』の刊行を予告してから、原稿を「間もなく印刷する」と書いたクロイツァー宛の書簡（同年十月三十日付）を経て、実際に〈序文〉を仕上げ（一八二〇年六月二十五日）刊行を間近にする――ヘーゲルは通常、原稿執筆の最終段階か本文原稿の印刷中に〈序文〉を書く——までの時期が、ザントによるコッツェブー暗殺(一八一九年三月二十三日)からザント処刑(一八二〇年五月五日)までの期間と奇妙にもほとんど一致しているということである。

第二に、暗殺から処刑までのいわゆる「ザント事件」は確かに象徴的な出来事であるが、その周辺状況に関して注意をはらう必要があるということである。ザント事件はブルシェンシャフト員によるテロである。したがって問題は、ブルシェンシャフトのなかにテロ派を抱えていること、このテロ派を除いてもブルシェンシャフトをヘーゲルは支持していること、当局としてはブルシェンシャフト員・支持者・関係者すべてを取締りの対象者にするということなどである。

第三に、カールスバート決議の中心をなす大学法(大学教員の教授活動への厳重な監督、学生の秘密結社の禁止等)や審問法(扇動者取締り等)が大規模に適用されだしたということである。デ・ヴェッテ教授らヘーゲルの同僚の解任・解職、カローヴェやフォン・ヘニングのようなヘーゲルの教え子、弟子の逮捕、またアスヴェルスやウルリヒらヘーゲルの少なくない友人、知人たちの拘束等、厳しい弾圧がなされる。そして当然ながらヘーゲル自身にさえ当局の嫌疑の眼が向けられる。

第四に、プロイセン政府・ハルデンベルク内閣の中枢においてもカールスバート決議の受入れとその適用をめぐって厳しい対立・権力闘争が行なわれ、その結果、自由主義的な改革派であるフンボルトらが敗北し、閣外へ追放されたということである。フンボルトはカールスバート決議を受け入れるにしても、二年間の時限立法にとどめたいとした。またフンボルトは憲法問題担当大臣の職務上からしても近い将来の国民議会の制度化を構想としてもち、一方、議会開設の実現までの当面のあいだ中央行政府の機構のあり方として、責任内閣制、内閣各大臣の合議制を主張し、ハルデンベルクの国家宰相への権力集中論に批判的だったのである。

第五に、カールスバート決議からさらにメッテルニヒ主導によるウィーン最終規約の確定（君主主権の絶対化など）という、いわゆるウィーン体制強化の政治情勢のなかで企図されているヘーゲルの著作の刊行が、明らかに当初の予定より遅延しているということである。『要綱』の刊行が少なくみても一年近く遅れている。この原因や背景にカールスバート決議を頂点にした一連の自由主義弾圧と、出版・検閲法の深刻な影響があることは誰も疑うことができない。原稿を「間もなく印刷する」と友人宛の書簡（一八一九年十月三十日付）に書いてから、著書である『要綱』（見本刷り）をアルテンシュタインとハルデンベルクへ献呈するのにちょうど一年が経過し、公刊にはそれからさらに二ヶ月を要している。

二、ヘーゲル国家論の変容とイルティングの主張

こうしたウィーン体制強化のもとプロイセン改革が大きな転機を迎えていた厳しい政治状況下で、ヘーゲル『要綱』の刊行も陰に陽に様々な影響を受けていった。先に述べた刊行の遅延ということもそのひとつである。しかしながら最大の問題は、遅延とともにヘーゲルの国家論の構想に大きな、しかも基本点での「変化」が生じていないかどうかということである。

「変化」を主張する代表的な研究者は、『第一回講義録』をはじめ講義筆記録の手堅い編集（『第二回講義録』、『第五回講義録』、『第六回講義録』の編集も）で著名なK・H・イルティングである。イルティングは、一八一九年秋から一八二〇年初夏までの間にヘーゲルが「政治的に方向転換」し、「復古

政治へ順応」[17]したと強調する。イルティングは、特に『第一回講義録』のヘーゲルが「ヨーロッパ大陸における最初の近代的な憲法・国制の理論的基礎づけ」[18]を行ない、「南ドイツ初期立憲主義」[19]の最も傑出した理論家だったという。すなわち、自由主義者の代表としてヘーゲルを位置づける。このヘーゲルがいまや自由主義弾圧の嵐に抗しきれず、「復古政治」へ身を委ねる方へ思想的政治的立場を転換したというのである。[20]

このイルティングの主張は私の言う国民主権論から国家主権論への変化ときわめて相似しているようにみえる。しかしあらかじめ結論を言っておけば、一方で同一であるが、他方で相違しているのである。その事情はこうだ。たしかに、私が特徴づける『第一回講義録』の国民主権論とイルティングがいう「近代的憲法・国制の理論的基礎づけ」ないしは「初期立憲主義」の思想とは、内容的に同一である。前節の（一）―一において詳細にみたように、要するに立法権＝議会を重視し、国民主権を国制のあり方の基本にしているということにイルティングも私も注目した。

他方で検討を要するのは、私の言う国家主権論とイルティングが特徴づける「復古政治」の中身の相違という点である。私の言う国家主権論の特徴とは、前節の（一）―二および（二）―一で述べたように、立法権・議会の位置と権限が低く弱いこと（これに関連する選挙や言論・出版の意義づけも弱く低い）、君主権が国家権力の最高のものとして形式的にも実質的にも意味をもつこと、前二つを国制の基本的あり方として国政を司ることを表わしている。

これに対してイルティングの言う「復古政治」とは、メッテルニヒ主導のウィーン体制のことであるのは言うまでもない。カールスバート決議から一八一九年九月二十日のドイツ連邦でのこの決議の採択へ、さらに翌一八二〇年五月十五日のいわゆるウィーン最終規約の確定に至るまで復古体制の確立をリードしたのはメッテルニヒである。最終規約の要点は、ドイツ連邦において自由都市を除き君主に主権があり、君主制原理の貫徹を図ろうとしていること、国民代表制や議会制的なものがたとえ容認されえても君主権からの派生物にとどめられるべきこと、君主権力を脅かす騒擾を鎮圧するために約三〇万の連邦軍を編成することなどである。(21)

こうみてくると私とイルティングとの特徴づけにおける相違はいっけん明確ではないようにみえる。だが大きな根本的な違いがあるのである。確かに立法権＝議会の意義を低め、君主権を重視する現実のウィーン体制は、ヘーゲル『要綱』の国家論と酷似している。しかし大事なのは次の点である。ウィーン体制（君主主権、強大な軍隊）が国民の自由主義運動を抑圧し国民主権の実質を剝奪することを本来的に意図しているのに対し、ヘーゲルの国家論は最高権力としての君主権容認のもとでさえ国民の「自由の実現」をあくまで企図している点なのである。

では現実のウィーン体制のもとで、あたかも現実に「順応」しているかのように構想されるヘーゲルの国家論において、彼の思想の核になる国民の自由の実現は何により、どのようにして保証され担保されるのか。それは良質の官僚制の確立によってだというのがヘーゲルの解答である。

良き教養ある公務員は国民の「知性」、「自由の意識」、「権利の意識」の現われとの考えに、ヘーゲルの『第一回講義録』から『要綱』に至るまで変化はない。公務員のチェック機能を議会がもつ（『第一回講義録』）か、公務員自身の位階制と責任制に委ねるか（議会権限の弱さの現われ――『要綱』）の大きな相違があるにしても、公務員・官僚の有する意義づけにおいてヘーゲルでは一貫していると言える。言い換えれば、政治情勢や国制がどう変化し、たとえ悪化しようと国民の自由実現、国民の福祉施策は、公務員・官僚により遂行されるべきだというのがヘーゲルの確信であったのである。

「君主制内の民主主義的原則」の実現については様々な視点から論じ究明されねばならない。啓蒙君主のもとでなら相当に大胆な民主主義的原則の実現も可能であろう。[22] ヘーゲルの『第一回講義録』における国民主権論の強調はその典型的なものと言える。だが、みてきたような国民主権を排し君主主権の原理を貫徹しようとするウィーン体制の厳しい反動攻勢のもとで、民主主義的原則の具体的遂行はきわめて困難だと言ってよい。その困難のなかでも原則の実現方法をギリギリ探った結果が、ヘーゲルによる良質の官僚制の確立という構想だったのである。したがって、『要綱』におけるように君主権を強調するだけで「復古政治へ順応」したとするイルティングの指摘は、少々短絡しすぎているように私には思われる。『要綱』の過小評価！

ヘーゲルは『要綱』を刊行して半年後の一八二一年六月九日付、ニートハンマー宛の書簡でこう書いている――「扇動者取締りの苦難を私は欺くことなく持ち堪えました。――もっとも嫌疑や中傷などに対する心配がないわけではないのですが[23]」。ウィーン体制の強化のなか、ヘーゲルみずからへの様々な嫌疑や中傷の心配を依然として抱きつつも、やっとの思いで『要綱』が出版できた。そのさい「私は欺くことなく」できた――「欺くことなく」はみずからの本当の気持ち・考えを曲げずにということであろう。検閲を余儀なくされ、刊行予定も大きく遅延する事態のなかで、『第一回講義録』の国家論に比べて明らかに『要綱』のそれは変化している。変化しているが、しかしみずからの考えの核になるものを曲げずになんとか貫くことができホッとした、というきわめて率直な気持ちが先の書簡に如実に現われていると私は考えている。

（1）　シュタインの「ナッサウ覚書」の原文資料は、次の文献所収のものを用いた。*Publikationen aus den Preussischen Staatsarchiven*, Bd. 93, Neue Folge, Erster Abteilung. Die Reorganisation des Preussischen Staates unter Stein und Hardenberg, Erster Teil: Allgemeine Verwaltungs- und Behördenreform, Herausgegeben von Georg Winter, Bd. 1, Verlag von S. Hirzel in Leipzig/1931. 原文からの引用については、（S.）として本文中で明記した。

（2）　シュタインの「十月勅令」の原文資料は、次の文献所収のものを用いた。*Frei vom Stein, Briefe und Amtliche Schriften*, neu herausgegeben von Walther Hubatsch, [10Bd., 11 Hefte, 1957-1974] Bd. 2 (2) Kohlhammer Verlag, Stuttgart, S. 457-460.

（3）　シュタインの「都市条令」の原文資料は、次の文献所収のものを用いた。*Frei vom Stein, Briefe und Amtliche Schriften*, neu herausgegeben von Walther Hubatsch, [10Bd., 11 Hefte, 1957-1974] Bd. 2 (2) Kohlhammer Verlag, Stuttgart, S. 947-979. 引用箇所については、（S.）として文中で明記した。なお、シュタインの「ナッサウ覚書」から「十月勅令」、そして「都市条令」について、当時のプロイセンにおける政治的経済的状況の推移との関係できわめて詳細に記述された研究書として、石川澄雄『シュタインと市民社会――プロイセン改革小史』（御茶の水書房、一九七二年）があり、これを随時参照した。また、自治の確立の視点から新たな国民形成の一環のなかで「都市条令」の意義を探求した貴重な研究書として、北住炯一『近代ドイツ官僚国家と自治――社会国家への道』（成文堂、一九九〇年、特に第一部第一章「1　国民形成とシュタイン市制」）がある。

（4）　このように「都市条令」では立法機関・市議会議員（Stadtverordnete）――無給、任期三年――と行政機関・市参事会メンバー（Magistrat）とが職務役割上の違いから現代的にはっきりと区分されたが、「ナッサウ覚書」では市議会（議員）の職務を〈Magistrat〉としての「市参事会メンバー」――無給、任期六年――がなすように記述されていた。先の「ナッサウ覚書」での当該箇所を参照されたい。

（5）　ハルデンベルクの「リガ覚書」の原文資料は、次の文献所収のものを用いた。*Publikationen aus den Preussischen*

Staatsarchiven, Bd., 93, Neue Folge, Erster Abteilung: Die Reorganisation des Preussischen Staates unter Stein und Hardenberg, Erster Teil: Allgemeine Verwaltungs- und Behördenreform, Herausgegeben von Georg Winter, Bd., 1, Verlag von S. Hirzel in Leipzig/1931. 原文からの引用については、(S.) として本文中で明記した。

(6) 石川澄雄、前掲書、二三一―二三二頁を参照。

(7) 末川清『近代ドイツの形成――「特有の道」の起点』晃洋書房、一九九六年、九七頁。

(8) 成瀬治／山田欣吾／木村靖二編『〔世界歴史体系〕ドイツ史2』山川出版社、二〇〇一年(第二刷)、二〇七頁を参照。ハルデンベルクの財政政策、経済政策の特徴については、大西健夫『ハルデンベルク租税改革とプロイセン国家財政再建』(早稲田大学出版部、一九七八年) に詳しく、その特に二一一―二一九頁を参照した。

(9) コゼレック「プロイセンにおける国家と社会――一八一五年―一八四八年」、フリッツ・ハルトゥング、ルードルフ・フィーアハウスほか著、成瀬治編訳『伝統社会と近代国家』岩波書店、二〇〇二年、第三刷、四六一頁。

(10) 成瀬／山田／木村編、前掲書、二二八―二三二頁、ジャック・ドント著、花田圭介監訳『ベルリンのヘーゲル』法政大学出版局、一九八三年、一一八―一六五頁、石川澄雄『シュタインと市民社会』御茶の水書房、一九七二年、三二五―三三〇頁、などを参照。

(11) *Briefe von und an Hegel*, hrsg. von J. Hoffmeister, Hamburg 1953, Bd. II, S. 213.

(12) 『第一回講義録』(一八一七／一八年講義録) のテキストとして、Pöggeler 版を使用した。引用箇所については本文中で (S.) として明記した。

(13) 『要綱』からの引用については、該当節を本文中で明記した。

(14) ハルデンベルクの「リガ覚書」の原文テキストについては、注の (5) を参照されたい。

(15) シュタインとハルデンベルクの違いについては、E・クラインの考えを紹介したE・フェーレンバッハの指摘が参考になり有益である。それによるとこうだ。シュタインは、「政治的に共同責任を負った国家公民の形成」(Heranbildung des politisch mitverantwortlichen Staatsbürgers) を基礎にして、徹頭徹尾「国家機構の真の改革」(echte Reform des Staatsverfassung) を企図した。これに対してハルデンベルクの方は、国家の革新 (Regeneration)

ではなくて「国家の再編成」(Reorganisation des Staates) を通して、国家の「より有効な管理」(effektivere Verwaltung) を目指したのだとされる (Elisabeth Fehrenbach, *Vom Ancien Regime zum Wiener Kongress*, R. Oldenbourg Verlag, München 2001, S. 239)。

(16) 奥谷浩一「ヘーゲル詳細年譜」(加藤尚武ほか編『ヘーゲル事典』弘文堂、一九九二年、所収)、ドント著、花田監訳、前掲書、八一—八四、一五五、一五八—一六一、一七九—一八七頁、大西健夫『ハルデンベルク租税改革とプロイセン国家財政再建』(早稲田大学出版局、一九七八年) 四一—四三頁、等を参照。

(17) G. W. F. Hegel, *Vorlesungen über Rechtsphilosophie 1818-1831*, Edition und Kommentar in sechs Bänden von Karl-Heinz Ilting. Stuttgart-Bad Cannstatt 1973, Bd. 1, S. 102. (〈Einleitung: Die „Rechtsphilosophie“ von 1820 und Hegels Vorlesungen über Rechtsphilosophie〉)

(18) *Ilting*, S. 5. (〈Vorwort〉)

(19) Ibid., S. 19f.

(20) イルティングは述べる——「ヘーゲルがカールスバート決議とそのプロイセンにおける告知の影響下で、一八一九年五月二日と十一月十三日の間に政治的に方向転換し、すでに印刷の用意ができた『法・権利の哲学』を一八一九年十月と一八二〇年六月の間に改作した。そしてそれが結局、復古政治への非本質的でない順応となった」(*Ilting*, 〈Einleitung〉 S. 102)。一八一九年十月とはいうまでもなくプロイセンにおける出版・検閲条令の施行月であり、一八二〇年六月とは『要綱』の〈序文〉の完成月である。この間にすでに「印刷の用意ができた」内容を改作した。そしてその内容改作は、「自由主義的で進歩的な考え」から「復古政治へ順応」する方向に政治的に転換したとされる。こうしたイルティングが指摘するヘーゲルの政治的立場の転換については、ハンス＝クリスチャン・ルーカス、ウド・ラメイル、ルートヴィヒ・ジープをはじめ多くの研究者が反論している。反論の理由は論者により様々であるが、『講義録』から『要綱』へ内容の基本において変更なしというのが論者たちに共通している。これらの詳細については、滝口清栄『ヘーゲル「法(権利)の哲学」——形成と展開』(御茶の水書房、二〇〇七年、二四九—二六七頁)が大変参考になる。

（21）成瀬／山田／木村編、前掲書、二二九—二三一頁を参照。

（22）啓蒙君主のもとで国制の近代的な改革に成功したドイツにおける先駆的事例として、モンジュラが主導した近代バイエルン改革がある。国王マックス・ヨーゼフの庇護のもとで、モンジュラは近代官僚制の確立（一八〇五年）、近代憲法の制定（一八〇八年）等の政策を実施し、シュタインとハルデンベルクに率いられた近代プロイセン改革よりも先んじて国制の近代的改革を行なった。この啓蒙君主に見守られたモンジュラ改革においてさえも国民議会は開設されず、結局は官僚制度の確立をメインとした国制の近代化ということであった。このことを私は国民主権を証立てる国家形成ではなくて、国家の独立・自立の一刻も早い確立を対外的に披瀝しアピールするという国家主権を前面にたてる国家形成だと特徴づけた（拙稿「バイエルン改革とヘーゲルの国民主権論——二つの〈近代国家〉類型」『思想』岩波書店、二〇〇八年四月号）。このモンジュラによるバイエルン改革に類似しているのが、特にハルデンベルクが率いたプロイセン改革期である。メッテルニヒ主導の厳しいウィーン体制（復古主義）のもとで国民主権の確立はきわめて困難であったが、官僚制の確立とそれを通しての自由主義経済政策の推進などを中心に、プロイセンの近代的改革が展開されたといってよい。

（23）*Briefe von und an Hegel*, Bd. 2, hrsg. von Johannes Hoffmeister, Felix meiner Verlag, Hamburg 1953, S. 271.

おわりに――「国際的公共善」とヘーゲル公共哲学の課題

二十一世紀に入って早くも十年が経過した。そのなかで地球環境問題の深刻化、地域間紛争の多発、国際的金融危機の拡大など地球的規模にわたる、人間の生存・生活の基底に関わる大問題が噴出してきている。それゆえに、こうした問題の解決を目指す方向もグローバルな視点をもって熟慮せざるをえない。一九九九年に国連開発計画（UNDP）が主張した〈global public goods〉を擁護する観点は、誰もが確認すべき基本的な方向としてあると言える。

〈global public goods〉とは「地球的公共善」と訳されるように、ひとつの国家・地域、ひとつの人種・民族、ひとつの言語・文化などを超えて地球上の誰もが大切にし擁護すべき価値ある善なるもの、という意味だ。(1)

地球温暖化に関わるCO2削減やオゾン減への対応的取組みといった自然的環境問題から、政治的・経済的な、また文化的・歴史的な人為的で価値あるものへの対応がある。それらのなかで、私は本書を書き終えるにあたりヘーゲル公共哲学の視点からみても重要な〈global public goods〉に関わる問題を、今後の検討課題としていくつかピックアップしておきたい。

まず、国連の言う「地球的公共善」を「国際的公共善」と言い換えておく。理由は、〈地球的〉を文字通り全地球的に共通という意味だけでなく、多少狭く限定しても可能なように、少なくとも複数国家・地域の人々に共通して国際的に関わるという意味においても考え、検討したいからということである。「国際的公共善」のなかで、私は当面特に重要な検討課題と考えている事項は生活、人権、平和の三つである。これらの課題はいずれもヘーゲル公共哲学の中心をなす市民社会論（および市民社会に基礎をおく国家論）と深く関わる事柄である。

一、「生活」の課題

まず、「生活」問題がなぜ重要かについて述べねばならないが、これに言及することは生活の基礎をなす労働の意義づけを問うことになると思う。

ヘーゲルによると、そもそも人間の人間たる証は、彼が具体的な欲求をもつこと、そしてそれを独得の仕方で充足させることであるという。具体的な欲求とは、まずもって飲み、食い、住まう等のことである。個々の人間は、このようなみずからの欲求充足のみをさしあたって目的とし、他の一切を手段としている。こうした具体的人間こそ、市民社会を構成する主体とヘーゲルは言う。

では、個々の人間が市民社会において具体的な欲求を充足させていく独特の仕方とはどのようなものだろうか。個々人がみずからの具体的欲求を労働（の生産物）によって充足させる点こそ独特のものである。人間の人間たる基本はここにあると言える。そして、個々人の具体的欲求が多様であればあるほど、自己の労働（の生産物）だけで充足させることは不可能であろう。他の多くの人々の労働（の生産物）に依存しなければならない。このことは、自分だけでなく、他の人々も同じ事態にあり、市民社会の構成員全員に妥当する事柄と言える。したがって、各人はみずからの欲求を充足させるために相互に関係を取り結び、連関しあわなければならない。ここに各人がすべて相互に依存関係にあることが確認されうる。こうしてヘーゲルは、市民社会を「全面的依存性の体系」としてある「欲求の体系[2]」と簡潔に特徴づけたのである。

ところで、各人の具体的欲求が多様化していけばいくほど、その充足のための労働も細分化し、特殊化していかざるをえないであろう。文明が進化し、文化が進展していくにつれ、人々の欲求が多様化していくのは必然である。こうした欲求充足のための労働は、多くの人々の特殊な労働の複合という形をとらざるをえない。この事態をヘーゲルは、種々の「労働の分割（分業）」（『要綱』、第一九八節）が生じると述べた。

欲求の多様化から、その充足のために分業が高度に進展していくのは必然的だと言える。こうしたヘーゲルの言う「労働による欲求の相互媒介と充足」の考えは、スミスがヘーゲルより以前にすでに確認していた、分業を通しての「援助〔サービス〕の相互交換（mutual good offices）[3]」という考えと同一のものだ。

では、このようなヘーゲルの考えの優れた点はどこにあるだろうか。それは、欲求充足のための労働論のみで終わらないところにあると私は思う。すなわち、人間が労働を通して「ひとかどの人物」になり、「社会的承認」を得て、そして労働を通して人間は個人の自立と人間としての誇りを獲得するとヘーゲルが主張する点なのである。ここにヘーゲルの人間観が集約されている。この点も実はスミスの人間観を引き継いでいると言える。スミスは先のテーゼを「分業の原理」であり、「援助〔サービス〕の交換」は「人間性のある性向（propensity）」としているからである。

市民社会で個人が一定の職業に従事することを通してひとかどの人物として社会的承認を得て、市民的自立を確保するとヘーゲルは言う。このように労働・職業への従事を通して個々人の自立が確立されるが、このことは市民社会から「一人前」として社会的承認を得ることを意味している。この社会的承認を得ることこそ、各人に、人間・個人として生きていくうえで大きな自負・誇りの感情を抱かせる（『要綱』、第二〇七節参照）。ここに、市民社会における人間のあり方の重要性があるといえるであろう。

これほど人間にとって労働・仕事というものが重要だとヘーゲルは考えていたのであるが、ヘーゲルのこの主張の延長上で現代に生きる私たちが思いを馳せる必要があるのは、労働することを国民の義務とし、また労働を基礎に置きつつ文化的に生存する権利を国民に保障している日本国憲法第二五条は特別に重要な意味をもっているということである。それは私たち日本人にとって重要というだけでなく、どの国の人々にとっても大事な、「国際的公共善」というほどの意義を有していると言っても過言ではないであろう。

したがって、失業や非正規雇用等が人びとに普通に起こりうる事態であってはならず、そしてこうした事態の回避はどの国の人々にも共通の真理にほかならないと思う。だから今日世界的に同時に生じている国際的金融危機、国際的経済危機は世界の人々が英知を結集し、連帯して克服しなければならず、解決のあかつきには二度と生じさせない強固な防止策を講じる必要があるといえるであろう。

二、「人権」の課題

日本国憲法において、基本的人権は「人類の多年にわたる自由獲得の努力の成果」（第九七条）であること、そして国民にとって不可侵の「永久の権利」であることが確認されている。検討を要するのは、次の二つのことである。第一は、基本的人権が「人類」の多年にわたる努力の成果としてあるように、日本国民の努力という特殊な事柄ではなく、「人類」の普遍性（と歴史性）に注目している点である。第二は、永遠にわたって不可侵の基本的人権の具体的内容についてである。

まず第一の点については、基本的人権の重要性が自覚された歴史的時期として、近代が大きな画期をなしているといえるであろう。近代以降の「基本的人権」思想形成史において、特にJ・ロック（一六三二―一七〇四）の政治思想（自由、所有、政府・信託、抵抗権などの強調）、アメリカ独立宣言（一七七六年）とフランス人権宣言（一七八九年）のマニフェスト（生命、自由、幸福追求、所有などの強調）、ドイツ・ヴァイマール憲法（一九一九年）での規定（特に社会権の強調）等が重要なのは言うまでもない。

次に第二の点について。「基本的人権」について日本国憲法で強調されている具体的なものとしては、「生命、自由および幸福追求の権利」（第一三条）、「思想および良心の自由」（第一九条）、「信教の自由」（第二〇条）、「表現の自由」（第二一条）、「学問の自由」（第二三条）等である。これらは先のJ・ロックの思想、アメリカ独立宣言・フランス人権宣言における個人の様々な「自由」の尊重とほぼ同じものである。こうした「自由」に加えて強調されているのが、「勤労の権利と義務」（第二七条）、「勤労者の団結権および団体行動権」（第二八条）など、いわゆる労働基本権を中心にして、ドイツ・ヴァイマール憲法で規定された社会権についてである。検討が必要なのは、ひとつは第二五条の「健康で文化的に生きる権利」が個人の自由権と社会権との関連でどのような位置づけになり、その内容はどのようなものかという点であり、もうひとつは様々な「自由権」の尊重ないし保護と対の、条件づけのかたちで強調される「公共の福祉(4)」の理解についてである。

日本国憲法において、人類の多年にわたる自由獲得の努力の成果として強調される基本的人権が、すでにヘーゲルのなかでいかに自覚されていたかについてだけ、ここでは述べておきたい。というのも、基本的人権の獲得と実現、またその保障は具体的に考慮されねばならないからだ。ヘーゲルにおいて連関するテーゼは「人格と所有の自由」である。

先の「生活」の課題で確認したが、人間の欲求充足には、またこれと関わる諸権利の保障や自由の実現といった具体的な問題には、どの場合でも市民社会の人間関係、社会関係のあり方が関与している、というのがヘーゲルの基本的な考えである。したがって、政治における民主主義の問題も市民社会が十分に発達し、「人格と所有の自由」の原理が確立しているということ、また「人格と所有の自由」の原理がそこでこそ展開する経済社会システムのあり方が重要だということをヘーゲルは強調している。

では、「人格と所有の自由」の原理が確立し、十分に展開するには経済社会システムの基本として何が重要なのだろうか。すでに本書の第二章および第三章で詳しく確認したことであるが、ヘーゲルの市民社会論における主張にそって項目だけ再度ピックアップしておこう。

一、職業選択の自由、居住移転の自由、言論・出版の自由など市民的諸権利が確保されていること。

二、公正かつ自由な市場が形成されていて、そこで自由な産業生産活動、営業活動、交換や消費行動が成立していること。三、各人がみずからの意志に基づいて一定の仕事・職業に従事し、自立して生きられること。職業・仕事への従事を通して一人前という社会的承認をえ、そうしてみずから人間としての誇りを得ること。四、公共精神の醸成、社会的インフラの整備、弱者への対応など福祉の充実等、公共的なものへの配慮がなされていること。

こうみてくると、ヘーゲル市民社会論の展開の概要だけからでも、日本国憲法において強調されている基本的人権論の内容と深くリンクしていることが確認されるであろう。逆に言えば、日本国憲法における基本的人権論は近代のヘーゲルの思想をも包括するほどに普遍的なものであるということ、そしてそれは私たち日本国民にとってのみ重要なものということではなく、「国際的公共善」の意義を有しているということである。

三、「平和」の課題

この課題については次の二点から述べておきたい。

第一は、ヘーゲルにおける対内的「市民国家」(Civilstaat〈福祉国家〉)と対外的「軍事権力」(Militärgewalt〈戦争国家〉?)というひとつの国家に対する様相を異にする「二つの顔」呈示への、特に後者の顔への否定的評価について。

第二は、ヘーゲルの誤解により批判されたカント「永遠平和論」に対する積極的意義づけについて。

まず第一について。ヘーゲルは個々人の「生命」と「所有」の保障は重要なことであり、これはさしあたって「市民社会」の役割であるとし、同時にこの役割は市民社会だけでなく「国家」のものでもあり、特に政治権力のもつ役割であり、そしてこれが「福祉」として機能し活きるべきであるという（『要綱』、第三二四節参照）。

だが、国家にはそれよりももっと重要な使命と役割があるとする。それは国家の「独立」と「主権」の維持である。この維持が保障されない限り、個々人の「生命」と「所有」の保障はありえない。したがって、個々人はみずからの生命と所有を犠牲にし、戦争を通してさえ国家の独立と主権を維持する義務があるとヘーゲルは言う。

国家を国内レベルだけで考えていれば、個々人の「生命」と「所有」の保障という点で市民社会の役割となんら違いはない。しかし、国家を他の国家との関係において考えると、その関係を常に平和のうちに維持し保障する手立てはない。言い換えると、一国の独立と主権を保障しあう確固たる手段がない。それゆえ、一国の独立と主権を脅かす危険性に備え、そしていったんこの危機に瀕すれば独立と主権を守り、あるいは両者を回復するための戦争には大切な「倫理的契機」（同書、第三二四節）があるとヘーゲルは言う。

戦争のもつ「倫理的契機」の主張に続けてヘーゲルは、「戦争にはさらに高い意義がある」とする。それは「持続的な凪は海を腐敗させる」のと同じように、平和は「諸国民を腐敗させるであろう」（同書、第三二四節）として、戦争のもつ意義を強調している。

こうしてヘーゲルがまとめたものは、国内的に個々人に向けた国家の顔として、市民社会と同じく個々人の「生命」と「所有」の保障を使命とする「市民国家」（Civilstaat）であるが、対外的には「軍事権力」(Militairgewalt)である(『一八二四／二五年講義録』、第二七一節「口頭説明」参照)というものだ。ここにはひとつの国家がもつ二つの顔がある。だとすると、ヘーゲルの平和志向は戦争志向よりも劣勢であるように私は思う。

では、こうした〈戦争と平和〉観をもつヘーゲルがカントの永遠平和論をどう評価していただろうか。先の第二の点について考えたい。

ヘーゲルはカントの永遠平和論について幾度か言及している。例えばこうだ――「カントは国家連合による永遠平和を思いえがいた。彼は国家連合が、あらゆる争いを仲裁してくれ、……戦争による解決を不可能にしてくれるだろうと考えた」(『要綱』、第三三三節)。またこうも指摘する――「永遠平和はしばしば、人類が近づいてゆかねばならない理想として要求されます。こうしてカントは、国家間の争いを調停すべき君主同盟を提案したし、神聖同盟もほぼこうした機関たろうとする意図をもっていました」(『一八二四／二五年講義録』、第三二四節「口頭説明」)。

これらのヘーゲルによるカント永遠平和論への評価は、実は低く否定的なのである。だがそれはヘーゲルの重大な誤解に基づいたものだと思う。

先のヘーゲルの文章中の、カントが「国家連合による永遠平和」を構想したとする点、そして国家間の紛争を調停するために「君主同盟」を提案し、「神聖同盟」もほぼこうした意図に該当していたとする点に注目しておかねばならない。なぜかというと、『永遠平和のために』(一七九五年)でカントが強調した「国家連合」の現実に実現した形態としてヘーゲルは「神聖同盟」(一八一四年にオーストリア宰相メッテルニヒの提唱でつくられた君主同盟)を想定しているからである。しかし、このヘーゲルの理解は重大なカント誤解に基づくものだ。その理由はこうである。

まず、カントの考える「永遠平和」の実現方法、その確定条件の内容からみていこう。カントは永遠平和のための三つの確定条項を提示する。確定条項とは、永遠平和を確かなものにする必須の条件のことである。第一確定条項――「各国家における市民的体制は共和的でなければならない[5]」。第二確定条項――「国際法は、自由な諸国家の連合制度に基礎を置くべきである」(S. 208. 三八頁)。第三確定条項――「世界市民法は、普遍的な友好をもたらす諸条件に制限されなければならない」(S. 213. 四七頁)。

これら三つのうちの「友好」の条件は言うまでもないことである。ここで検討を要するのは、世界各国の国内政治体制について規定されている第一確定条項と、国家間のあり方についての基本的な要件が示されている第二確定条項についてである。

第一条項において各国内の政治体制については、それは〈共和的〉でなければならないとされる。そして重要なのは、この共和的体制が樹立されるのに次の三つの条件――国民はすべて〈自由・平等・法(立法)遵守〉だ――に基づかねばならないとされている点である。

第二条項において国家間のあり方については、「連合制度」が重視される。この連合は「ひとつの世界共和国」とは基本的に異なる。「世界共和国」は「国際国家」とも言い換えられている。要するに、世界共和国＝国際国家は各国を超えた強力な権力で各国を支配・コントロールする、それ自身ひとつの国家を意味している。カントが重視するのは、こうした強大な統一国家ではなくて、あくまでも各国の連合なのだ。

対等・平等な各国家が連合する国際連合こそ「平和連合」になるとカントは言う。では、共和国間連合がなぜヘーゲルにより「君主同盟」と同一視され、誤解されたのだろうか。その根拠は、カントによる共和制と君主制の関係の説明の仕方にあるようだ。

カントの考える理想の政治体制は共和制であるが、その理由は共和制では執行権（統治権）と立法権とが分離されているからだ。二つの権力が分離されずひとつになっている場合は、専制になる。なぜなら、「立法者が同一の人格において同時に彼の意志の執行者であることができる」（S. 207. 三四頁）からである。この典型が民主制だとされる。だからカントによると、民主制が必然的に専制になり、「そこ〔民主制〕では全員が主人であろうとするからである」（S. 207. 三五頁）。

したがって、カントは専制になるのを避け、共和制を目指す方策をこう強調する――「国家権力をもつ人員（支配者の数）が少なければ少ないほど、またこれに反して国家権力を代表する程度が大きければ大きいほど、それだけいっそう国家体制は共和制の可能性に合致し、漸進的な改革を通じて、ついには共和制にまで高まることが期待できる」（S. 207. 三五頁）。

この説明中の「国家権力を代表する」とは、代議制のことである。代議制がしっかり根づいていてこそ共和制が豊かに結実するとカントは言う。逆に言えば、代議制を欠けば専制的になるのだ。だから、共和制に達するには「貴族制の方が君主制の場合よりも困難である」（S. 208. 三五頁）ことになる。そして民主制は必然的に「専制」なのであって、貴族制よりもさらに共和制に遠いとカントは言う。

理想とする共和制との距離からして、近いところから遠い順にあげれば、君主制→貴族制→民主制ということになる。みられるように、民主制が共和制へは最も遠い国家・政治体制だとするカントの主張は衝撃的である。ではなぜ、このような主張になるのだろうか。民主制（古代の直接民主制で近代以降の代議民主制ではない）には代議制が全くないのに対して、良き君主制では「フリードリヒ二世が、自分は国家の最高の従僕にすぎない」（S. 207. 三五頁）と言ったように、君主制のもとで代議制の精神にかなった国家の統治方式を採用することができる可能性があるからだ、とカントは言う。

この点を理解しないでヘーゲルは、カントが民主制よりも君主制の方が共和制に断然近いといったことを根拠にして、永遠平和の確定条件のひとつである共和国間連合を君主同盟と同一視した。しかし、これはみたようにヘーゲルの全くの誤解なのである。

カントが永遠平和論で肯定的にいう君主制は、代議制の可能性を内に含んだ君主制なのである。同時に留意しておかねばならないのは、現実に結ばれた君主同盟としての神聖同盟はカントの言う共和国間連合では決してなかったということだ。

みてきたように、カントの主張に対する根本的な点での誤解に基づくヘーゲルによる低いカント評価にかかわらず、今日、国際平和を遂行する様々な枠組みや手段・方法などに関する論議として、カントが提案した構想のいくつかは重要な意義をもっている。それは特に国家間連合の構想である。これは今日の国際連合やEUの基礎となったものである。

戦争に「倫理的契機」を認めるヘーゲルの考えよりも、戦争をきっぱりと拒否し永遠平和の理念とその保障体制を国家間連合の確立に求め、常備軍の全廃までも訴えるカントの主張は大きな意義をもつ。こうしたカントの理念的構想は、日本国憲法第九条のベースになっているものであり、現代世界における「国際的公共善」の原型をなしていると私は思う。

（1）Kaul, Inge, Grunberg, Isabelle and Stern, Marc A. (eds.), *Global Public Goods: International Cooperation in the 21st Century*, Oxford University Press, 1999. インゲ・カールほか編、FASID国際開発研究センター訳『地球公共財——グローバル時代の新しい課題』日本経済新聞社、一九九九年。
（2）ヘーゲル『要綱』、第一八八節。
（3）A. Smith, *An Inquiry into the Nature and Causes of the Wealth of Nations*, general editors, R. H. Campbell and A. S. Skinner, textual editors, W. B. Todd, Liberty Classics, Indianapolis, 1981, Volume I, p. 27. アダム・スミス著、水田洋監訳、杉山忠平訳『国富論（1）』岩波文庫、二〇〇〇年、三九頁。
（4）「公共の福祉」については本書「第四章　公共福祉哲学の現代的展望」を参照。
（5）Kant, *Zum Ewigen Frieden*, Werke in zwölf Bänden, XI, Suhrkampf Verlag, Frankfurt am Main 1964, S. 204. カント著、宇都宮芳明訳『永遠平和のために』ワイド版岩波文庫、二〇〇五年、二八頁。以下での引用の当該箇所については、原文（S.）、邦訳（頁）を本文中に明記した。

あとがき

現代日本において公共哲学の研究が本格的に興隆しはじめたのは、二〇〇一年に佐々木毅・金泰昌編『公共哲学』(東京大学出版会)シリーズ全二〇巻が刊行されてからであろう。そこで主張される公共哲学の特徴は、「私―公」の二項論に対決する「私―公共―公」の三項論にあり、そこでの基本テーゼのひとつが「活私開公」である。「私という個人一人ひとりを活かしながら、人々の公共世界を開花させ、政府や国家の公を開いていく」(山脇直司氏)とする人間・社会観である。「私」をどこまでも重視しつつ公共に関わり、そして公の革新にまで連なっていくとする、価値理念を明確にした、実現可能な新たな民主主義論としてたいへん魅力的で意義のある哲学であり、また社会科学に関わる学問であると私は考えている。

同時に私は以前から、「私―公共―公」の三項論の文字面から市民社会や市場が直接みえないことが気になっていた。もっとも、公共哲学研究のリーダーの一人である山脇氏らは例えば民間私企業を市場経済の主要アクターとしてみ、その公共的役割を強調する。企業はその利益を福祉や環境保全などの公共善の推進に寄与しうるところに公共性があるとし、こうしたことに積極的に結びつくような市場経済のあり方を追求するところまで精力的に論じている。だが、激化する自由競争のもとでの急速なグローバル化への対応を余儀なくされる民間企業と、市場そのものに少し悲観的な見方をするとどうなるであろうか。

実は、一九八〇年代末から九〇年代にかけて欧米において、とりわけ英米で「市場—市民社会」関係論を中心にして大きな学問的革新といえるほどの動きがあったのである。言うまでもなく「市場—市民社会」関係論は国家論の見直しにも波及する。したがってこれらの動きは「私—公共—公」の三項論とは軸足や表現を変えた、もうひとつの三項論「市場—市民社会—国家」と言える。

「市場—市民社会—国家」三項論が主張され出した背景として指摘できるのは、一方では一九九〇年代前後からの、とりわけ中・東欧での各種市民団体、教会、組合、協同団体、政党などを巻き込んでなされた市民社会における大きな社会的運動の展開と国家体制の変革であり、他方では世界の国境を超えて進行する市場経済の急激なグローバル化であろう。こうした政治的・経済的・社会的な変化の強いインパクトのもとに、新たな市民社会論の構築を軸に「市場—市民社会—国家」三項論が多くの論者によって展開されたと言える。それら研究書の多くはいまから十年以上も前に刊行されたものであり、その一部は本書においても多少考察しているのであるが、市場のグローバル化は今日なお加速してきており、先の三項論での検討の意義はいっそう強くなっていると言える。そのため、三項論が本格的に展開されはじめた起点の検討は重要であり、今後ぜひとも詳細に考察する必要があると私が考えている著書を次に挙げておきたい。

（一）Jürgen Habermas, *Strukturwandel der Öffentlichkeit-Untersuchungen zu einer Kategorie der bürgerlichen Gesellschaft*, Suhrkamp Verlag, Frankfurt am Main 1990.（当該書は、一九六二年の初版に長文の「序言」を付し刊行された第二版である。ユルゲン・ハーバーマス著、細谷貞雄／山田

正行訳『〔第2版〕公共性の構造転換――市民社会の一カテゴリーについての探究』未來社、一九九四年）

（二）Jean L. Cohen and Andrew Arato, *Civil Society and Political Theory*, The MIT Press, 1992.

（三）Craig Calhoun, *Habermas and the Public Sphere*, The MIT Press, 1993.（クレイグ・キャルホーン編、山本啓／新田滋訳『ハーバマスと公共圏』未來社、一九九九年）

（四）Michael Walzer edit., *Toward a Global Civil Society*, Berghahn Books, 1995.（マイケル・ウォルツァー編、石田淳／向山恭一／高橋康浩／越智敏夫／佐々木寛訳『グローバルな市民社会に向かって』日本経済評論社、二〇〇一年）

（五）John Keane, *Civil Society: Old Images, New Visions*, Polity Press, Cambridge, 1998.

（六）Andrew Arato, *Civil Society, Constitution, and Legitimacy*, Rowman & Littlefield, Publishers, 2000.

本書には、私が勤務する大学の研究紀要や専門雑誌、また共著で刊行した研究書に収められた拙論を、多くの箇所に手を加えつつ内容の基本では変更しないで再録したものがある。許可していただいた各機関に感謝しておきたい。

・第三章　名古屋市立大学大学院人間文化研究科研究紀要『人間文化研究』第七号（二〇〇七年六月）、第八号（二〇〇七年十二月）
・第四章　同『人間文化研究』第一〇号（二〇〇八年十二月）
・第五章　加藤尚武／滝口清栄編『ヘーゲルの国家論』理想社、二〇〇六年

・第六章　『思想』岩波書店、二〇〇八年四月号

なお、第六章と第七章は二〇〇六―二〇〇七年度の学術振興会：科学研究費補助金の交付を受けて進めた研究の成果の一部であることを報告しておく。

本書を刊行するにあたり、未來社代表の西谷能英氏に一方ならぬご尽力をいただいた。氏は情報機器を駆使しての出版編集業務に新機軸を提供し続けるアイデアマンである。その証拠に『出版のためのテキスト実践技法』（未來社）を刊行されている。こうした西谷氏により文章表現上での様々な手直しを受けるとともに、編集部の高橋浩貴氏から用語統一や漢和使用上での数多くのチェックと修正提案をしていただいた。本書が多少ともわかりやすく読みやすいものになっているとすれば、これはひとえに両氏の尽力のおかげである。記して心より感謝を申し上げる次第である。

二〇一〇年五月三日

福吉勝男

著者略歴

福吉勝男（ふくよし・まさお）

一九四三年京都府生まれ。名古屋大学大学院文学研究科博士課程単位取得満期退学。学術博士。公共哲学、社会倫理学。現在、名古屋市立大学学長補佐、同大学名誉教授。著書に『自由の要求と実践哲学――J・G・フィヒテ哲学の研究』（世界書院、一九八八年）『人間・生活・文化――その哲学的コロラリー』（ドメス出版、一九八九年）『〔人と思想〕フィヒテ』（清水書院、一九九〇年）『ドイツ観念論と現代』（編著、晃洋書房、一九九四年）『市民社会の人間と倫理――ヘーゲル「法・権利の哲学」を読む』（晃洋書房、一九九八年）『ヘーゲルに還る――市民社会から国家へ』（中公新書、一九九九年）『自由と権利の哲学――ヘーゲル「法・権利の哲学講義」の展開』（世界思想社、二〇〇二年）『使えるヘーゲル――社会のかたち、福祉の思想』（平凡社新書、二〇〇六年）。共著書に『ヘーゲルの国家論』（理想社、二〇〇六年）ほか。

現代の公共哲学とヘーゲル

発行――二〇一〇年六月三十日　初版第一刷発行

定価――(本体三二〇〇円＋税)

著　者――福吉勝男

発行者――西谷能英

発行所――株式会社　未來社
東京都文京区小石川三―七―二
電話〇三―三八一四―五五二一
http://www.miraisha.co.jp/
Email:info@miraisha.co.jp
振替〇〇一七〇―三―八七三八五

印刷――精興社

製本――榎本製本

ISBN 978-4-624-01182-6 C0010

（消費税別）

ハーバーマス著／細谷貞雄・山田正行訳
〔第2版〕公共性の構造転換
〔市民社会の一カテゴリーについての探究〕市民的公共性の自由主義的モデルの成立と社会福祉国家におけるその変貌をカント、ヘーゲル、マルクスの公共性論を援用しつつ論じる。

三八〇〇円

キャルホーン編／山本啓・新田滋訳
ハーバマスと公共圏
『公共性の構造転換』英語版出版を機に、民主政治、批判理論、フェミニズム、文化研究などの論客が、今日的な公共圏の理念と限界をめぐって議論を交わした、論考と討議を収録。

三八〇〇円

ホネット著／島崎・明石・大河内・徳地訳
自由であることの苦しみ
〔ヘーゲル『法哲学』の再生〕コミュニケーションなき社会に蔓延する不透明な病理は克服されうるのか。俊英がヘーゲル、ハーバーマスと対峙し批判理論の新たな地平を切り拓く。

二二〇〇円

ドント著／飯塚勝久訳
ヘーゲル伝
フランスのヘーゲル研究第一人者、ジャック・ドント氏による本格的なヘーゲルの伝記。謎の多いヘーゲルを再発見し、ひとを不安にすると同時に誘惑する、生きた顔を再構成する。

五六〇〇円

ヘーゲル著／加藤・奥谷・門倉・栗原訳
懐疑主義と哲学との関係
「懐疑主義論文」として有名な標題論文をはじめ、同時代の哲学的傾向へのポレミカルな批評的論文三篇を訳出・収録。完璧な訳注を付し、難解なヘーゲル哲学論文を蘇生させる。

二八〇〇円

ヘーゲル著／田辺振太郎ほか訳
論理学・形而上学〔新装版〕
〔ヘーゲル哲学大系初期草稿1〕ヘーゲルのイェーナ草稿と呼びならわされているラッソン版のなかの「論理学」「形而上学」部分。巻末にラッソンの解釈を付す。

四八〇〇円

岩佐茂・島崎隆・高田純編
ヘーゲル用語事典
ヘーゲル哲学の主要な用語九四項目を選び、七つの大きな主題別ブロックのなかに配置し平明な解説を加えた意欲的な「読む事典」。年譜文献解説なども収録したヘーゲル哲学案内。

二八〇〇円